JN068997

あなたの予想と馬券を変える
革命競馬

一撃2652万円!
追切インサイダー

蘆口真史

はじめに

ある日突然、気づいたわけではない。

それまでいっさい、意識してこなかったわけでもない。

ずっと引っかかっていたし、薄々感じてもいた。

だが、ついにその瞬間が訪れた。私はある出来事を機に、その心のモヤモヤを解決すべく、新たな一歩を踏み出す決意を固めることになった。

行きつけの西麻布のカウンターフレンチで、隣に座っていた常連と思しき中年男性Tさんと、初めて会話を交わしたときのことである。

最初はたわいもない話で盛り上がっていたが、そのうちお互いが競馬好きということを知って意気投合。Tさんが中央競馬の個人馬主であることを明かしてくれた。聞けば、常時10頭ほど競走馬を所有しているという。

私の背中を押したのは次のひと言だ。

「自分の馬が出走するときは、毎回単勝を100万円買うと決めています。一時的にでも1番人気になるのが快感なんですよ（笑）」

普通の競馬ファンであれば、「馬主さんらしいな」「お金持ちのやることだな」で済ませるところかもしれない。

しかし、オッズ分析を生業《なりわい》とする私は違う。「なるほど」と「やはり」で頭の中が埋め尽くされた。抱いていた疑念や仮説が確信に変わったからである。

私はメディアデビューから約20年、オッズ馬券一本でメシを食ってきた。

注目しているのは異常オッズ。厩舎関係者から有力な情報を得たインサイダー、あるいは常勝スタイルを確立している馬券生活者や馬券投資家などの大口投票により、**「本来あるべきオッズよりも売れている馬」**を見抜くことを目指している。

詳細な説明は割愛するが、異常オッズを示している馬は、高確率で馬券になり、なおかつ期待値も高い。実際にインサイダー馬券の類《たぐい》が存在するのか否かは、正直どうでもいい。実態がどうあれ、私は馬券でずっと勝ち続けている。重要なのはその事実だ。

現在は、地元の兵庫県を離れ、日本一家賃が高い街といっても過言ではない東京都の港区に居を構えることができるようになった。今もって、競馬で勝つことにおいて、オッズに勝る予想ファクターはなし――その考えに揺るぎはない。

しかし、近年はずっとあることが気になっていた。

それは、異常オッズを示しているのに馬券貢献度の低い〝ダミー異常〟が増えてきているということである。私は、新興の個人馬主による応援投票や、YouTubeの『○○を買ってみた』系のエンタメ企画でのまとまった金額の投票などが、この状況を後押ししている要因になっているのだろうと考えていた。

同じ大口投票（によって生じる異常オッズ）でも、勝負気配の強い馬に投じられるインサイダー馬券と、企画ありきのネタ馬券や好きな馬に対する応援馬券とでは、意味合いも価値も大きく異なる。「過剰に売れている！」と思って後者に飛びついてしまっては、馬券で勝つことはままならない。

このような背景もあり、私の馬券収支は年々向上しているものの、ここ数年はやや停滞気味だった。

ハッキリ申し上げて、頭打ちだった。

ダミー異常の要因は、なんとなく目星がついているとはいえ、実際に大口投票をしている人たちから話を聞いたわけではなく、仮説の域を出ていなかった。

私が独自開発したオッズ分析ソフトを使えば、期待値の高い異常オッズとダミー異常を見抜くことは可能なのだが、時間がかかるし限界もある。

この先、どう立ち回っていくべきか……。

これが、冒頭で触れた〝心のモヤモヤ〟である。

そんなとき、Tさんに出会い、先の言葉を聞いた。そして私は、次のように考えた。

「やはり、この手の馬主さんは存在する。おそらく、IT関連などのビジネスを成功させて参入してくる新興の馬主さんが多くなるにつれ、ダミー異常も増えていくだろう。だから、オッズ単体で勝つことはできても、大きな伸びは見込めない。さらに上を目指すためには、オッズの補助的役割として併用できるファクターを探す必要がある。新境地を切り開かなければならない」

Tさんのひと言が、私に大きな意識改革をもたらしたのである。

その後、どうなったのか？　私は何をしたのか？

詳しい話は本編（第1章以降）に譲るが、最終的に**「オッズと調教を融合させることがベスト」**と結論づけるに至った。しかも、調教は補助的役割を果たすファクターではなく、オッズと並ぶメインファクターになり得ることがわかった。

そうして、2つの強力な武器を組み合わせて完成させたのが、本書で紹介する新理論の**【追切インサイダー】**である。

なかには、調教に対して「難しい」というイメージを持っている読者もいるかもしれない。一般的な調教理論は、基準タイムを作成したり、対応していない調教コースがあったり、調教映像を見て動きをチェックする必要があったり、というように、面倒な点をいくつも抱えているからだ。

しかし、心配には及ばない。【追切インサイダー】は調教の難しい部分がことごとく排除されている。

そのうえで、次のセールスポイントを標榜している。

- **基準タイム不要**
- **全調教コース対応**
- **映像不要**

まさにシンプルにしてイージー。それでいて、圧倒的な成果を得ることができる。その全貌を目の当たりにしたら、調教に対する考え方がガラッと変わるのではないだろうか。

そして、ここにオッズが加わると何が起こるのか？

本書のカバーにも大きく取り上げられている、超特大馬券（3連単265万馬券×1000円＝払戻総額2652万2300円）を的中できるようになるのだ。

さすがにこの超大穴に1点1000円単位で張るのは私でも勇気のいることなので、誰もがまったく

同じ馬券を獲れるとはいえないが、100円単位の的中（265万円超の払戻し）なら当然視野に入ってくる。【追切インサイダー】にはそれだけの威力がある。
まずはそのことを認識したうえで、本編に進んでいただくこととしよう。
使えば結果がともなうことがすぐにわかる。とにかく当たる。そして気づけば、収支が大幅にアップしている。
みんな、これを実感できるはずだ。

蘆口　真史

目次

第3章　急加速力と秀逸ファクター！「蘆口式調教理論」応用編

第4章 元祖インサイダー！「蘆口式オッズ理論」基礎編

第5章　馬券術【追切インサイダー】実践編

データの集計期間は原則2019年1月5日〜2023年9月3日。調教に関するデータのみ、ウッドコースの自動計測化を考慮し2022年1月5日〜2023年9月3日（ただし美浦の新坂路は除く）

装丁●橋元浩明（sowhat.Inc.）　本文DTP●オフィスモコナ
写真●武田明彦　馬柱・調教●競馬ブック
※名称、所属は一部を除いて2023年10月31日時点のものです。
※成績、配当、日程は必ず主催者発行のものと照合してください。

馬券は必ず自己責任において購入お願いいたします。

第1章

馬券術【追切インサイダー】準備編

なぜオッズ分析が必要なのか

株式投資の世界には、「相場のことは相場に聞け」という格言がある。

おそらく江戸時代の米相場において生まれた格言で、何も知らない人にしてみればなんとも投げやりな言葉に聞こえるかもしれない。

しかし、これは芯を食った名格言であると私は思っている。実際に、株で稼いでいる人のなかには、この格言を肝に銘じている人がたくさんいる。

株を買うときは、その企業のファンダメンタルズ（業績や財務状況など）に目が行きがちだ。しかし、いくら好業績を上げている企業だといっても、理屈通りに株価が上がるとは限らない。なぜなら、そのときの景気、金融環境、国内・海外情勢など、さまざまな要因に株価は左右されるからである。

それに対して、株価の推移を示したチャートは、ファンダメンタルズを含むすべての情報を織り込んでいる。いわば、投資家たちの集合知の推移が、株価チャートなのである。

チャートを分析して、上昇基調の傾向なら株を買い、下落基調なら株を売る。このシンプルな手法を駆使して稼いでいるのが、ひと昔前から世間で話題になっているデイトレーダーたちだ。

この格言は、各企業の業績や財務状況（ファンダメンタルズ分析）にとらわれすぎずに、チャートの分析（テクニカル分析）に力を入れろと語っているのである。

これは競馬にも通ずる部分がある。

競馬ファンは、一生懸命に馬のことについて研究をする。前走の内容がどうだから、走破タイムがああだから、血統がこうだから……と。

しかし、馬のことをどれだけ研究しても、なかなか馬券が当たらないのは、みなさんも身をもって知っているだろう。馬に対する分析は、株式投資に置き換えるとファンダメンタルズ分析にあたる。いくら完璧な分析をしても、レース結果は株価と同じくさまざまな要因に左右されてしまう。

一方、オッズの研究はテクニカル分析である。オッズは、個々の競走馬のポテンシャルだけでなく、ありとあらゆる情報を織り込んで形成される。

さらには、絶対に表には出ない関係者情報や裏情報ですら、オッズにはこっそりと反映される。馬券を買う人々の集合知、それがオッズ。だから、馬の研究をするよりも、オッズを分析するほうが、馬券は当たる。

先ほどの相場格言を競馬に置き換えると、

「馬券のことはオッズに聞け」

ということになるのである。

オッズでレースの波乱度と穴馬を探知する

私、蘆口真史はオッズ分析だけで数十年間にわたって競馬で稼いできた。

その手法を紹介した『朝一《あさいち》オッズだけで万馬券が当たる本』（東邦出版）を2005年に上梓すると、ありがたいことに好評をいただき、これまでに10冊以上のオッズ関連書籍を出版するに至っている。

自他ともに認める、オッズ分析の第一人者——そんな自負もある。

これまで、オッズを見るだけで馬券が当たると主張するたびに、純真無垢な競馬ファンからは不思議な顔をされてきた。

しかし、競走馬の戦績などを分析しなくても、オッズは私たちにさまざまな情報を教え、予想の手助けをしてくれる。

オッズを見れば、次のようなことが簡単に判明するのだ。

・レースの波乱度
・人気馬の信頼度
・穴馬の激走度

例えば「レースの波乱度」は、朝一単勝オッズ（＝レース当日の午前9時40分時点の単勝オッズのこと。以下、本書内に登場する「朝一オッズ」はすべて同じものを指す）で30倍以下の頭数を確認すれば手に取るようにわかる（下の表1）。

単勝30倍以下の馬が少なければ堅い決着が多くなり、単勝30倍以下の頭数が増えれば増えるほど波乱の決着が多くなるのだ。

一晩かけて予想に予想を重ね、絶好の穴馬を見つけたとほくそ

表1●朝一単勝30倍以下の頭数と平均配当

朝一単勝30.0倍以下	馬連平均配当	3連複平均配当
5頭以下	1998円	6861円
6頭	2863円	9526円
7頭	4035円	12590円
8頭	4591円	14979円
9頭	5449円	18967円
10頭	6037円	23154円
11頭	7257円	31879円
12頭	7903円	32872円
13頭	9387円	47384円
14頭	10183円	51501円
15頭以上	13765円	69607円

笑んでいても、そのレースの朝一オッズで、単勝30倍以下の馬が5頭しかいなければ、穴馬が来るのは望み薄だ。オッズは「堅いレースになる確率が高い」と物語っているのだから。

逆に、一世一代の鉄板人気馬を見つけたので「有り金勝負！」と意気込んでも、朝一オッズで単勝30倍以下の馬が十数頭もいるようなら、オッズは「荒れるレースになる確率が高い」ことを示唆している。

この場合、勝負は控えたほうが無難だ。

もちろんこれは２０１９年以降の全レースのデータなので、傾向に反して、穴馬や鉄板馬が馬券に絡むことはある。

しかし、競馬ファンは毎週のように馬券を買い続けるのだ。データ的に確率の悪い勝負を避けて、確率のいい勝負を続けていったほうが、トータルで勝率が上がるのは目に見えている。

朝一オッズなら「人気馬の信頼度」もわかる

次に「人気馬の信頼度」は、人気馬（単勝1～5番人気の馬と定義）の朝一オッズを確認すれば簡単にわかる。

次ページの表2にあるように、朝一に1番人気に支持された人気馬の好走率は高く、朝一2番人気、朝一3番人気……と順位が下がるにつれて好走率は下がっていく。

朝の早い時間は馬券の売り上げが少ないので、その後に人気順がコロコロと変わることは珍しくない。朝一では1番人気だったのにレースが終わると5番人気に評価が下がっていたということもあるし、その逆で、朝一は5番人気以下だったのに気づくと1番人気に祭り上げられていたということもある。

ここで覚えておいていただきたいのは、最終的な人気よりも、朝一に上位人気に支持された人気馬のほうが信頼度は高いということ。

つまり、その日のレースで買いたい人気馬がいた場合、その朝一オッズを確認しておけば、信頼度の高い馬、信頼度の低い馬が如実にわかり、勝負レースを絞りやすくなるのである。なぜ朝一オッズで人気に支持された馬が好走するケースが多いかは、このあとに説明をしていく。

そして「穴馬の激走度」も、穴馬（単勝6番人気以下の馬と定義）の朝一オッズを確認するだけで透けて見える（下の表3）。

朝一には1～2番人気に支持されていながら、レース直前には6番人気以下にまで評価を下げた馬がいた場合は、大勝負のチャンスだ。複勝率は25％以上と高く、単勝回収率は100％を超えているので、ここ

表2●上位人気馬の朝一単勝人気別成績

朝一単勝	勝率	連対率	複勝率	単回値	複回値	総データ数
1番人気	32%	50%	62%	82	84	16361
2番人気	19%	36%	50%	79	83	15804
3番人気	14%	29%	42%	79	81	14989
4番人気	11%	23%	36%	76	77	13765
5番人気	9%	19%	31%	79	76	10851
6番人気	8%	18%	29%	72	76	5398
7番人気以下	7%	16%	26%	77	75	3917

表3●穴馬の朝一単勝人気別成績

朝一単勝	勝率	連対率	複勝率	単回値	複回値	総データ数
1番人気	10%	19%	27%	113	100	129
2番人気	9%	18%	26%	112	96	499
3番人気	5%	13%	20%	78	73	1129
4番人気	5%	13%	20%	79	77	2407
5番人気	5%	11%	19%	80	77	5310
6番人気	4%	11%	19%	78	78	10677
7番人気	4%	9%	15%	74	73	13676
8番人気	3%	7%	13%	72	71	14876
9番人気	2%	6%	11%	74	74	14958
10番人気以下	1%	3%	5%	63	65	78652

を狙うだけで儲けることができる。

一方で、朝一オッズで10番人気以下だった場合、その穴馬にはあまり期待を抱くことができないといえる。

前の晩に予想をして買いたい穴馬が見つかったとき、翌日には、まずは朝一オッズを確認したい。その穴馬が朝一何番人気かによって、勝負できるか否かが変わってくる。

レースが荒れるのか、人気馬が堅いのか怪しいのか、穴馬が来るのか来ないのか、これは競馬ファン共通の悩みではないだろうか。その霧がかった悩みは、朝一オッズを見るだけで、スカッと晴れるのである。

この表3を見るだけでも、オッズ分析が非常に有効なファクターであることを、ご理解いただけるのではないだろうか。

これらは、あくまでも簡易的なものをまとめただけ。なおかつ、たいした努力をせずに、極端にいうと競馬の知識すらなくても、馬券に活用できるデータである。

本書を買わずに立ち読みで済まそうと考えている方も、このデータと蘆口真史の名前だけは憶えて帰っていただきたい。いずれ、もっと詳細が知りたくなり、本を買いたくなる日がくると私は確信している。

関係者が買っている……インサイダー馬券は存在する

では、なぜオッズを分析すると競馬で儲けることができるのか？

私がオッズを分析する主たる目的は、一般人が知りえない情報（＝インサイダー情報）を見抜くことにある。

インサイダー情報とは、もともとは株取引の用語だ。

会社の内部関係者しか知らない、世間に未発表の情報を指し、インサイダー情報を使って株を売買すると、それはインサイダー取引になる。一般の投資家とのあいだに不公平が生じるので、金融商品取引法においてインサイダー取引は厳しく規制されており、５年以下の懲役、もしくは５００万円以下（法人の場合は5億円以下）の罰金に科せられる。

昔よりもマシになったとはいえ、今でもインサイダーと思しき取引を、目にする機会はある。好材料や悪材料の発表前に、なぜか出来高が爆発的に増えているというケースは珍しくない。おそらく情報を知る者が、「早めに大量に株を仕込んでおこう（売り抜けておこう）」とするため、出来高が急激に増えるのである。

氷山の一角とはいえ、毎年のようにインサイダー取引で逮捕される者も出ている。どれだけ規制を強くしても、「簡単に儲かる」という欲の前に、人は法を犯してしまうのである。

話を競馬に戻そう。

ファンに疑念を抱かれないようにするために、競馬法29条で関係者が馬券を買うことを禁止している（余談になるが、金融商品取引法と同様にこちらも違反をすると、５年以下の懲役、もしくは５００万円以下の罰金が科せられる）。

そして、法で規制をしても、関係者の馬券購入がなくならないのも、株の世界とそっくりなところ。

2020年には笠松競馬で、多くの騎手・調教師がインサイダー情報を駆使して馬券を購入して荒稼ぎするという事件が発覚した。20人以上が関与した大規模な競馬法違反事件で、1人の調教師と3人の騎手に免許更新が認められず引退となった。

同時に、名古屋国税局から3億円を超える所得隠しも指摘されている。競馬での収入よりも、馬券での収入のほうが多かったという関係者もいたはずだ。これだけ大規模な事件なので、おそらく八百長まがいの行為もあったと思われる。

賞金レベルの高い中央競馬で、笠松競馬と同様のことが横行していると私は考えていない。とはいえ、100%シロだとも思っていない。厩舎関係者の馬券購入を完全に防ぐことは不可能だからだ。

競馬法29条で、馬券の購入を禁じられているのは、JRAの職員、騎手、調教師、厩務員、調教助手、騎乗依頼仲介者（エージェント）など。一方、馬主、生産者、牧場関係者、マスコミなど、関係者に近い人間は馬券を購入できる。グレーゾーンではあるが、厩舎関係者の親族も馬券を買うことはできる。

関係者が馬券を直接買わなくても、親しい人間に馬券を頼むことはできるのだ。

口頭で依頼をすれば証拠は残らない。株のインサイダー取引と同様に、誰にもバレずに、簡単に儲かる馬券が目の前にあるのなら、手を出したくなるのが人情というものだろう。

〝買い〟が入っている馬券を示すのがオッズだ！

事実、関係者が馬券を買っているという話は、競馬サークルの外ラチ沿いにいるような私の耳にすら入ってきている。

あの調教師は馬券好きで有名。

あの騎手は馬券一発で年収以上を稼いだことがある。

ＧＩ馬を担当していた、あの厩務員はＪＲＡに馬券購入が見つかって、一度免許を剥奪されたことがある。

などなど、である。

実際に調教師や騎手の馬券を買う手伝いをしたことのある競馬記者からも話を聞いた。毎レース馬券を買うという関係者はさすがにいないようだが、「ここぞ」というレースで、数十万円単位の馬券を頼まれることが多いという。その馬券は、かなり高い確率で当たるので、その記者も相乗りして相当稼いでいるそうだ。

エージェントの馬券購入が禁止されていない時代は、彼らが馬券で大儲けしているという噂も聞こえてきた。エージェントは騎手に競走馬を差配する人物で、その馬の勝算や状態を把握できているため、馬券の勝率が高い。

さらに、専門紙のトラックマンを兼ねているエージェントは、仲間も巻き込んで、自分が勝負したい馬のシルシをあえてノーマークにし、オッズまで操作して勝負をするという念の入れようだったという。

おおっぴらにするメリットがなく、明確な証拠も残っていないので、みな黙っているが、ＪＲＡだから清廉潔白というわけではないのだ。

もちろん、関係者が馬券を購入するレースはごく一部だろう。しかし、関係者が馬券を購入していなくても、公表されていない情報を基にして馬券を買うことは、日常的に行なわれていると考えるのが自然である。

一般ファンが目にするのは、通り一遍の情報だ。新聞を読んでも、毒にも薬にもならないような内容しか書いていない。

調教師はホンネを語っても一銭にもならない。マスコミはヤバい内容を書くと出入り禁止になる。調教師のタテマエと、マスコミの忖度が重なって、情報は薄められていく。

しかし、馬主や、厩舎と仲のいいマスコミには、公にしていない「じつは……」という濃厚な情報が入ってくる。一般人が知りえないホンネの情報、濃い情報で馬券勝負ができるのだから、彼らが有利になるのはいうまでもない。

ここまでの話を読んで、腹が立ってきた読者も多いことだろう。サークルの外側にいるファンは、このまま情報を知る一部の人間の栄養分になるしかないのか……。

いや、ひとつだけそういった裏情報、濃厚な情報を見抜く方法がある。

それが、「オッズ」なのである。どんな極秘情報であっても、馬券を買った瞬間に、それはオッズに反映される。そこに攻略の糸口を見いだすことができるのだ。

朝一にオッズが大きく下がる現象の裏に……

例えば、あなたが馬主になったことを想像していただきたい。

所有馬が出走する際に、調教師から「じつは前走は蹄鉄がズレていたのが敗因でした。今回はデビュー以来最高のデキにあるので巻き返せます。それに新しく着用する馬具がよさそうです」と言われたらどうするだろうか。

おそらく、いつもよりも多くの金額を投じるはずだ。

競走馬を所有できるような資産家なので、お金の余裕は十分にある。数十万円、数百万円単位の馬券を購入しようと決断しても不思議ではない。馬券を一発当てるだけで、その馬の購入代金や預託料を上回る金を得ることも可能なのだから。

当然、大金が投じられるので、オッズは一時的に下がる。

逆に、「マスコミには順調と伝えていますが、じつは休み明けで本来のデキにはありません。熱中症の症状も出ているので、まずはここを使って様子を見ます」と調教師にいわれたら、馬券は買わない、もしくは応援程度の金額に抑えるだろう。

わざわざ外れる確率の高い勝負をする必要はない。馬券好きの馬主なら、自分の馬を切って、ほかの馬を買うという猛者だっているかもしれない。こちらは大金が投じられないのでオッズに動きはない。

このように、インサイダーの思惑は必ずオッズに反映されるのである。

また、あなたがこんな内部情報を知る立場になったら、どのタイミングで大金を投じるだろうか？

いろいろな考え方がありそうだが、どうせ買うのなら早い時間のほうにメリットがある。

早い時間はまだ売上が少ないため、大金を投じると、オッズは一時的に大きく下がる。そのオッズを見たファンは「こんなに配当が安いのなら買うのをやめよう」と、ほかの馬を買うようになる。すると、レースの発走時刻が近づくにつれて、オッズは徐々に上がっていく（人気を落としていく）。早めに大金を賭けると、株でいうところの〝買い占め〟のような状態をつくり出せるのだ。

一方、締め切り直前に大金を投じた場合は、オッズがあまり変化せず、「配当が安すぎる」と感じてくれるファンが減り、旨味は少なくなる。

どうせ馬券を買うことは決まっているのだから、買うのならメリットのある、早い時間のほうがいいのだ。

また、競馬関係者に馬券を頼まれたことのある何人かの記者も、「競馬場に着いたら、すぐに頼まれた馬券を買う」と答える人が多かった。記者いわく「大金なので、もしも買い忘れて当たったらとんでもないことになるから」らしい。

実際、調教師に頼まれた馬券を忙しさのあまりに買い忘れたら当たってしまい、大トラブルになった記者も過去にはいたそうだ。

異常オッズ馬に乗るべし！

それに対して、一般ファンは早い時間に馬券を買わない。ギリギリまで予想を楽しみたいし、オッズも確認したいからだ。

こうして、関係者情報を根拠に買われた馬券は、早い時間にオッズに計上される。私が朝一オッズを確認するのは、定点観測しやすいということに加え、内部情報がビビッドに数字に反映されるからなのである。

長らく馬券を買っている方なら、「なんで、この馬が1番人気なの!?」という馬を見かけたことがあるだろう。このような〝異常〟が生じているオッズをキャッチすれば、我々も関係者と同様の馬券を買うことができる。関係者はホンネを隠しているが、その隠れた声はオッズという数字になって現れるのである。

もちろん、異常オッズの原因は関係者だけとは限らない。シンプルに馬券が上手い人がつくり出していることもある。私も含めて、馬券だけで生活している人々を何人か知っているが、みな一般ファンなら目が飛び出すような金額を賭けている。

たとえ、そんな馬券生活者たちがオッズを下げているにしても、その人に乗っかったほうが、儲かる確率が上がるのはいうまでもない。

異常オッズを見抜くことができれば、的中に近づくことはできる。

要はオッズを見抜いて、**「勝ち組と同じ馬券を買おう」**という考え方を持つのが大切なのである。

蘆口オッズ理論の大敵、ダミー異常とは

オッズ分析は非常に儲かる。

これは断言できる。かつては兵庫県に住むただの競馬ファンだった私が、オッズ分析で戦い続けて、今や日本一家賃が高い東京の港区に住処を構えるようになったのだから、間違いない。

しかし、昔に比べるとやや頭打ちになってきた部分も否めない。今でも競馬に勝つことにおいて、オッズに勝る予想ファクターはないと考えているが、以前ほどの利益率を上げられないようになってきたのだ。

ここまでに説明してきたように、私のオッズ理論は、厩舎関係者から有力な情報を得たインサイダー、常勝を確立している馬券生活者などの大口投票によって生じる異常オッズに注目し、激走する馬を見抜くことを目指している。

しかし最近は、それとは関係のない異常オッズが増えてきているのだ。私はこれを「ダミー異常」と呼んでいる。

それを確信させる出来事が少し前にあった。本書の冒頭でも簡単に触れたが、私にとってエポックメーキングなことだったので、もう少し詳しく振り返っていきたい。

私は自宅近くにある西麻布のカウンターフレンチで飲んでいた。横に座った常連客と話が弾み、楽しい夜を過ごしたのだが、じつはこの常連客が中央競馬に10頭ほどの競走馬を所有する馬主のTさんであることがわかったのだ。

思わぬところで本業に近づいた私は、自分の身分は明かさずに、それとなく質問をしてみた。

どんな情報が入ってきます？

いくらくらい馬券を買うんですか？

このような感じだ。

すると、想像もしなかった答えが返ってきた。

「自分の馬が出るときは絶対に100万円分の単勝を買う」

馬のデキが良かろうが悪かろうが、相手関係が楽だろうが厳しかろうが、必ず100万円買うと決めているというのである。その理由は、

「一時的でも自分の馬が1番人気になるのが快感だから」

だそうである。

こんな人がいるのか!? 私は心底驚いてしまった。

Tさんはベンチャー企業を起業して上場させた人物で、おそらくお金は腐るほど持っている。馬券なんかに頼らなくても、本業でめちゃくちゃ儲けている。

Tさんにとっての単勝100万円は、キャバクラで景気づけに入れるシャンパンのようなもの。加えて、Tさんと同じように若くして大金をつかんだ馬主仲間にも、自分の馬を応戦するために単勝に大金を投じる人がいるという。

Tさんの話を聞いて、私はダミー異常が増えている理由が少しわかった気がした。厩舎関係者の自信度に応じて馬券購入金額を増減させていれば、信頼できる異常オッズになり得るが、Tさんのように意味なく大金を賭け続ける人がいると、異常オッズに価値はなくなってしまう。

ダミー異常に対抗する一手、それが……

そしてもうひとつ、印象的な出来事もあった。あるレースで異常オッズが発生したので、その馬のレ

ースに注目していたのだが、まったく見どころがなく大敗してしまったときのこと。

あの異常オッズはなんだったのだろう?

そう思っていたら、数日後、YouTubeに「○○ステークスで□□の単勝を100万円買ってみた!」という動画が上がっていた。なんのことはない、あの異常オッズは、ユーチューバーの気まぐれだったのである。

これまで、大金を賭ける競馬サークル外の人間というのは、競馬のプロが大半だった。だからこそ異常オッズに価値があったのだが、ユーチューバーなどの素人がつくり出した異常オッズにはなんの意味もない。むしろ逆張りに価値が出てしまう。

もちろん私はオッズのプロである。そういったダミー異常を見抜く方法も考案している。具体的にいうと、馬主ごとにオッズの推移を抽出して異常オッズの確認をしたり、単勝だけでなくほかの券種のオッズもチェックしたり。そうすれば、ある程度の推測はできる。

しかし時間がかかるし、精度にも限界はある。

私がオッズの研究に着手し20年以上が経過した。今でもオッズ分析は儲かると確信しているが、ダミー異常が増えている現状では、利益率をさらに上げるのは難しいと思うようになった。

オッズ理論は十分に研究し尽くしたので、さらに上を目指すのであれば、オッズと併用できて利益率をさらに上げられるファクターを探すべきではないか?

こうして、数年の時間をかけてたどり着いた結論が、本書のテーマである「調教」なのである。

調教からも〝異常〟は見抜ける！

私がオッズ分析をするのはインサイダー情報を見抜くためだ。インサイダー情報を見抜くというのは、突き詰めると「厩舎の勝負気配」を見抜くことである。

では、厩舎の勝負気配が高まるのはどんなときか？

競走馬の適性に合ったレース、相手関係が楽なレース、鞍上に有力騎手を乗せるレース……いろいろとありそうだが、最も自信度が高まるのは、馬の調子がいいときである。

競走馬は生き物なので、一定の調子を保つのが難しい。何走にもわたって絶好調を維持するのは困難だといわれている。だからこそ、厩舎は馬の状態がいいときに勝負をかけてくる。次にいつ状態が良くなるかは誰にもわからないのだから。

そして、馬の状態を見抜くために役立つのが調教である。研究していけば、厩舎の勝負気配は、追切タイムや追切の過程を分析することで見抜けるようになる。

ちなみに調教師が馬主に「調子の良し悪し」を報告するのも、新聞社にコメントを出すのも、おおむね最終追切が終わったあとが多いようだ。つまり、調教師も追切を確認してから、馬の調子に関する判断を下しているということになる。

調教が予想ファクターとして便利なのは、新聞さえ手に入れれば、すべての競馬ファンがチェックできる点だ。

しかも、明確な数字になって表れるだけでなく、調教タイムの見方がわからないファンも多く、あまり重視されていない点もメリットといえる。

パドックや返し馬でも調子がわかるのかもしれないが、これらは数字に表れない事象なので、再現性を保つのが難しい。「オレはパドックで調子が見抜ける！」と豪語する読者がいるかもしれないが、そんな方は調教タイムを勉強すれば、もっと馬券は当たるようになるので、やはりこのまま読み進めていただきたい。

本書のタイトルを見たときに「オッズ分析の蘆口真史がなぜ調教を？」と思った方もいるだろう。しかし、「オッズ」も「調教」も厩舎の勝負気配を把握するために見るもの。ファクターはまったく別であっても、終着地点は同じなのだ。

そして、膨大な時間をかけて調教を分析するうちに、嬉しい誤算が発生した。

当初、調教はあくまでもオッズ分析の補助になればいいと考えていた。オッズがメイン料理なら、調教は前菜くらいになればいいと。しかし、研究をするうちにこの考え方は変わった。

調教はめちゃくちゃ儲かるのである。

オッズ分析はやればやっただけ大きな見返りが期待できるファクターだったが、調教はオッズよりもとっつきやすく、チェックポイントを絞れば作業の負担も軽減できる。

しかも、調教とオッズは相性がいい。調教だけでも利益を出すことができるうえに、オッズと組み合わせれば威力はさらに増す。こうして完成したのが【追切インサイダー】理論なのである。

続く第2章では、蘆口式調教理論の「基礎編」を紹介する。調教タイムの見方を知らない初心者であっても、イチから説明しているので、これを読めば調教馬券で儲けられるようになる。

基礎を学んだあとは、第3章で「応用編」を解説しているので、さらなる高みに上っていってほしい。

そして第4章では、蘆口式オッズ理論の基礎を紹介し、第5章では追切とオッズを融合させた【追切インサイダー】について説明している。

オッズのことがわからない、調教のことがわからない、そんな人でも、本書を読めば理論を簡単にマスターできる。

オッズと調教は、あなたの回収率を劇的に向上させる。私が実際にそれを体験しているので間違いはない。あとはただ、信じてついてきていただくだけである。

第2章

急加速力の登場！

蘆口式「調教理論」

基礎編

まず「調教欄」の見方からスタートしよう

蘆口式の調教理論に言及する前に、初心者のみなさんのために調教欄の見方から説明していこう。

御託はいいから早く【追切インサイダー】でレース予想がしたいという方は、P35から手法を説明しているので、このパートはパスしていただいて構わない。

競馬新聞には出馬表の横には、ほぼ例外なく調教欄がある。新聞によってレイアウトは違うが、記載されている内容はだいたい同じだ。下に架空の調教欄を作成したので、順を追って説明していきたい。

まず頭にあるのは馬番と馬名。その横にはトラックマンの短評が記載されている。

太線よりも上（1行目と2行目）は、過去の調教内容。新聞によってその内容は違うが、どの競馬新聞にも前走の追切時計くらいは掲載されている。私が愛用している競馬ブックの場合はさらに詳しく、前走の追切タイムに加えて、同じコースで行なった過去のベストタイムや、直近連対時のタイムなども載っている。

太線よりも下（3〜6行目）には、前走が終わったあと、今回のレース

競馬新聞の調教欄の例

⑱アシグチマサシ〔絶好の手ごたえ〕

			6F	5F	4F	3F	1F
22.9 ベスト	栗坂重			51.8	37.2	24	11.9 ⑧強目に追う
前走	栗坂重	1回		55.6	41.1	26.5	12.9 馬なり余力
助手	27 栗坂良	1回		56.1	40.5	26.5	13.1 馬なり余力
助手	30CW 良		84.1	68.1	52.5	37.6	11.4 ⑨一杯
助手	3 栗 B 良					44.1	13.5 馬なり余力
武豊	6 栗坂良	1回		52.3	37.4	24.2	11.9 G 前気合付

注：この場合、「30CW」が1週前、「6栗坂良」が直前追切となる。

までにどのような調教を消化したかが記されている。

この調教欄の場合、いちばん左は誰が調教をつけたか。助手は調教助手、騎手が調教をつけた場合は実際の騎手名が記載される。ほかにも、調教師、見習い（競馬学校在籍中の生徒が厩舎研修中に調教にまたがることがある）などの騎乗者がいる。

その右は、追い切った日付と、追い切ったコース、馬場状態だ。坂路コースの場合は乗り込んだ回数と800m（4ハロン）のタイム、トラックコースの場合は1000～1200m（5～6ハロン）のタイムになる。なお、ご存知の通り、Fはハロン（ファロン）の略称単位だ。

ただしトラックコースの場合は、おおむねハロン15秒を切ったところから計測するので、前半がゆっくりだと5ハロン未満の時計になることもあるし、長めに時計を出すときは7ハロンや8ハロンの時計が計測される。タイムの右にある丸囲み数字は、コースのどのあたりを通ったか（⑨だとコースの内ラチ沿いから9分目あたりを通っている）、そしていちばん右端は追いの強度や内容である。

調教欄からわかる調教過程は、アシグチマサシ号は、27日に良馬場の栗東坂路（800m）を馬なりで「56秒1－40秒5－26秒5－13秒1」のタイムを記録、レース1週前の30日にはCW（ウッド）コースで「84秒1－68秒1－52秒5－37秒6－11秒4」のタイムを一杯に追ってマーク、3日は栗東Bコースを軽めに流し残り3ハロンからがタイムになって「44秒1－13秒5」、6日の直前追切は栗東坂路で武豊騎手を乗せて「52秒3－37秒4－24秒2－11秒9」のタイムで仕上げていることがわかる。

トレセン全休日（おおむね月曜日）を除くと、競走馬はだいたい毎日運動しているが、1ハロン15秒を切るような調教欄に記載されるトレーニングを課すのは週に1～2回。レース前の水曜日か木曜日に強めの調教を課して、レースに臨むのが基本だ。

アシグチマサシ号の場合は、30日のＣＷでの追切が1週前追切、６日の坂路での追切が直前追切にあたる。

後述するが、蘆口式の調教理論で利用する追切タイムは、**出走レース前2週間の追切だけ**である。ほかの期間はいっさいいらない。本書で必要とするのは２週前からの調教時計だけだ（Ｐ50に詳述）。

なお、競馬新聞には原則すべての調教過程が記されているが、スポーツ新聞は直前追切しか載っていないケースが多いので、万全を期して予想をするのであれば、競馬新聞を入手することを推奨する。


調教に関しての注意点もいくつか挙げておく。

調教タイムは、栗東・美浦坂路、栗東ＣＷ、美浦南Ｗで、自動計測が導入されている。そのため、この４コースの調教時計は、どの新聞社の数字も同じである。それ以外の調教コースは、トラックマンがストップウォッチで計測しているのだが、優馬（系列紙の競友も含む）以外の新聞社は調教タイムを合わせているようなので、とんでもない誤差が出ることは少ない。新聞による時計の違いは気にする必要がないだろう。

また、美浦坂路コースは２０２３年9月末に新装され、コースの高低差が18ｍから33ｍに変更された。それによってタイムの出方にも変化が出てくる可能性があることもお伝えしておきたい。

以上、簡単な調教欄の見方を覚えたうえで、本題に入ろう。

調教時計と馬場状態の問題をどうクリアするか

調教欄を使った競馬予想というと、タイムに注目したものを想像する人が多いだろう。

例を挙げるなら、「栗東坂路を51秒台で駆け上がった馬は買い」、「夏の2歳戦はラスト1ハロン12秒台が合格点」、「下級条件戦でラスト1ハロン11秒台のラップが出ている馬は勝負」といった感じだ。おおむね、全体タイムや上がりタイムが速ければ好調、遅ければ不調という判断を下すのが常識的な予想になっている。

この考え方に関して、私もまったく異論はない。タイムに注目するのは正しい調教の見方だと思っている。

しかし、問題点もいくつかあるのだ。

まずは、そのタイムが速いか遅いかの判断が、難しい点である。スピード指数をかじったことのあるファンならご存知の通り、タイムは馬場状態によって大きく変動するものだ。

栗東坂路52秒台のタイムが出たといっても、どんな馬でも簡単に52秒台が出るようなスピード馬場の日もあれば、オープン馬でも52秒台を出すのが難しいような日もある。その日の馬場がわかっていなければ、タイムの本当の価値はわからない。

もちろん、スピード指数と同様に、追切日ごとの馬場状態を把握して、基準タイムを設定して、補正をかければ、意味のある数字にできるかもしれない。

しかし、栗東Bコースなどのあまり使われないコースや、火曜日（一般的に、追切は水曜日・木曜日に行なわれる）に追切をした場合、母数が少なすぎて、補正をすることが難しくなる。

さらに厳密にいうと、馬場入りする時間によっても、調教時計は微妙に変わってくる。トレセンの馬場の開場直後（夏は朝5時、春・秋は6時、冬は7時に開場される）は速い時計が出やすく、調教が進むにつれて時計は出にくくなるといわれているのだが、馬場が荒れてくるとハロー掛け（馬場を馴らす）が入るので、その直後はまた速い時計が出たりする。

追切の日付は記載されていても、時間までは載っていない。推測はできるにしても、そのときがどんな馬場だったのかは、実際に乗った人間にしかわからないのだ。

どのレベルで追っているかもトラックマンの判断に委ねるしかない。競馬新聞に記載されてある「一杯」「強め」「馬なり」「末一杯」などの評価はそこまで間違っていないが、同じ馬の追切であっても、ある新聞では「強め」なのに、別の新聞では「馬なり」になっているようなこともけっこうある。

タイムは明確な数字になって表れるのだが、どんな状態で出されたタイムなのかがわかりづらいのである。

最終追切がいい馬は好走必至？

実際、私は最終追切の調教タイムと好走率のデータも調べてみた。その結果が左ページの表である。

最終追切で、美浦坂路にて52秒を切る時計を出した馬の複勝率は約24％。一方、54秒5以上かかった馬は約15％。確かに好時計をマークした馬の好走率は高い。しかしし回収率はそれとはリンクしない。53

■最終追切：美浦坂路

4Fタイム	勝率	連対率	複勝率	単回値	複回値	総データ数
～51.9	9.5%	16.3%	23.8%	65	77	147
52.0～52.4	6.4%	12.4%	21.1%	40	87	251
52.5～52.9	6.7%	15.3%	23.7%	48	80	464
53.0～53.4	8.6%	16.2%	24.7%	133	85	782
53.5～53.9	6.9%	13.7%	19.8%	71	82	1122
54.0～54.4	6.3%	11.8%	18.2%	89	72	1215
54.5～	4.6%	9.3%	15.1%	68	65	4947

■最終追切：栗東坂路

4Fタイム	勝率	連対率	複勝率	単回値	複回値	総データ数
～51.9	10.5%	19.0%	27.2%	72	75	1734
52.0～52.4	8.3%	16.5%	24.8%	73	70	1458
52.5～52.9	9.7%	19.3%	27.0%	74	88	2187
53.0～53.4	9.0%	16.6%	25.2%	74	80	2819
53.5～53.9	8.4%	15.6%	23.5%	71	70	3205
54.0～54.4	7.9%	16.5%	24.6%	65	83	3210
54.5～	7.6%	15.2%	22.1%	71	70	10860

■最終追切：美浦ウッドチップ（DW）

5Fタイム	勝率	連対率	複勝率	単回値	複回値	総データ数
～65.9	10.3%	18.4%	26.1%	54	71	783
66.0～66.4	7.5%	15.5%	23.9%	70	81	831
66.5～66.9	8.0%	15.9%	23.7%	66	76	1348
67.0～67.4	7.5%	14.4%	23.1%	70	80	1890
67.5～67.9	8.2%	15.8%	22.6%	71	73	2303
68.0～68.4	6.3%	14.3%	20.8%	66	64	2563
68.5～	6.3%	13.3%	20.6%	67	71	10272

■最終追切：栗東ウッドチップ（CW）

5Fタイム	勝率	連対率	複勝率	単回値	複回値	総データ数
～65.9	9.5%	18.5%	28.8%	53	70	726
66.0～66.4	11.9%	20.8%	27.9%	122	91	519
66.5～66.9	9.0%	16.3%	25.1%	57	70	701
67.0～67.4	7.8%	15.3%	25.7%	87	79	856
67.5～67.9	9.2%	16.5%	24.0%	77	75	954
68.0～68.4	8.7%	15.2%	23.4%	54	75	957
68.5～	8.0%	16.3%	23.6%	67	70	3848

秒０～53秒４で駆けた馬だけ単勝回収値が高いが、なぜこのスポットだけ高いのかの論理的な説明はできないので、これは誤差と考えていいだろう。

栗東坂路の場合も、52秒よりも速く走った馬の複勝率は約27％、54秒５以上かかった馬は約22％。若干ではあるが、速い時計を出した馬のほうが好走率は高くなっている。一方、単勝・複勝の回収値は、ほぼすべて横並びのような状況だ。

美浦ウッドチップ（ＤＷ）も、速い時計を出した馬の好走率はやや高いが、過剰人気をするようで、５ハロンを65秒９以下で追い切った馬の単勝回収値は54と低い数字になっている。

栗東ウッドチップ（ＣＷ）も速い時計を出した馬のほうが好走率はやや高い。５ハロンを66秒０～66秒４で走った馬の単勝回収値が１００を超えているが、これはデータ数が５１９と少ないため、誤差なのではないだろうか。

つまり、調教タイムが速い馬の好走率はやや高いものの、目を見張るような数字は残していないということ。しかも調教の好時計は、オッズにも織り込まれる。場合によっては過剰人気するので、馬券に活かすのは難しいということがわかる。

だからこそ、タイムではなく、調教映像の「動き」で判断をするというコアなファンもいるかもしれない。

しかしこちらも、重賞など一部のレースしか追切映像しか公開されず、予想できるレースは限られてくる。あなたがトラックマンでもない限り、いや、トラックマンですら自分がチェックしているコースでしか、本当の調教の動きはわからないのだから、調教映像から予想をするのも難しいのだ。

トラックマン（競馬ブック）のおもな追切短評とその馬の成績

短評	勝率	連対率	複勝率	単回値	複回値	件数
抜群の脚捌き	18%	35%	43%	75	77	484
体も動きも良く	17%	32%	43%	76	82	786
高いレベルで安定	15%	32%	42%	62	80	939
トモ甘い	9%	16%	24%	144	169	135
やや頭が高く	4%	9%	17%	84	99	420
攻めは動くが	3%	7%	13%	95	100	747

トラックマンの追切短評はどうなのか

では、調教タイムや調教映像を予想に活かすのを諦めて、記者の目を全面的に信頼してみるのはどうか？

競馬新聞の調教欄には、どのような追切だったかの短評も掲載されている。私は競馬ブックの短評ごとの好走率もチェックしてみた。コメントの種類は何百種類とあるので、ここでは代表的な６つのコメントに絞って集計したものを紹介する。

さすが、競馬マスコミのオピニオン紙だけあって、ポジティブな短評（抜群の脚裁き、体も動きも良く、高いレベルで安定）は複勝率が40％を超えている。一方、ネガティブな短評（トモ甘い、やや頭が高く、攻めは動くが）の複勝率は20％以下だ。現場で実際に調教を見ている専門家の見立てはお見事である。

しかし、回収率に目を転じてみると、ポジティブな短評は回収値が70そこそこなのに対し、ネガティブな短評には回収値90超が並んでいる。記者が優秀すぎるあまり、ポジティブなコメントを出した馬は、オッズに反映されすぎてしまうのだろう。

ちなみに、ここには代表的なコメントだけを記したが、この傾向はほかのコメントにも当てはまる。記者の目は信頼できるが、儲からないのである。

当てるだけなら短評を信用してもいいが、儲けたいのであれば、むしろネガティブなコメントがついている馬から激走馬を見つけたほうが早いと結論づけられる。

こういった事情があるためか、調教を軸に予想をするファンはかなり少ない。調教欄はほとんど見ないというファンも珍しくないし、見たとしても参考にする程度というファンが大半を占めている。

ここで文章を終わらせると、「じゃあ、調教で予想をするのは止めよう」と思うことだろう。しかし、だからこそ「調教」なのである。

注目している人が少ないファクターというのは、人の手が入っていないブルーオーシャン。多くのファンが当てられないレースを当てるからこそ儲かる、パリミチュエル方式の競馬において、避ける人が多い理論ほど攻略する価値がある。

そう考えた私は、試行錯誤を繰り返した。従来の調教予想の問題点を解決し、なおかつ馬券に反映する方法はないものかと。そして、幾多の年月と時間をかけてたどり着いたのが、蘆口式の調教理論である。

この調教理論は、基準タイム不要、映像不要、調教コース不問。従来の調教予想の問題点をフォローしつつ、それでいて効果が抜群とまったく隙がない。その全貌を、今から詳しく明かしていこう。

急加速力を発揮できる状態の馬を探せ！

競走馬に最も求められる能力とはなんであろうか？

私は「加速力」だと考えている。

レースが本番なら、調教は練習。当然、練習で全力疾走させることはないし、鞍上がレース並みに全力で追うこともない。だから、その馬が本来備えているスピードや瞬発力といった能力を、調教でフルに見せることはないと考えるべきだろう。

しかし、優れたスピードや瞬発力がないと急加速をすることはできない。つまり、高い加速力を見せている馬は逆説的にスピードや瞬発力を持っている（加えて、追切タイムが後述する**消ボーダー**と**軸ボーダー**を突破していれば持続力も兼ね備えている）とみなすことができる——それが私の持論だ。

自動車を想像してみていただきたい。どんな車であっても、アクセルを踏み込めば時速１８０キロは出る。しかし一般車は時速１８０キロに到達するのに時間がかかり、スポーツカーはアッという間に時速１８０キロに加速できる。

これがエンジンの違いであり、加速力は自動車の価格の違いになって反映される。トップスピードは同じであっても、一般車とスポーツカーがレースをすれば、よほど変則的な条件でない限り、スポーツカーが勝つことはいうまでもない。

スポーツでモノをいうのも、一気にトップスピードに持っていく急加速力だ。陸上の短距離走はいわずもがな。野球の盗塁はもちろんのこと、バットをいかにトップスピードに持ち込めるかがバッティングのカギを握る。見た目は鈍重に見える相撲にしても、立ち合いの加速力が勝敗を分けている。サッカーで大活躍中の三笘薫選手も、止まった状態からの急加速力に長けていることで有名だ。

馬という動物は本来、並足なら1日に50～60キロを移動でき、駆け足でも1日30キロを移動できるといわれている。動物学的にいうと、中央競馬のレースはいずれも、馬にとっては短距離戦なのである。

短距離戦でモノをいうのが、加速力であることは論をまたない。この点からいっても、競走馬に必要な資質は加速力であると断言できる。

競走馬の能力とは加速力。

つまり、調子がいい馬とは、「急加速力を発揮できる状態にある馬」と考えていい。

だからこそ調教は、タイムでもなく映像でもなく短評でもなく、この急加速力に注目すればいいと私は主張しているのだ。

急加速力は、この計算式で弾き出す！

蘆口式の調教理論では、全体時計の速さにも、ラスト1Fの時計にも、それ自体に大きな意味は持たせていない。着目するのは、ラスト２ハロンから１ハロンにかけて、どれだけ急加速できたかだ。

急加速力を計算する公式は、下のようになっている。

坂路コースは１ハロンごとのタイムが自動計測される。このタイムはそのまま、競馬新聞などの調教欄に記載される。参考として左ページに取り上げたのは、２０２３年８月30日に栗東坂路コースで記録された調教タイムだ。

イラーレは、４ハロンの坂路コースを53秒７で駆け上がり、ラスト３ハロン

【急加速力計算式】

《坂路コース》
（2Fタイム　－　1Fタイム）－1Fタイム＋調教コース別補正値
《トラックコース》
（3Fタイム　－　1Fタイム）÷2－1Fタイム＋調教コース別補正値
※坂路、トラックコースともに、小数点第2位を四捨五入

38秒2、ラスト2ハロンは24秒6、ラスト1ハロンを11秒7でまとめている。
この時計をラップタイムに分解すると、次のようになる。

4F15秒5　－　3F13秒6　－　**2F12秒9**　－　**1F11秒7**

イラーレは、坂路コースの0m～200m区間を15秒5で走り、200m～400m区間を13秒6、400～600m区間を12秒9、600m～800m区間を11秒7で走ったということになる。

私が注目するのは、ラスト2ハロンから1ハロンにかけて、どれだけラップタイムを上げているかだ。イラーレは**12秒9から11秒7にラップを上げているので、タイムにして1秒2も加速している**ことがわかる。

このラスト2ハロンから1ハロンにかけての加速力（イラーレの場合は1秒2）を調教欄から簡単に算出する公式が、

（2Fタイム　－　1Fタイム）－1Fタイム

の部分にあたる。

実際に電卓を叩いて計算してみていただきたい。1秒2になるはずだ。

急加速力の比較例

23年8月30日：栗東坂路	4F	3F	2F	1F	急加速力
イラーレ	53.7	38.2	24.6	11.7	1.7
アンナバローズ	53.6	38.1	24.0	11.7	1.1

※栗等・坂路の補正値は＋0.5

「調教コース別の補正値」で全馬の比較が可能になる

そして、一概に加速力といっても、ラスト1ハロンで加速しやすいコースと、加速しにくいコースがある。坂があると加速しにくいし、平坦コースは加速しやすい。また、平坦であっても、芝、ダート、ウッド、ポリトラックなど、馬場の違いによって加速のしやすさに違いはある。

それを補正するのが、左ページに掲載した調教コース別の補正値である。この補正値があることにより、違うトレセン、違うコースで追い切った馬であっても、急加速力を同じまな板の上に乗せて料理できるようになるのである。

栗東坂路の補正値は0・5。これをプラスしたものが、イラーレの急加速力である。公式に当てはめて計算をすると、次のようになる。

（24秒6　－　11秒7）－　11秒7　＋　補正値0・5　＝1・7

これにより、イラーレの急速力は「1・7」ということになる。

ちなみに、イラーレが追い切ったのと同じ日に、アンナバローズという馬も栗東坂路で追切っていた。全体タイムは53秒6、上がり1ハロンは11秒7だから、従来の調教時計の見方からいけば、全体タイムがコンマ1秒優秀なアンナバローズが上位、もしくはイラーレと同程度の価値の調教をこなしたように見える。

調教各コースの補正値と軸・消ボーダー

コース	補正値	軸ボーダー	消ボーダー
		5F(4F)	1F
旧美坂	0.5	54.7	13.0
新美坂	0.6	55.0	13.1
栗坂	0.5	54.3	12.7
美浦 W	−0.6	68.5	12.1
栗CW	−0.6	68.2	11.9
函館 W	0.3	69.7	13.1
美浦芝	0	67.1	12.1
栗芝	0.3	66.1	12.1
函館芝	0	66.9	12.1
札幌芝	0.5	66.8	12.3
小倉芝	−1	70.3	12.2
美南P	−0.2	68.1	12.4
栗P	−0.2	66.5	12.0
美南B	−0.7	69.2	12.5
栗B	−0.7	68.0	12.0
美南 D	0.6	68.3	13.0
美北B	1.1	69.8	13.8
美北C	0.5	68.9	13.1
函館ダ	−0.2	69.7	12.7
札幌ダ	−0.2	69.5	12.7
小倉ダ	−0.5	70.4	12.7
新潟ダ	−0.4	70.2	12.6

※ボーダー＝「ボーダーライン」については後述

しかし、急加速力を計算してみると……。

（24秒0　－　11秒7）－　11秒7　＋　補正値0・5　＝1・1

アンナバローズの急加速力は1・1。蘆口式の調教理論では、イラーレのほうに高い評価を与えることになるのだ。

トラックコースについても説明していこう。

公式が坂路コースと違っているのは、トラックコースの調教時計は6ハロン、5ハロン、4ハロン、3ハロン、1ハロンのタイムで計測されるからだ。ラスト2ハロン目のタイムが出ないため、3ハロンタイムから1ハロンタイムを引き、それを2で割ることにより、仮想的なラスト2ハロン目のラップタイムを算出している。

この仮想2ハロンラップタイムから、ラスト1ハロンタイムを引き、追切コース別補正値を足せば、急加速力は算出できる。

簡単に例を挙げて説明しよう。

天皇賞・秋でGⅠ5連勝を達成し、現役世界最強馬の評価を不動のものにしたイクイノックスは、過去に栗東CWコースでこのような直前追切を消化していた。

82秒4－67秒9－53秒1－37秒4－11秒3

公式に当てはめると、イクイノックスの急加速力は次のようになる。

（37秒4－11秒3）÷2－11秒3－0・6＝1・15

小数点2位以下は四捨五入するので、イクイノックスの急加速力は「1・2」になる。

急加速力で調子を測るという手法は、従来の調教予想の問題点を解消してくれる。ラスト1ハロンにかけてどれだけ加速できているかのみに注目するので、時計のかかる馬場であっても、基準タイムの設定が難しいマイナーコースであっても、すべてを同列に評価することができるのだ。必要なのはタイムだけなので、レース映像を見る必要もない。調教コメントも見なくていい。むしろ、ネガティブコメントが出ている馬が、高い急加速力を示している場合は、オイシイ馬券につながってくれるケースが多いので、歓迎材料になると考えたい。

急加速力の平均値はおおいに活用すべし！

加えて、急加速力は、競走馬の調子を見抜く以外にも活用できる。調教で示した急加速力は、競走馬の能力を示すひとつの指標になるのだ。

急加速力のクラス別平均値

馬齢	クラス	急加速力平均
2～3歳	新馬・未勝利	0.7
2～3歳	1勝クラス	0.9
2～3歳	オープン	1.0
古馬	1勝クラス	0.7
古馬	2勝クラス	0.8
古馬	3勝クラス	0.9
古馬	オープン	1.0

上に掲載した表は、各クラスに在籍している競走馬の、調教における急加速力の平均値を算出したものである。2歳馬も古馬もクラスが上がるにつれて、調教での急加速力が向上していることがわかる。

つまり、2歳の早い時期から1・0を上回るような急加速力を示している馬は、将来的にオープンクラスに上がる可能性がある逸材と考えることができる。レースで結果を出せなくても、追いかけてみる価値はある。ＰＯＧへの活用も可能だろう。

調教はあくまでもレースへ向けての練習だ。「調教とレースは別物」「調教で走っても一銭にもならない」と語る調教師がいるように、調教の内容と競走馬の能力に相関関係はないと思う読者もいるかもしれない。

しかし、スポーツ経験者なら理解しやすいと思うが、練習で上手な人は試合でも上手なのが当たり前。もちろん、ブルペンでは一流と呼ばれる投手や、スパーリングだけなら最強と呼ばれるボクサーもいるにはいるが、これも珍しい事例だからこそつく異名ではないだろうか。

そのほか、新種牡馬の能力判定などにも使える。

新種牡馬の評価を定めるためには産駒が古馬になる2～3年が必要とされているが、産駒の急加速力平均値をとっておけば、早い段階から活躍しそうな新種牡馬をピックアップすることができる。大流行している一口クラブの会員にとっても、有効な指標になることは間違いない。

本書のテーマは「急加速力を応用して馬券で儲ける手法を伝える」ことだが、急加速力にはさまざまな活用法があることを覚えておいていただきたい。

軸馬とヒモを決めるボーダーライン

続いて、予想手順を説明していこう。

ステップ①　出走馬の２週前までの追切をピックアップする
ステップ②　コース別補正値表の『消しボーダー』１ハロンタイムに該当する調教を除外する
ステップ③　残った追切タイムをＰ42の公式（下にも流用）に当てはめて計算する
ステップ④　急加速力上位の中から『軸ボーダー』などを参考にしながら購入馬を決定する

ここで読者が抱くかもしれない、手順についての疑問に答えておく。
まずは、なぜステップ①で２週前までの追切をピックアップする必要があるのか？

【急加速力計算式】
《坂路コース》
（2Fタイム　－　1Fタイム）－1Fタイム＋追切コース別補正値
《トラックコース》
（3Fタイム　－　1Fタイム）÷２－1Fタイム＋追切コース別補正値
※坂路、トラックコースともに、小数点第2位を四捨五入

一般的な調教理論では、最終追切が重視される傾向にあるが、厩舎、ローテーション、馬の状態などによって注視すべき追切日は異なってくる。

前走との間隔が3週間ほどあれば最終追切で負荷をかけることが多いが、長距離輸送を控えている馬や、直前に強い追切を課すとテンションが上がりすぎる馬などは、1週前に負荷をかけて最終追切を軽めに流すケースがある。

負荷をかけてくるタイミングや、シチュエーションは千差万別なので、レース2週前までの追切を採用している。要は2週間以内のどこかで急加速力を示していればいいのである。

なお、この「2週前」は競馬用語でいうところの「2週前追切」が該当し、厳密には**レース当日から17〜18日ほど前**になるのでご注意いただきたい。

ステップ②で**「消しボーダー」**を設定している理由は、予想時間を短縮するためである。1レースで最大18頭、1日36レースの出走馬の調教すべてを公式に当てはめて急加速力を算出するには相当な時間がかかる。そこで、あまり意味のない追切を割愛するために使うのが消しボーダーなのだ。

では、意味のない追切とはどんなものなのか？

それは、競走馬にあまり負荷がかかっていない追切だ。

そもそも調教は、全部でしっかりとタイムを出してくるわけではない。筋肉をほぐす程度、1ハロンを14秒程度で走る軽い調教もたくさんある。たとえラスト1ハロンで加速をしていても、そもそものタイムが遅すぎる場合は価値がない。

例えば、次のようなラスト3ハロン−1ハロンタイムを調教で記録した馬がいたとしよう。

Ａ　栗ＣＷ　42秒１　－　13秒１　＝　急加速力０・８
Ｂ　栗ＣＷ　37秒５　－　11秒６　＝　急加速力０・８
※栗東ＣＷの補正値はマイナス０・６

公式に当てはめて計算をすると、どちらも急加速力は０・８ということになる。

しかし、Ａのラップタイムは筋肉をほぐす程度のタイムで走っており、余力は十分なのでラスト１ハロン13秒１はどんな馬でも楽々と出せる。

これに対し、Ｂのラップは少し厳しめのラップなので出せる馬は限られてくる。この場合、Ａを評価する必要はまったくない。こういった、準備運動程度で出た〝なんちゃって加速〟を切るために、消しボーダーは存在するのだ。

ボーダーラインの設定基準は、馬場状態を考慮せず、一定にしている。厳密にいえば、馬場差を考えてボーダーラインを変動させたほうがいいのかもしれないが、大切なのは基準タイムの精度ではなく急加速力。ボーダーラインに関しては、ある程度の精度を保っていれば問題ないと考えて、コースごとに固定している。

付け加えておくと、消しボーダーラインは最低ラインである。同じレースに急加速力が同値の馬が複数いる場合は、ボーダーラインを余裕で突破している馬のほうが好走率は高くなる。ボーダーライン超えは最低条件。あとは超えれば超えるほど好走率が上がると認識しておいていただきたい。

ラスト１ハロンが、消しボーダーよりも遅い場合は計算不要である。よく調教に使われるコースだと、新美浦坂路＝13秒1、栗東坂路＝12秒7、美浦W＝12秒1、栗東CW＝11秒9、これらが各コースのボーダーラインとなる。この消しボーダーだけで、出走馬の調教の多くがカットできるので、予想を時短できる。

加えて、トラックコースの場合、5ハロン以上から追っていない時計も計算する必要はない。なぜなら、4ハロン以下の時計は、ラスト1ハロンまでの負荷が軽すぎるため、たとえ加速力を発揮していてもその価値は下がるからだ。また、コース補正値に掲載されていない、障害コースや栗東Eコースなどでの追切に関しても計算は不要である。

ステップ④の**「軸ボーダー」**は、軸馬を選定する際に活用する。軸馬は5ハロン（坂路は4ハロン）の全体タイムのボーダーをクリアしている馬から選出することで、馬券精度がより高まるからである。

手順実践①2023年7月15日・福島2R＝払戻し2652万2300円

では、いくつかの実際のレースを参考にしながら、予想手順を確認していこう。

最初のレースは、**【追切インサイダー】**の代名詞ともなっている2652万円の払戻しを記録した、2023年7月15日の福島2Rである（P54～55の追切一覧参照）。

①エリザベスベイは、7月7日と12日に美浦Wで追い切っているが、ラスト1ハロンは13秒2と12秒8。美浦Wの消しボーダーは12秒1なので、どちらもボーダーを突破できていない。よって、エリザベ

スペイは急加速力なしである。

②スカイラーは、7月9日と12日に美浦Wで時計を出している。どちらも上がりは11秒8なので消しボーダーにはひっかからない。

それぞれの急加速力は次の通り。

●9日　（38秒7－11秒8）÷2－11秒8－0・6≒1・1

●12日　（39秒2－11秒8）÷2－11秒8－0・6＝1・3

高い数値のほうを採用するので、スカイラーの急加速力は「1・3」になる。

③カフェクリアには美浦Wで5本の時計がある。そのうち消しボーダーをクリアしている時計は、6月25日、28日、7月5日、7月12日の4本だ。ただし、28日と12日はコースで5ハロン未満の追切なので、こちらも計算する必要がない。

残った2つの調教の各急加速力は次の通り。

●25日　（39秒3－12秒1）÷2－12秒1－0・6＝0・9

●5日　（37秒6－12秒0）÷2－12秒0－0・6＝0・2

同馬の急加速力は「0・9」となる。

④オズモポリタンは、計算すべき調教時計は3本。7月5日に美浦Bコースで急加速力「1・5」を

■2023年７月15日・福島２Ｒ出走馬の対象追切一覧

馬番	馬名	追切日	追切コース	5F(4F)	3F(2F)	1F	5F(4F)ボーダー	1Fボーダー	急加速力
1番	エリザベスベイ	7月7日	美浦W	−	41.8	13.2	×	×	
		7月12日	美浦W	−	40.2	12.8	×	×	
2番	スカイラー	7月9日	美浦W	71.0	38.7	11.8	×	○	1.1
		7月12日	美浦W	70.2	39.2	11.8	×	○	1.3
3番	カフェクリア	6月25日	美浦W	72.1	39.3	12.1	×	○	0.9
		6月28日	美浦W	−	37.7	11.9	×	○	
		7月5日	美浦W	67.1	37.6	12.0	○	○	0.2
		7月9日	美浦W	72.4	41.3	12.9	×	×	
		7月12日	美浦W	−	38.5	11.8	×	○	
4番	オズモポリタン	6月25日	美南B	−	42.2	13.5	×	×	
		6月28日	美南B	70.4	39.4	12.4	×	○	0.4
		7月2日	美浦W	−	43.3	13.8	×	×	
		7月5日	美南B	72.6	39.8	11.8	×	○	1.5
		7月12日	美南B	68.6	38.4	11.8	○	○	0.8
5番	サンマルリアン	7月5日	美浦W	66.9	38.3	12.8	×	×	
		7月9日	美浦W	67.8	38.8	12.5	○	×	
		7月12日	美浦W	68.5	38.3	12.0	○	○	0.6
6番	ブレードランナー	7月1日	美浦W	68.1	39.1	12.4	○	×	
		7月5日	美浦W	68.0	38.8	12.4	○	×	
		7月9日	美浦W	−	40.6	13.1	×	×	
		7月12日	美浦W	67.5	37.1	11.8	○	○	0.3
7番	カヤドーブラック	7月2日	美浦W	−	40.1	12.9	×	×	
		7月5日	美浦W	70.1	40.4	12.9	×	×	
		7月9日	美浦W	−	40.2	12.6	×	×	
		7月12日	美浦W	71.0	40.4	12.6	×	×	
8番	ロゴナンバーワン	7月12日	美浦W	69.7	38.4	11.9	×	○	0.8
9番	ルレーブアマゾン	6月28日	美浦W	70.9	40.6	12.7	×	×	
		7月1日	美浦W	67.0	37.4	11.9	○	○	0.3
		7月5日	美浦W	−	39.0	12.2	×	×	
		7月8日	美浦W	66.2	36.2	11.8	○	○	−0.2
		7月12日	美浦W	67.8	38.3	11.8	○	○	0.9

表内のアミカケ部分は、参考外の追切（タイム）になることを意味している。次の3パターンが該当……①トラックコースの場合、1Fボーダーを突破していても、5F以上の全体時計が記録されていない②トラック・坂路ともに、1Fボーダー・全体ボーダーの両方とも突破ならず③全体ボーダー突破もラスト1F ボーダーは突破ならず

馬番	馬名	追切日	追切コース	5F(4F)	3F(2F)	1F	5F(4F)ボーダー	1Fボーダー	急加速力
10番	シズカノウミ	中1週で追切なし							
11番	エドノアンジェラス	6月28日	美浦W	71.4	42.2	14.4	×	×	
		7月2日	美浦W	75.8	43.6	14.1	×	×	
		7月5日	美浦W	69.7	39.9	13.7	×	×	
		7月9日	美浦W	70.3	40.0	12.7	×	×	
		7月12日	美浦W	68.0	38.9	13.4	○	×	
12番	ウォーカーカップ	7月6日	美浦W	75.9	43.3	14.0	×	×	
		7月9日	美浦W	73.2	41.7	13.7	×	×	
		7月12日	美南P	69.1	38.7	12.7	×	×	
13番	クレイプマートル	7月6日	美浦W	69.1	39.9	12.6	×	×	
		7月9日	美浦W	73.0	41.9	14.2	×	×	
		7月12日	美浦W	69.2	39.5	12.4	×	×	
14番	ベルシャンソン	6月28日	美浦W	67.9	37.4	11.0	○	○	1.6
		7月2日	美浦W	－	39.9	12.9	×	×	
		7月5日	美浦W	67.8	37.2	11.1	○	○	1.4
		7月12日	美浦W	69.6	39.0	11.9	×	○	1.1
15番	ウワサノアノコ	6月28日	美南P	70.3	40.1	12.4	×	○	1.3
		7月2日	美浦W	－	43.2	13.8	×	×	
		7月5日	美浦W	69.0	38.7	12.7	×	×	
		7月12日	美浦W	68.0	38.4	12.7	○	×	

■2023年7月15日・福島2R出走馬のまとめ

馬番	馬名	追切日	追切コース	5F(4F)	3F(2F)	1F	5F(4F)ボーダー	1Fボーダー	急加速力
1番	エリザベスベイ								
2番	スカイラー	7月12日	美浦W	70.2	39.2	11.8	×	○	1.3
3番	カフェクリア	6月25日	美浦W	72.1	39.3	12.1	×	○	0.9
4番	オズモポリタン	7月5日	美南B	72.6	39.8	11.8	×	○	1.5
5番	サンマルリアン	7月12日	美浦W	68.5	38.3	12.0	○	○	0.6
6番	ブレードランナー	7月12日	美浦W	67.5	37.1	11.8	○	○	0.3
7番	カヤドーブラック								
8番	ロゴナンバーワン	7月12日	美浦W	69.7	38.4	11.9	×	○	0.8
9番	ルレーブアマゾン	7月12日	美浦W	67.8	38.3	11.8	○	○	0.9
10番	シズカノウミ								
11番	エドノアンジェラス								
12番	ウォーカーカップ								
13番	クレイプマートル								
14番	ベルシャンソン	6月28日	美浦W	67.9	37.4	11.0	○	○	1.6
15番	ウワサノアノコ	6月28日	美南P	70.3	40.1	12.4	×	○	1.3

1着⑭ベルシャンソン　2着⑤サンマルリアン　3着⑮ウワサノアノコ

※空欄の馬は対象外

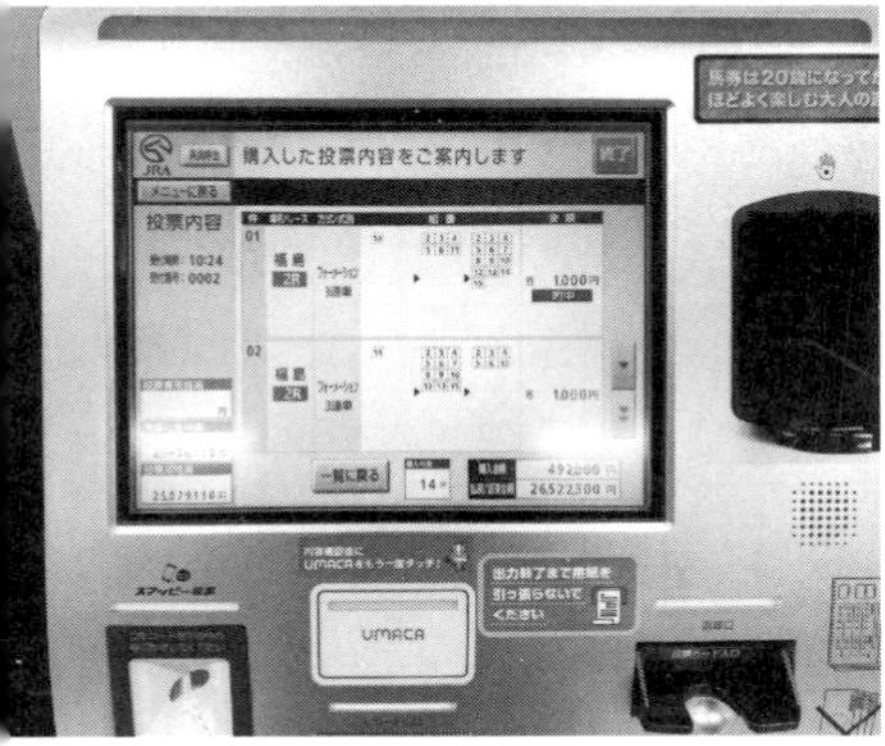

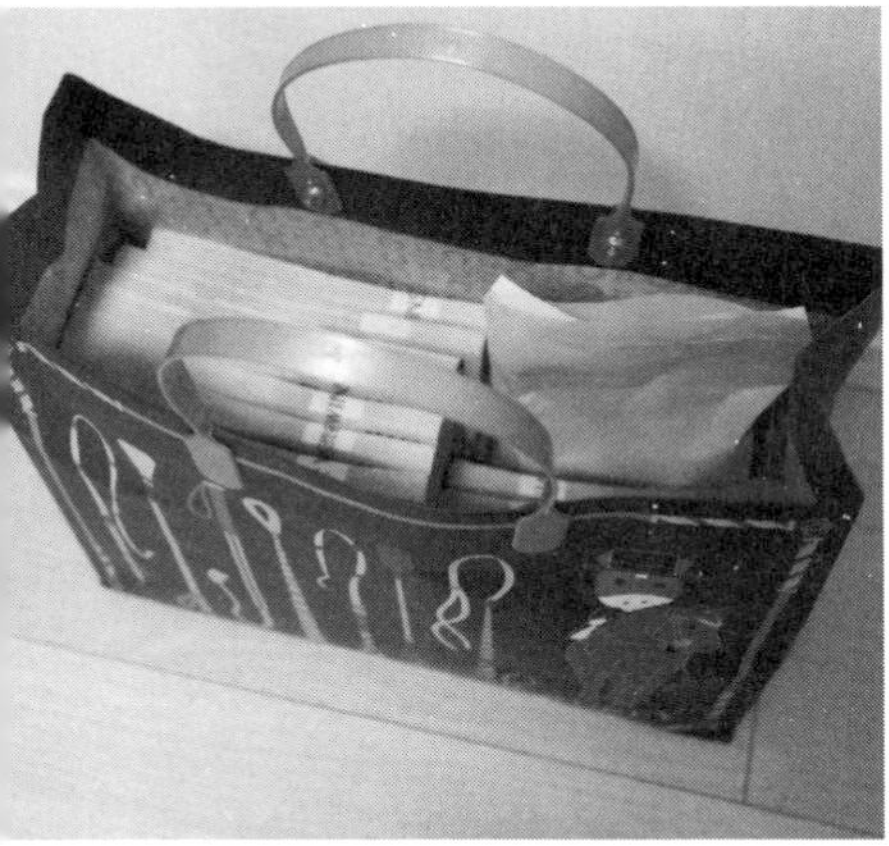

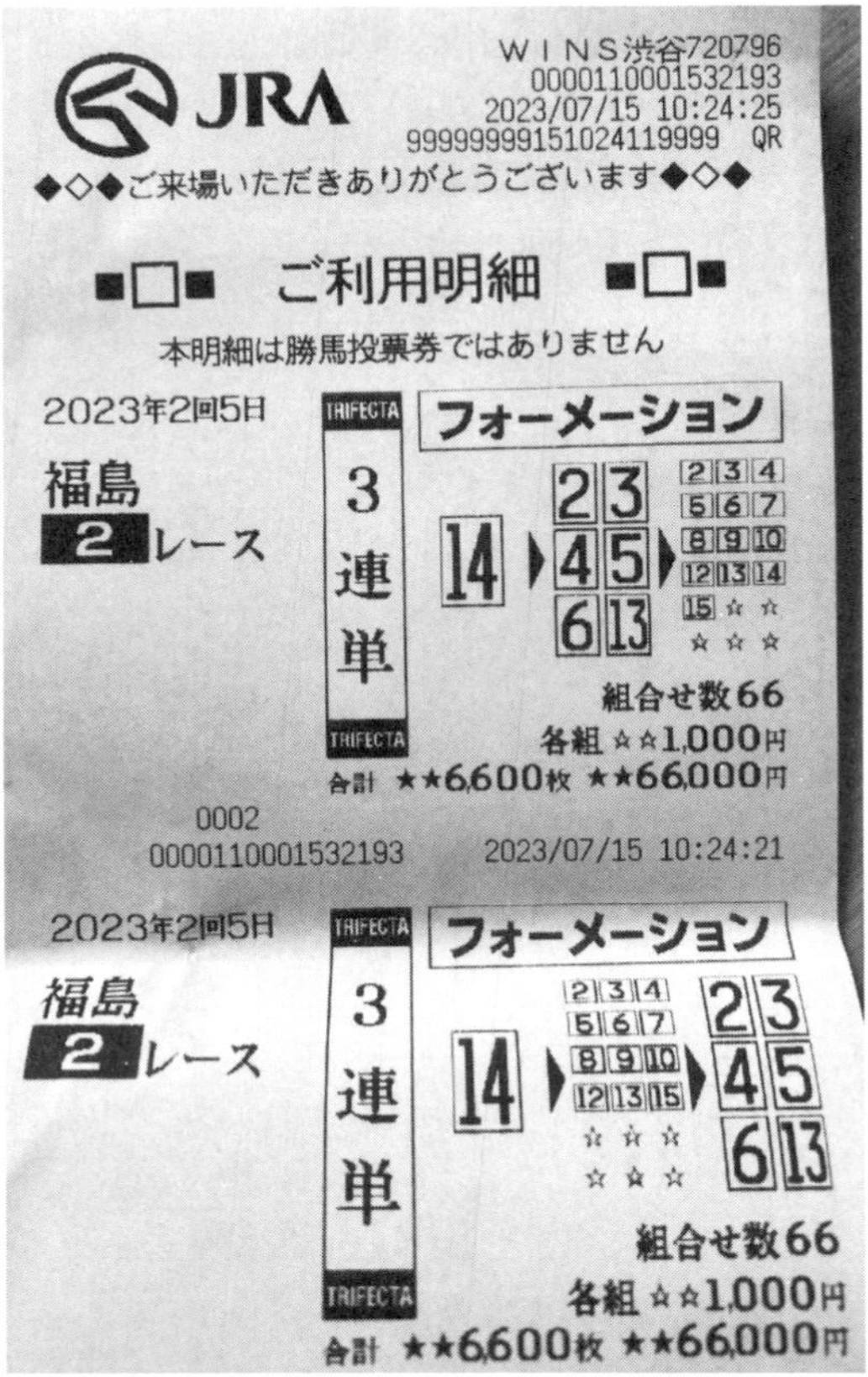

JRA
WINS渋谷720796
0000110001532193
2023/07/15 10:24:25
99999999151024119999 QR

◆◇◆ご来場いただきありがとうございます◆◇◆

■□■ ご利用明細 ■□■

本明細は勝馬投票券ではありません

2023年2回5日
福島
2 レース
TRIFECTA
3連単
TRIFECTA
フォーメーション
14 ▶ 2 3 4 5 6 13 ▶ 2 3 4 5 6 7 8 9 10 12 13 14 15 ☆ ☆ ☆ ☆ ☆
組合せ数66
各組 ☆☆1,000円
合計 ★★6,600枚 ★★66,000円

0002
0000110001532193 2023/07/15 10:24:21

2023年2回5日
福島
2 レース
TRIFECTA
3連単
TRIFECTA
フォーメーション
14 ▶ 2 3 4 5 6 7 8 9 10 12 13 15 ☆ ☆ ☆ ☆ ☆ ☆ ▶ 2 3 4 5 6 13
組合せ数66
各組 ☆☆1,000円
合計 ★★6,600枚 ★★66,000円

３連単1000円的中＝払戻し2652万2300円

1着⑭ベルシャンソン（7番人気）

2着⑤サンマルリアン（8番人気）

3着⑮ウワサノアノコ（15番人気）

単⑭ 1420円 複⑭ 670円 ⑤ 440円 ⑮ 7440円

馬連⑤−⑭ 16050円 馬単⑭→⑤ 22990円

ワイド⑤−⑭ 4930円 ⑭−⑮ 36240円 ⑤−⑮ 26650円

3連複⑤⑭⑮ 700830円 3連単⑭→⑤→⑮ 2652230円

●2023年7月15日・福島2R（3歳未勝利、ダ1700m稍重）

発走 10:45　福島 2　3 歳 未 勝 利　1700メートル（ダ・右）（指定）牝馬

推定タイム 勝利 1700稍ダ　1.47.5　不 1.45.8

惑星注意

馬番	枠	吉岡・吉田・田村・松本智・安中・林茂・本紙	騎手・斤量	血統・馬名	厩舎・成績	前々走	前走	季節成績
1	1 白	(―)47.6 ：：：：：：： 42.3 ←圏	☆ 角田和 53 初騎乗	父サトノダイヤモンド(中長) 鹿毛牝3 鹿毛 **エリザベスベイ** ミスティックリップス(仏) (有)シル ジェネラス(長) ノーザンファーム	中舘(美) 0.0.0.0 0-0-0-1 逃0先0差0追0 ・3カ月休養・・	2東①4・22 未勝利 13ト13 兲芝A1432 津村54 S38.0-39.6 ⑫⑬⑬中 エンデミズム8.0 404 3ト 9人	馬体調整・放牧 仕上がりまずまず 初戦⑬着 推定馬体410 中9週以上0000	離され過ぎで 0000
2	2 黒	(52.6)53.3 ◎：▲○○△▲ 5.0 ←先	戸崎 54 0001	父サクソンウォリアー(中) 牝3 鹿毛 **スカイラー** トレジャリング(英) エムズR Havana Gold(中) ノーザンF	国枝(美) 0.0.0.0 0-0-0-3 逃0先0差0追0 ・・・・・④・・	1福⑥4・23 牝未勝 16ト7 六芝B1501 横山琉530 S37.1-35.2⑦⑥⑦⑥内 アマイ0.6 456 2ト 2人	3東⑧6・25 牝未勝 16ト4 兲ダ1390 戸崎54▲ H35.1-38.9 ④③③中 シルバーニー0.5 462 5ト 3人	ダート向き確かで 0002
3	2 黒	(52.7)53.3 ▲：△△◎△△ 7.1 ←圏	田辺 54 初騎乗	父ロードカナロア(短中) 牝3 黒鹿毛 **カフェクリア** ラフレーズカフェ④ 西川光一 マンハッタンカフェ(長) 太陽牧場	堀(美) 0.0.0.0 0-0-1-1 逃0先0差0追0 ・・⑩・・・☆☆	1中山⑤1・14 新馬 16ト3 兲芝外C1373 石橋脩54 S36.3-35.9②①①①粥 ボルカリズム0.5 466 2ト 10人	3東②6・4 未勝利 18ト10 舌芝C1221 浜中54△ M36.3-34.8 ⑦⑦粥 グランドカリ0.9 466 5ト 3人	初ダートで変身も 0001
4	3 赤	(52.6)52.7 △△◎：△▲◉ 5.1 ←先	内田博 54 0013	ビーチパトロール(中) 牝3 黒鹿毛 **オズモポリタン** ケージーハッピー③ 琴浦諒 ジェイドロバリー(短中) 松本牧場	本間(美) 0.0.0.0 0-0-2-8 逃0先0差0追0 ③・・・・・・・	1新①4・29 牝未勝 14ト4 六ダ1566 菱田54△ M38.0-39.6⑧⑦⑧⑦内 ノーブルマル0.6 482 12ト 3人	2東⑨5・20 牝未勝 16ト3 兲ダ1384 菱田54△ H35.4-37.6 ③③③中 シルヴァティ0.0 490 11ト 2人	再度首位争い 0001
5	3 赤	(50.5)52.4 ：△△△△○△ 7.1 ←圏	☆ 永野 53 0003	父キズナ(中長) 牝3 鹿毛 **サンマルリアン** デイドリーム① 相馬勇 アドマイヤムーン(短中) 高橋啓	和田勇(美) 0.0.0.0 0-0-…-3 2	1中山⑥1・15 未勝利 16ト12 兲芝外C1374 永野53 M35.4-38.2①①①①粥 エエヤン1.9 440 1ト 11人	3東⑤6・17 牝未勝 16ト4 舌ダ1263 永野53 M36.8-36.8 ⑥④④中 オリビアジュ0.8 430 15ト 7人	ダートで前進して 0001
6	4 青	(51.3)51.5 ：◎△：：：△ 19.5 ←差	△ 原 52 初騎乗	ガンランナー(中) 牝3 黒鹿毛 **ブレードランナー** バンボッシュ(米) 田頭勇貴 Tapit(中) 浜本牧場	尾関(美) 0.0.0.1 0-0-1-7 逃0先0差0追0 ・・⑧・・・・・	1福⑤4・22 牝未勝 14ト7 毛ダ1498 丹内54△ M39.3-38.6⑫⑬⑨⑥内 ペイシャアン1.3 446 9ト 3人	3東❷6・4 牝未勝 16ト8 兲ダ1387 丹内54 H35.9-38.3 ⑫⑪⑫中 グレイウェザ1.4 442 1ト 9人	競馬しやすく 0001
7	4 青	(51.1)52.4 △：：：：△： 28.1 ←圏	木幡巧 54 初騎乗	父ブラックタイド(中長) 牝3 黒鹿毛 **カヤドーブラック** ミニレイスター(米) 黒澤尚 シニスターミニスター(中) 浜口牧	黒岩(美) 0.0.0.1 0-0-0-5 逃0先0差0追0 ・・⑤・・・・・	2東①4・22 未勝利 15ト8 三ダ2156 永野53C△ H38.1-40.8③⑤④⑦中 サロンドプラ1.7 458 9ト 10人	3東❷6・4 未勝利 15ト5 三ダ2136 永野53 M37.3-39.1②②②②粥 ディズレーリ1.5 452 9ト 6人	善戦は可能で 0001
8	5 黄	(52.6)53.5 △○△△▲△△ 7.6 ←圏	柴田善 54 0011	父ロゴタイプ(中) 牝3 鹿毛 **ロゴナンバーワン** トーコーディオーネ(米) (有)イーデ エンパイアメーカー(中) ゼットS	小野次(美) 0.0.1.1 0-0-1-4 逃0先0差0追0 ・・・④・・③・	3東❹6・11 牝未勝 15ト4 兲ダ1369 柴田善54 H35.2-36.7 ⑤⑤⑤外 プチボヌール0.7 424 10ト 7人	2福❶7・1 牝未勝 15ト3 毛ダ1469 柴田善54△ M36.7-37.9②②②②内 イサチルキュ0.6 424 9ト 6人	内容良くなり 0011
9	5 黄	(50.6)51.2 ：：：：：：： 20.9 ←逃	△ 小林脩 52 初騎乗	マジェスティックウォリア(短中) 牝3 黒鹿毛 **ルレーブアマゾン** マリノアマゾネス⓪ (株)クラウン マンハッタンカフェ(長) カミイス	村田(美) 0.0.0.0 0-0-0-2 逃0先0差0追0 ・2カ月放牧・・	2東③4・29 牝未勝 16ト9 舌ダ1277 大野54 H37.5-38.2 ⑮⑭⑬粥 アンジュール1.4 476 2ト 9人	2東⑦5・13 未勝利 18ト11 兲芝B1346 大野54 M35.1-35.9 ④⑧⑦外 マルディラン1.4 470 8ト 15人	ひと息入って 0000
10	6 緑	(54.4)54.5 ○▲○▲△◎○ 3.6 ←先	大野 54 0210	アポロキングダム(短中) 牝3 鹿毛 **シズカノウミ** スズカノジェリコ⓪ プレミアム スズカマンボ(中) オークツリーF	松山将(美) 0.1.1.1 0-3-1-4 逃0先1差2追0 ・☆③・②・②・	3東⑤6・17 牝未勝 16ト2 舌ダ1262 大野54△ M37.2-36.5 ⑧⑦⑦外 オリビアジュ0.7 452 16ト 5人	2福❶7・1 牝未勝 15ト2 毛ダ1468 大野54△ M36.9-37.6③③④③粥 イサチルキュ0.5 452 2ト 5人	もうひと押し 0210
11	6 緑	(46.8)44.2 ：：：：：：： 49.8 ←差	★ 小林美 50 初騎乗	父ドゥラメンテ(中) 牝3 鹿毛 **エドノアンジェラス** ヴィヴァシャスヴィヴ(米) 遠藤喜 Distorted Humor(中) フジワラ	相沢(美) 0.0.0.0 0-0-0-2 逃0先0差0追0 ・7カ月休養・・	5中山③12・10 未勝利 15ト15 六ダ2008 石川裕54▲ M39.3-43.5⑩⑩⑩⑪外 ベルウッドグ6.3 530 12ト 6人	馬体調整・放牧 仕上がりひと息 初戦⑧着 推定馬体534 中9週以上0000	使っての思案 0000
12	7 橙	(―)48.0 ：：：：：：： 32.2 ←逃	丸山 54 初騎乗	父サトノダイヤモンド(中長) 牝3 鹿毛 **ウォーカーカップ** エンシェントヒル⑦ 吉田和美 エンドスウィープ(短中) ノーザン	伊藤大(美) 0.0.0.0 0-0-0-2 逃0先0差0追0 ・2カ月放牧・・	2中山③3・4 牝未勝 16ト13 六ダ1584 岩田康54 H39.1-41.6⑮⑮⑭⑬中 ルルシュシュ2.6 428 16ト 12人	2東⑦5・13 牝未勝 16ト 兲ダ中止 杉原54 H ― 鞍 イノセンス 426 9ト 15人	様子を見たい 0000
13	7 橙	(52.0)53.1 △△：◎：：： 19.0 ←差	江田照 54 0001	父ジョーカプチーノ(短中) 牝3 鹿毛 **クレイプマートル** パドブレ② (有)ミルファーム ホワイトマズル(中長) ミルF	中川(美) 0.0.0.1 0-0-1-8 逃0先0差0追0 ・・⑥・☆④・・	3東❶6・3 牝未勝 16ト6 舌ダ1263 杉原54 M37.7-36.2 ⑭⑬⑫中 カフェブルー1.2 520 2ト 8人	3東⑦6・24 未勝利 16ト4 壬ダ1203 江田照54 S37.6-36.5 ⑥⑥外 メモリーグラ0.8 524 10ト 7人	4着も離され 0014
14	8 桃	(―)43.1 ：：：：：：： 38.8 ←差	▲ 水沼 51 初騎乗	父イスラボニータ(中) 牝3 鹿毛 **ベルシャンソン** キョウエイハツラツ① (株)ノルマ オペラハウス(長) 岡田スタッド	西…(美) 0.0.0.0 0-0…0-1 逃0先0…追0 ・6カ…休養・・ 1	1中山⑤1・14 牝新馬 16ト16 六ダ2043 小林脩52 M38.6-44.7④⑤⑧⑪粥 エントラップ6.4 476 2ト 10人	心房細動・放牧 馬体良化 初戦⑯着 推定馬体480 中9週以上0000	様子見が妥当 0000
15	8 桃	(48.5)49.3 ：：：：：：： ☆ ←逃	菊沢 54 初騎乗	父レインボーライン(長) 牝3 鹿毛 **ウワサノアノコ** アノネノネ(米) 栗山道郎 キングズベスト(中) カケハムポニ	石…0.0.0.1 0…-2 …休養・・ 3	2中山❽3・19 牝未勝 16ト8 六ダ1553 小林凌大52 M39.2-39.0⑭⑭⑬⑧粥 スウィーヴェ2.4 414 11ト 15人	調整・放牧 仕上がり途上 初戦⑩着 推定馬体420 中9週以上0000	発馬決めぬと 0000

マークしている。

⑤サンマルリアンは、ボーダー突破が7月12日の一本のみで急加速力は「0・6」。

⑥ブレードランナーも、ボーダー突破は7月12日のみで急加速力は「0・3」。

⑦カヤドーブラックは、美浦Wでラスト1ハロン12秒1よりも遅い時計しか出していないので急加速力はなし。

⑧ロゴナンバーワンは、美浦Wで1本しか追い切っていないが、ラスト1ハロンが11秒9なのでボーダーを突破。急加速力は「0・8」となる。

⑨ルレーブアマゾンは、7月1日の急加速力が0・3、8日がマイナス0・2、12日が0・9になる。このように急加速力はマイナスが出ることもある。たとえマイナスがあっても、最も高い数値を採用するので、忘れないでいただきたい。この場合の同馬の急加速力は「0・9」だ。

⑩シズカノウミは調教時計なし。当然、急加速力もなしである。

⑪エドノアンジェラスは、５本の追切がすべてボーダーを突破していないので、急加速力はなし。

⑫ウォーカーカップもボーダーに引っ掛かって急加速力なし。

⑬クレイプマートルもボーダー突破ならずで急加速力なし。

⑭ベルシャンソンは美浦Wで追い切って、そのうち３本がボーダーを突破。６月28日の急加速力が１・６、７月５日が１・４、12日が１・１と、いずれも高い急加速力を記録している。このうち最大値の「１・６」が同馬の急加速力となる。

⑮ウワサノアノコは４本の追切を消化しているが、ウッドチップの追切はすべてボーダーに引っ掛かる。ただし、６月28日の美浦南ポリトラックコースにおける追切のラスト１ハロンは12秒４。表で確認すると、美浦南Ｐの消しボーダーは12秒４なので、ギリギリで合格となる。急加速力は「１・３」だ。同馬のように、消しボーダーぴったりの１ハロンタイムの場合は、しっかり急加速力を計算していただきたい。

このようにして、出走全馬の急加速力を算出する。急加速力を記録したのは、②スカイラー、③カフエクリアア、④オズモポリタン、⑤サンマルリアン、⑥ブレードランナー、⑧ロゴナンバーワン、⑨ルレーブアマゾン、⑭ベルシャンソン、⑮ウワサノアノコの10頭である。
そして最後に、この10頭から軸馬ボーダーをクリアしている馬を探し出す。
②スカイラーは、急加速力1・3を記録した12日美浦Wの追切の5ハロンタイムが70秒2。美浦Wの軸ボーダーは68秒5なので、軸ボーダーは満たさない。
③カフェクリアも美浦Wで5ハロン72秒1なので、軸ボーダーからは外れる。
④オズモポリタンは美浦南Bコースで5ハロン72秒6。美浦南Bの軸ボーダーは69秒2なのでボーダー外。
⑤サンマルリアンは美浦Wで5ハロン68秒5なので軸ボーダーを突破。
⑥ブレードランナーも美浦Wで67秒5なので軸ボーダーに合格。
⑧ロゴナンバーワンは美浦Wで69秒7なので軸ボーダーからは外れる。
⑨ルレーブアマゾンは美浦Wで67秒8なので軸ボーダーを突破。

⑭ベルシャンソンは美浦Wで67秒9なので軸ボーダーを突破。

⑮ウワサノアノコは美浦南Pで70秒3なので、軸ボーダーはクリアできない。

このように、各馬の5ハロンタイムと軸ボーダーを照らし合わせていくと、⑤サンマルリアン（美浦W68秒5）、⑥ブレードランナー（美浦W67秒5）、⑨ルレーブアマゾン（美浦W67秒8）、⑭ベルシャンソン（美浦W67秒9）の4頭が、急加速力があり、なおかつ軸ボーダーを突破した馬となる（P55下のまとめ参照）。

265万馬券を的中させた軸馬選びと馬券構成

あとは残った4頭から、どの馬をピックアップするかである。

最も目を引くのは、何はさておき⑭ベルシャンソンだろう。7番人気の低評価であったが、出走馬のなかでダントツの急加速力（1・6）を記録しており、しかも過去2週の追切で3回も急加速力1を超える調教をこなしている。

軸馬にするには申し分ない。

高い急加速力は競走馬の好調を示している。ベルシャンソンが好調である可能性はきわめて高い。あとは、このレースを勝ち切る能力があるかどうかだ。

そこで過去レースを調べてみると、1月14日の中山新馬戦の1戦しか走っていない。レース内容を確認すると、1コーナーまでは先行する脚を見せていたが、その後に心房細動を発症して最下位での入線になった。

この初戦はノーカウントと考えていい。夏の福島3歳未勝利戦という手薄なメンバーなら、ベルシャンソンが追切で発揮している急加速力を信じるのが正解であろう。

それだけではなく、詳しくは第4章で説明するが、同馬はオッズ理論でも激走を示唆する異常オッズが発生していた。急加速力トップで、オッズ理論的にも買い条件が出ており、なおかつ人気薄なのだから、ここは大勝負！　と私は判断した。

馬券はベルシャンソンを1着軸に固定した3連単。2列目には急加速力上位馬とオッズ理論の要素も勘案して決定。7番人気のベルシャンソンが勝てば大荒れ確実のレースだったので、3列目はほぼ総流しに近い頭数を入れた（P56の馬券）。

レースは、スタートで出遅れ馬が多数出る、いかにも夏の未勝利戦という展開で始まった。外枠から普通にスタートを切ったベルシャンソンは、自然に上がっていき、6番手の外目をキープ。3コーナーから外目をジワジワと上がり、直線のラスト200mで仕掛けると、一気に他馬を突き放して先頭でゴールイン。上がり3ハロンタイムは、メンバー中2位の力強い末脚だった。

2着に入線したのは、急加速力0・6を記録して軸ボーダーもクリアした8番人気のサンマルリアン。

3着にも急加速力1・3のウワサノアノコが入った。

ウワサノアノコが15頭立ての15番人気、単勝オッズ261・4倍というまったくの人気薄だったため、

3連単は265万2230円の特大配当に。私はこの組み合わせの3連単を1000円持っており、このレースだけで2652万2300円の払戻しを受けることができた。

ちなみに7月15日福島2Rの3連単的中票数は25票。そのうち私が10票を持っていたので、3連単全売上の約4割を独り占めしていたことになる。

なおベルシャンソンは、このレースを勝ったあと、8月5日の1勝クラスでも8番人気で2着に入って穴をあけている。急加速力1・3のウワサノアノコも、次走で4着、2走後に2着に入っている。急加速力が、そのときの調子だけでなく、ポテンシャルそのものも示しているということが、おわかりいただけるだろう。

手順実践②2023年8月5日・札幌12R＝払戻し286万4160円

続いては、2023年8月5日札幌12R（3歳以上1勝クラス）である。出走14頭の過去2週間の調教を分析し、急加速力を計算したのがP64〜65に掲載した表だ。

ローカル開催ということもあり、出走馬が追い切られた場所は多種多様である。札幌に在厩している馬は札幌ダートで追い切られているが、函館在厩馬は函館のダートやウッドでタイムを出している。さらに②バーミリオンクリフは1週間前まで美浦におり、美浦芝の時計がある。

このように、調教場所がバラバラだと従来の調教予想では時計の比較が難しくなるのだが、蘆口式では同列に評価することができる。

■2023年８月５日・札幌12Ｒ出走馬の対象追切一覧

馬番	馬名	追切日	追切コース	5F(4F)	3F(2F)	1F	5F(4F)ボーダー	1Fボーダー	急加速力
1番	ディヴァージオン	7月23日	函館W	－	45.0	14.4	×	×	
		7月27日	函館W	68.4	39.7	13.0	○	○	0.7
		7月30日	函館W	－	45.2	14.6	×	×	
		8月2日	函館W	69.6	40.6	13.3		×	
2番	バーミリオンクリフ	7月20日	美浦芝	67.7	38.3	12.1	×	○	1.0
		7月23日	美南P	－	37.9	11.8	×	○	
		7月26日	美浦芝	59.9	33.5	11.1	○	○	0.1
		8月2日	札幌ダ	69.0	40.5	13.1	○	×	
3番	キーチズカンパニー	8月2日	札幌ダ	－	45.3	14.5	×	×	
4番	オックスリップ	8月2日	札幌ダ	71.4	39.7	12.9	×	×	
5番	キョウエイブリッサ	7月19日	美浦W	68.2	37.9	11.7	○	○	0.8
		7月26日	函館W	67.5	38.3	12.8	○	○	0.3
		7月30日	函館W	－	41.9	13.7	×	×	
		8月2日	函館W	－	40.1	12.6	×	○	
6番	エコログロリアス	8月2日	函館W	68.5	39.5	13.3	○	×	
7番	ハリウッドヒルズ	8月2日	函館W	－	39.1	12.4	×	○	
8番	コンチトーホク	7月19日	函館ダ	72.5	41.8	13.6	×	×	
		7月23日	函館ダ	－		13.4	×	×	
		7月26日	函館ダ	73.2	42.9	13.5	×	×	
		7月30日	函館ダ	72.8	42.8	13.3	×	×	
		8月2日	函館ダ	70.3	40.4	13.1	×	×	
9番	マイネルフォルツァ	8月2日	函館W	71.2	40.1	12.5	×	○	1.6
10番	ルージュイストリア	7月27日	函館W	67.0	37.5	12.1	○	○	0.9
		7月30日	函館W	－	38.9	12.7	×	○	
		8月2日	函館W	－	38.1	12.6	×	○	
11番	マルカシャルマン	7月27日	札幌ダ	－	45.2	13.6	×	×	
		8月2日	札幌ダ	74.1	41.9	12.7	×	○	1.7

馬番	馬名	追切日	追切コース	5F(4F)	3F(2F)	1F	5F(4F)ボーダー	1Fボーダー	急加速力
12番	ヴァンガーズハート	7月19日	函館W	−	53.0	12.8	×	○	
		7月23日	函館W	68.2	53.5	13.4	○	×	
		7月26日	函館W	69.6	40.1	12.9	○	○	1.0
		7月30日	函館W	69.1	38.3	12.3	○	○	1.0
		8月2日	函館W	68.7	38.8	12.5	○	○	1.0
13番	エマヌエーレ	8月2日	函館W	67.1	39.0	12.8	○	○	0.6
14番	クファシル	7月19日	函館W	−	42.3	13.8	×	×	
		7月23日	函館W	−	41.3	13.7	×	×	
		7月26日	函館W	67.3	38.2	12.9	○	○	0.1
		7月30日	函館W	−	43.6	14.3	×	×	
		8月2日	函館W	70.3	40.2	13.0	×	○	0.9

■2023年8月5日・札幌12R出走馬のまとめ

馬番	馬名	追切日	追切コース	5F(4F)	3F(2F)	1F	5F(4F)ボーダー	1Fボーダー	急加速力
1番	ディヴァージオン	7月27日	函館W	68.4	39.7	13.0	○	○	0.7
2番	バーミリオンクリフ	7月20日	美浦芝	67.7	38.3	12.1	×	○	1.0
3番	キーチズカンパニー								
4番	オックスリップ								
5番	キョウエイブリッサ	7月19日	美浦W	68.2	37.9	11.7	○	○	0.8
6番	エコログロリアス								
7番	ハリウッドヒルズ								
8番	コンチトーホク								
9番	マイネルフォルツァ	8月2日	函館W	71.2	40.1	12.5	×	○	1.6
10番	ルージュイストリア	7月27日	函館W	67.0	37.5	12.1	○	○	0.9
11番	マルカシャルマン	8月2日	札幌ダ	74.1	41.9	12.7	×	○	1.7
12番	ヴァンガーズハート	8月2日	函館W	68.7	38.8	12.5	○	○	1.0
13番	エマヌエーレ	8月2日	函館W	67.1	39.0	12.8	○	○	0.6
14番	クファシル	8月2日	函館W	70.3	40.2	13.0	×	○	0.9

1着①ディーヴァージオン
2着⑤キョウエイブリッサ
3着⑩ルージュイストリア

※空欄の馬は対象外

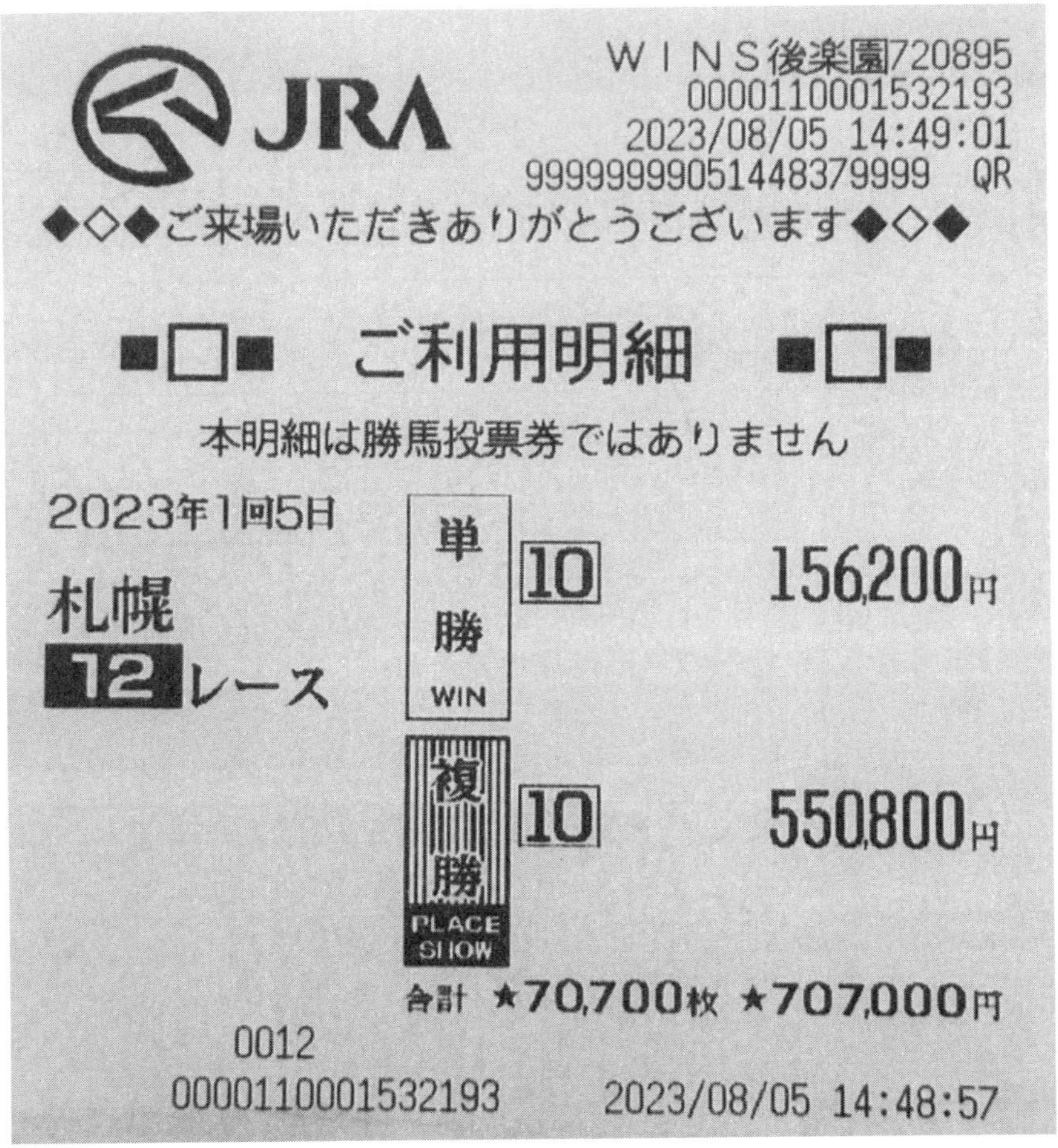
ＷＩＮＳ後楽園720895
0000110001532193
2023/08/05 14:49:01
99999999051448379999 QR

◆◇◆ご来場いただきありがとうございます◆◇◆

■□■ ご利用明細 ■□■

本明細は勝馬投票券ではありません

2023年1回5日
札幌
12レース

単勝 WIN 10 156,200円

複勝 PLACE SHOW 10 550,800円

合計 ★70,700枚 ★707,000円

0012
0000110001532193 2023/08/05 14:48:57

複勝⑩55万800円的中＝払戻し286万4160円

1着①ディヴァージオン（11番人気）

2着⑤キョウエイブリッサ（3番人気）

3着⑩ルージュイストリア（8番人気）

単① 5800円　複① 1370円　⑤ 230円　⑩ 520円

馬連①ー⑤ 18280円　馬単①→⑤ 49240円

ワイド①ー⑤ 5780円　①ー⑩ 12520円　⑤ー⑩ 1580円

3連複①⑤⑩ 79000円　3連単①→⑤→⑩ 763700円

●2023年８月５日・札幌12Ｒ
（３歳上１勝クラス、芝1500m稍重）

発走 16:15 馬番・枠番	西橋本 中唐島 東赤塚 西丹羽 西青木 東桜井 本紙	札幌12 3歳以上1勝クラス 1500メートル（芝A・右）（指定 混 定量）		推定タイム クラス 1500メートル芝 良 1.28.6 重不 1.31.2	前々走	前走	大駆警戒 クラス・季節
1 1 白	関西(53.7)51.9 : : : : : : : : ☆ ←― 圏	▲小林勝 50 初騎乗	父サトノダイヤモンド 中長 牝3 ディヴァージオン スコアズビー⓪ 鹿毛 ロックオブジブラルタル 中 幅田昌伸 猿倉牧場	藤岡[illegible] 0.0.0.1 1-0-[illegible]0-3 逃0先0差[illegible]追0 400 ・・・・ ⑭・・・ 中3週 [illegible]000	2中山7 3・18 フラC GⅢ 16ト 10 六芝内A 1544 内田博54 M37.8-38.8 2 2 2 1 内 エミュー1.2 436 5人 15番 CW 82.4 36.0 11.7 ○	3中京③ 7・8 牝1勝 15ト 14 二千芝A 2037 藤岡康53C△ S36.2-38.6 2 1 2 2 内 スタティステ3.8 454 4人 7番 CW5 66.4 37.1 11.5 ○	減量騎手起用 0001 0001
2 2 黒	(55.1)56.1 : : △△ : ◎◉ 7.2 ←― 圏	吉田隼 58 初騎乗	父モーリス 中 牡4 バーミリオンクリフ ローザボニータ⓪ 鹿毛 ディープインパクト 中長 サンデーR ノーザンファーム	金成 美 0.0.0.1 1-0-2-4 逃0先0差1追0 400 ③・・・・・・・ 中7週 0000	2東⑨ 5・20 1勝クラス 14ト 5 六芝B 1341 松山58▲ S36.6-33.7 9 9 8 外 グレイスフル0.3 482 13人 6番 南W 83.6 38.3 11.7 ↗ ○	3東4 6・11 1勝クラス 13ト 3 六芝C 1353 松山58▲ S37.0-34.2 6 5 5 大外 マルチャン0.4 486 10人 4番 南W5 69.4 38.9 11.8 ↗ ○	洋芝適性ある 0023 0001
3 3	(51.7)52.9 : : : : : : : : 41.4 ← 圏	★古川奈 54 0001	父リオンディーズ 中 牡4 キーチズカンパニー クナウ① 鹿毛 シンボリクリスエス 中長 山本益臣 北島牧場	小手川 美 0.0.0.0 1-0-0-12 逃0先0差1追0 400 ・・・・・・⑩⑨・ 中1週 1002	2函6 7・16 1勝クラス 13ト 10 千二芝B 1115 山田敬58 H35.7-35.8 9 9 10 外 クールムーア1.3 486 9人 11番 函W4 58.7 42.2 13.2 ○	1札① 7・22 1勝クラス 16ト 9 千二芝A 1088 古川奈54 H34.6-34.2 ⑭ 13 14 内 デルマヤクシ0.7 478 9人 16番 連闘中間軽め △	出遅れネック 0007 0002
赤 4	関西(54.2)55.3 △ : : △▲△△ 6.9 ←― 圏	鮫島駿 53 0002	父サトノダイヤモンド 中長 牝3 オックスリップ イプスウィッチ 愛 鹿毛 Danehill Dancer 中 福島 ライオンRH ノーザンファーム	杉山晴 栗 0.0.0.0 1-0-0-3 逃0先1差0追0 400 ・・・・・・④・ 中1週 0000	1京9 5・20 メル1勝 10ト 4 六芝内B 1342 鮫島駿54△ M35.2-35.0 4 6 6 中 ラケマーダ0.3 466 6人 6番 栗坂 54.6 40.3 12.3 ○	1札② 7・23 1勝クラス 14ト 4 千五芝A 1286 鮫島駿53▲ M35.6-35.5 1 1 1 1 逃粘 セフィロ0.1 460 4人 3番 函W4 57.1 40.1 14.5 ○	競馬場見せ十分 0002 0001
4 5	(58.1)57.1 ◎○△◎ : ▲▲ 4.8 ← 圏	丹内 55 初騎乗	父グレーターロンドン 中 牡3 キョウエイブリッサ キョウエイポズナン⓪ 鹿毛 ルーラーシップ 中 田中晴夫 山口義彦	武市 [illegible] 0.0.0.1 1 [illegible] -4 [illegible] 400 [illegible] 中6週 [illegible]000	2阪7 4・15 アーリ GⅢ 18ト 8 六芝外B 1345 酒井学56 H36.3-34.7 13 13 13 中 オオバンブル0.6 466 9人 11番 南W5 69.3 38.8 11.6 ○	3東⑥ 6・18 1勝クラス 16ト 6 千四芝D 1213 菅原明55▲ M36.6-33.6 ⑭ 15 大外 スプレモフレ0.7 480 13人 3番 南W 86.5 39.1 11.1 ◎	GⅠ好走光る 0021 0000
青 6	B (51.0)51.2 : : ◎ : : : : : 26.2 ←― 圏	☆小沢 57 初騎乗	父ロードカナロア 短中 騸4 エコログロリアス アカンサス④ 鹿毛 フジキセキ 中 原村正紀 社台ファーム	加藤征 美 0.0.0.0 1-1-1-7 逃0先1差1追0 400 ・・・・・・⑨☆・ 中2週 0002	1新⑤ 5・13 1勝クラス 15ト 13 千二ダ 1146 佐々木大55B△ H34.9-39.7 5 4 4 外 ロックユアハ2.4 476 15人 5番 美坂 54.6 40.0 13.1 ○	2函5 7・15 1勝クラス 12ト 9 千ダ 596 西村淳58B M24.0-35.6 ⑧ 8 9 内 シンリンゲン1.1 468 6人 9番 南W5 67.5 37.9 12.2 ○	芝厳しくだと 0006 0003
5 7	(55.6)55.8 : : ○ : △ : : 19.1 ←― 圏	横山和 58 初騎乗	父スクリーンヒーロー 中長 牡6 ハリウッドヒルズ チェリーミルズ② 鹿毛 Invincible Spirit 短中 ゴドルフィン ダーレーJF	田中博 美 0.1.0.10 1-5-3-11 逃0先1差5追0 500 ・⑥④・・・⑤・ 中1週 0012	1函⑥ 6・25 1勝クラス 13ト 4 千二芝A 1097 内田博58△ H34.9-34.8 ⑩ 10 10 外 シロン0.7 490 1人 4番 連闘中間軽め ○	1札② 7・23 1勝クラス 14ト 5 千五芝A 1289 池添58 M35.8-35.6 ③ 3 3 3 中 セフィロ0.4 492 9人 6番 函W4 55.1 39.1 12.3 ○	左回りベスト 14211 0201
黄 8	(53.6)53.5 △ : : : : : : : 33.7 ←― 圏	☆横山琉 54 初騎乗	父メイショウサムソン 中長 牡3 地 コンチトーホク メイショウオリビア⓪ 鹿毛 フジキセキ 中 九十九章之 フォレブルー	勢司 美 0.0.0.1 0-0-0-6 逃0先0差0追0 120 ・⑫・・⑥・・・ 中3週 0000	3東⑥ 6・18 1勝クラス 16ト 12 千四芝D 1217 原53△ M35.8-34.2 6 1 外 スプレモフレ1.1 468 11人 11番 南W 82.1 36.9 11.8 ○	2函④ 7・9 1勝クラス 11ト 6 千二芝B 1093 横山和55▲ M34.8-34.5 3 3 3 中 ポルタフォル0.3 468 10人 7番 函ダ5 70.5 39.9 12.7 ○	短距離シフト 0006 0001
6 9	(55.6)56.5 ○◎△▲○△△ 4.5 ← 圏	△佐々木大 53 初騎乗	父ゴールドシップ 中長 牡3 マイネルフォルツァ ラッフォルツァート③ 栗毛 グラスワンダー 中 ラフィアンブルースターズF	金成 美 0.0.0.2 1-1-1-9 逃1先0差1追0 400 ・・・・・・③・ 中1週 0001	3中山③ 4・1 1勝クラス 14ト 4 六芝外B 1342 丹内56 M36.2-34.4 ⑥ 10 11 10 大外 エッセレンチ0.3 494 12人 9番 美坂 55.6 41.1 13.6 ○	1札② 7・23 1勝クラス 14ト 3 千五芝A 1285 横山武55◎ M36.4-34.9 10 10 7 7 内 セフィロ0.0 494 7人 4番 札ダ5 70.2 39.9 12.3 △	叩き上げ急仕上 0113 0014
緑 10	(50.4)52.6 △ : : : : : : : 20.6 ←― 圏	池添 53 初騎乗	ドレフォン 短 牝3 ルージュイストリア レッドクラウディア④ 黒鹿 アグネスタキオン 中 ㈱東京HR ノーザンファーム	大[illegible] 0.0.0.0 1 [illegible] -4 [illegible] 400 [illegible]養・・ 中12週 [illegible]000	2東⑤ 5・6 1勝クラス 16ト 9 千四芝A 1213 大野54 M35.2-34.7 8 8 中 リサリサ0.7 462 6人 13番 南W5 69.0 38.6 12.4 ○	馬体調整・放牧 攻量の割に動き上々 初戦⑪着 推定馬体460 中9週以上 1002	競馬強く勝ち 0001 0001
7 11	関西(53.8)55.0 : : : △ : : : 16.9 ←― 圏	▲今村 50 0002	ノヴェリスト 長 牝3 マルカシャルマン ナチュラルスタンス 米 鹿毛 フジキセキ 中 中京 日下部猛 社台ファーム	浜田 栗 0.0.0.1 1-0-0-6 逃0先0差1追0 400 ・⑦・・⑥・・・ 中3週 0002	3阪⑥ 6・18 1勝クラス 13ト 7 六芝外B 1337 今村50 M35.8-34.2 6 5 7 中 テーオーグラ0.2 434 4人 11番 CW 82.4 38.1 12.0 ○	3中京③ 7・8 牝1勝 16ト 6 六芝A 1337 今村50 H35.4-35.6 1 1 1 大外 メテオリート0.5 428 15人 12番 CW 89.4 40.9 12.5 ○	意工夫創上 0005 0001
橙 12	(55.3)56.1 △△△○△○○ 4.5 ←― 圏	横山武 58 1121	ハービンジャー 長 牡4 ヴァンガーズハート ケイティーズハート③ 黒鹿 ハーツクライ 中長 キャロットF ノーザンファーム	鹿戸雄 美 0.0.1.0 1-1-2-2 逃0先1差1追0 400 ・2カ月放牧・・ 中8週 0000	3中山⑥ 4・9 1勝クラス 13ト 6 六芝内B 1484 三浦58▲ S37.9-36.2 9 9 2 2 内 インザオベー0.7 528 3人 2番 南W5 67.7 37.9 12.0 ↗ ○	3東1 6・3 1勝クラス 18ト 3 千四芝C 1231 横山武58◎ M35.7-35.7 5 6 外 アラクレ0.3 532 10人 2番 南P5 65.8 37.3 11.7 ○	自分の戦いと 0012 1000
8 13	関西(55.7)55.3 ▲△ : : △△△ 10.5 ←― 圏	北村友 55 0001	父ロードカナロア 短中 牡3 エマヌエーレ エマノン④ 鹿毛 ハーツクライ 中長 丸山担 ノーザンファーム	平田 栗 0.0.0.0 1-1-1-6 逃1先1差0追0 400 ・・・⑭・・⑤・ 中1週 0000	2福② 7・2 ラN！ GⅢ 16ト 14 六芝A 1482 石橋脩54 M36.2-36.1 4 5 5 5 中 エルトンバロ1.3 490 15人 14番 栗坂 52.2 37.8 11.9 ○	1札① 7・22 北辰1勝 9ト 5 六芝A 1477 北村友55△ S37.6-34.0 7 7 7 7 中 レイベリング0.3 496 2人 4番 函W4 53.7 38.5 12.2 ○	前走強敵相手 0104 1012
桃 14	関西(51.3)52.4 : ▲△ : ◎△△ 11.6 ← 圏	藤岡佑 55 初騎乗	父モーリス 中 牡3 クファシル グルヴェイグ⑤ 青鹿 ディープインパクト 中長 サンデーR ノーザンファーム	池添学 栗 0.0.0.0 1-0-0-3 逃1先0差0追0 400 ・⑦・・・・・・ 中6週 0000	2阪5 4・8 1勝クラス 11ト 11 千二芝内B 1108 松山56◎ H34.4-36.4 5 7 外 カンチェンジ1.8 482 11人 1番 栗坂 54.4 39.1 12.3 ↗ ○	1函④ 6・18 1勝クラス 16ト 7 千二芝A 1104 鮫島駿55△ H34.7-35.7 ⑪ 11 9 大外 ブルスウルト0.2 488 7人 2番 函W5 68.8 40.7 12.5 ↗ ○	発馬決めれば 0002 0000

シンプルに、急加速力に注目すればいいからだ。

急加速力が最も高いのは急加速力1・7の⑪マルカシャルマンだが、札幌ダートで記録した5ハロンタイムは74秒1と遅いので、軸ボーダーは突破していない。

次に急加速力が高いのは、1・6の⑨マイネルフォルツァだが、こちらも函館Wで5ハロン71秒2なので軸ボーダーからは外れる。

軸ボーダーをクリアできていない馬は、馬券の相手には入れるが、軸馬には指名しないのが、蘆口式の手法である。

つまり、馬券の軸になるのは、軸ボーダーをクリアしている5頭。目を引くのは、この5頭のなかでは急加速力1位の1・0を記録している⑫ヴァンガーズハートと、それに次ぐ急加速力0・9の⑩ルージュイストリアであろう（P65下のまとめ参照）。

ヴァンガーズハートを上位に見てもいいのだが、この2頭のラスト1ハロンタイムは、ヴァンガーズハートが12秒5で、ルージュイストリアは12秒1。1ハロンボーダーの上位馬は後者である。5ハロンタイムも、前者が68秒7なのに対し、後者は67秒0と2秒近くも速い時計を出している。

そして人気は、ヴァンガーズハートが単勝1番人気で、ルージュイストリアは8番人気。ボーダーラインの突破具合と人気を考えると、ルージュイストリアのほうに馬券的な妙味を感じる。

似たような急加速力の馬が複数いた場合は、人気を勘案しながら、1ハロンボーダーや5ハロンボーダーをより高く上回っている馬に注目するのが推奨される手法だ。

また、こちらも詳しくは第4章で説明するが、朝一オッズでもルージュイストリアは異常オッズを示していた。

急加速力が高く、両ボーダーをクリアしており、なおかつ異常オッズを指している馬ならば大勝負ができる。

ルージュイストリアの単勝は16・4倍、複勝も4倍以上ありそうだったので、私は単複で大勝負をした。ゲートが開いた瞬間、私は頭を抱えた。ルージュイストリアが出遅れたのである。

札幌芝1500mはスタート直後にコーナーがあるので、スタートで出遅れるとレースは後手に回る。「出遅れたから仕方がないか」となかば諦めていたのだが、ルージュイストリアは馬群の外を押し上げてポジションを回復。ほぼ最後方から4コーナーでは6番手まで位置を戻し、直線でもしぶとく伸びて、なんとか3着を確保してくれた。

調教で示していた調子の良さが、3着キープにつながったようである。約70万円を賭けていた私はホッと胸をなでおろした。

8番人気3着で、複勝は520円。上々の配当である。私は約55万円を投じていたので、約280万円の払戻金を手に入れることができた。出遅れによって単勝が外れたのは残念だが、純益は約200万円。悪くはない戦果だった。

ちなみにレースを勝ったディヴァージオンは、急加速力0・7を記録して軸ボーダーも突破していた馬。2着のキョウエイブリッサも、急加速力0・8で軸ボーダーを突破している。

単複で勝負したので私はヒヤヒヤの結果になったが、単純に急加速力を記録した軸馬候補の3連単ボックスを買っていれば、3連単76万3700円が的中していたことになる。

10万単位の単複大勝負はハードルが高くても、100円単位のボックス買いなら多くの競馬ファンが実践できるはず（軸候補の3連単5頭ボックスなら60点）。それで76万馬券を手にすることができれば、万々歳ではなかろうか。

調教コースが違っても、同じ数値に変換して予想を可能にしてくれるのが、【追切インサイダー】の大きなセールスポイント。ローカル場のような調教過程が多岐にわたっているレースであっても、正確にジャッジし、ドデカイ馬券を獲ることができるのだ。

手順実践③2023年9月16日・中山5R＝払戻し108万6400円

本章の最後に、もうひとつ参考レースを取り上げたい。

競馬ファンが予想に困るレースといえば、新馬戦ではないだろうか。一度もレースをしたことがない馬の競走なので、予想ファクターが限られてくるからだ。

そのため、新馬戦を予想するとき、血統を重視するファンが多いように感じる。実際にリーディング上位種牡馬の産駒は人気になることが多く、母も良血となれば上位人気は確実だ。血統がわからなくても、「ノーザンファームの生産馬を狙う」という人もいるかもしれない。日本最高の牧場であるノーザンファームの生産馬は、すべてが良血馬といっても過言ではないからだ。

なぜ、新馬戦の予想で血統が重視されるのか？

それは、「調教がよくわからない」人が多いからではないだろうか。どのコースでどんなタイムが出ていれば買えるのかがよくわからないから、わかりやすい血統に手を出すのである。

新馬戦こそ調教を最重視すべき——私はそう考える。

血統も大切には違いないが、血統はあくまでも競走馬のバックボーンに過ぎない。まったく走らない良血馬がゴロゴロいるのは、ご存知の通りである。競走馬の背景よりも、実際に調教で見せた直前の動きを分析したほうが、的中にはつながりやすい。

そして「調教がよくわからない」という理由で新馬戦の調教分析を避けていた人に、蘆口式の調教理論は福音となる。

参考レースは、2023年9月16日の中山5R新馬戦。出走馬9頭のうち、急加速力を記録していたのは6頭。さすがに素質馬が集まりやすい秋競馬序盤の芝の新馬戦というラインナップであった。ただし、まだ体力がついていない2歳馬なので、長めの距離で速いタイムを出している馬は少なく、軸ボーダーをクリアしているのは3頭に絞られた。

そしてボーダーをクリアしている馬で、抜けた1位の数値をマークしているのが、急加速力1・6の⑥ミアネーロだ。それに次ぐ⑨ツルマウカタチが急加速力0・9、②サクラサルーテが0・6なので、ダントツの数字といっていい。馬券の軸はミアネーロで決まりだ。これだけ抜けた数字だと3着以下に負けることは考えづらいので、単勝と、ほかの急加速力上位馬へ流す馬連で勝負。単勝420円、馬連490円の的中となった。

たいした配当ではないこのレースを取り上げたのは、「新馬戦こそ急加速力」を証明するようなレース結果だったからだ（次ページ下の成績参照）。

■2023年９月16日・中山５Ｒのまとめ

馬番	馬名	追切日	追切・コース	5F(4F)	3F(2F)	1F	5F(4F)ボーダー	1Fボーダー	急加速力
1番	コスモレオナルド	9月6日	美浦W	72.0	39.9	11.9	×	○	1.5
2番	サクラサルーテ	9月6日	美浦W	68.0	38.8	12.1	○	○	0.7
3番	サトノジール	8月30日	美浦W	69.9	39.3	12.0	×	○	1.1
4番	カマクラバクフ								
5番	ムゲーテスペランサ								
6番	ミアネーロ	9月13日	美浦W	68.4	38.0	11.2	○	○	1.6
7番	マーシャルポイント	9月10日	美浦W	67.6	37.8	11.5	×	○	1.1
8番	テイキットイージー								
9番	ツルマウカタチ	9月6日	美浦W	67.9	38.1	11.7	○	○	0.9

■2023年９月16日・中山５Ｒの成績

着順	馬番	馬名	5F(4F)ボーダー	1Fボーダー	急加速力
1着	6番	ミアネーロ	○	○	1.6
2着	7番	マーシャルポイント	×	○	1.1
3着	9番	ツルマウカタチ	○	○	0.9
4着	3番	サトノジール	×	○	1.1
5着	2番	サクラサルーテ	○	○	0.7
6着	1番	コスモレオナルド	×	○	1.5
7着	8番	テイキットイージー	×	×	
8着	4番	カマクラバクフ	×	×	
9着	5番	ムゲーテスペランサ	○	×	

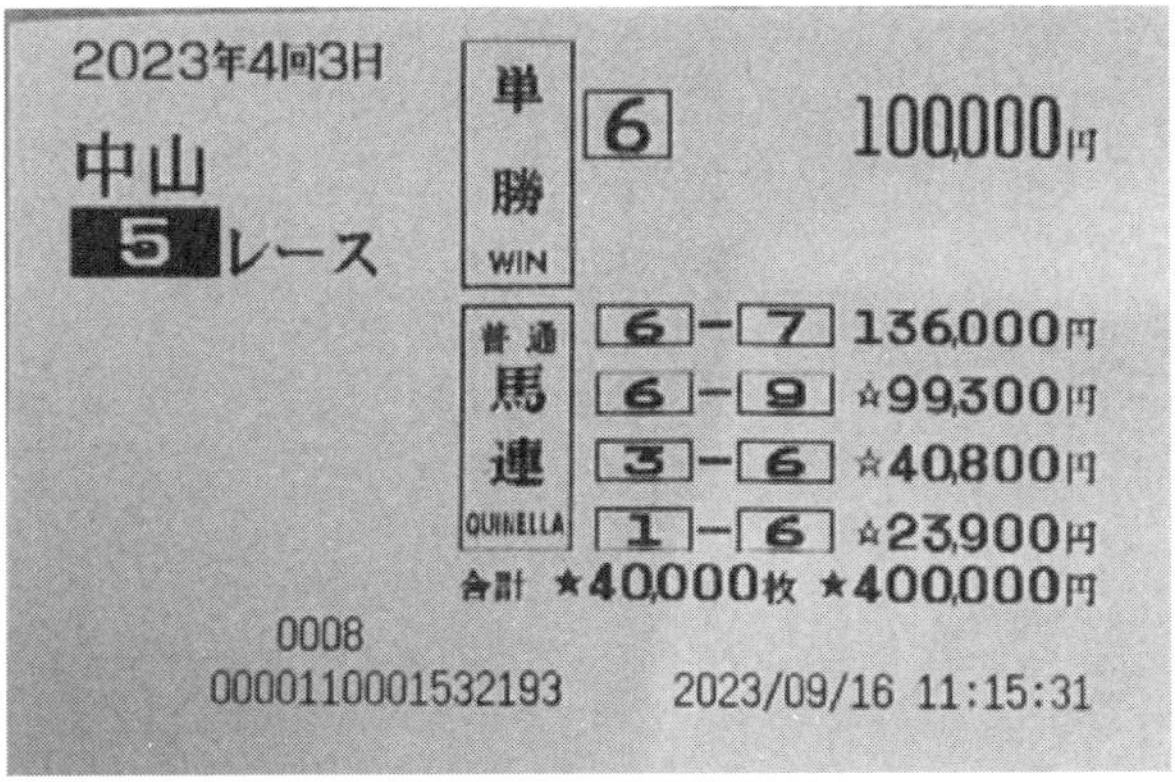

単勝1000円的中＝払戻し42万円

馬連13万6000円的中＝払戻し66万6400円

●2023年９月16日・中山５Ｒ
（２歳新馬、芝1800m良）

発走 12:25	中山 5	メイクデビュー 2歳新馬 (指定)(混) 1800メートル (芝B・内右)	レコード1.46.4 ミヤジタイガ 54 和田竜 2012.9.8	① 720 ② 290 ③ 180 ④ 110 ⑤ 72	推定タイム 新馬 1800㍍芝 良 1.49.7 重不 1.52.0	小波乱

馬・枠番	吉吉田松安林本 岡田村智中茂紙		馬名・血統		ゲート,出脚,推定馬体,生月日	兄弟馬	距離・適性
1 1 白	△△△△△△△ 9.4	横山武 55 .353	㊫ゴールドシップ㊥長 牡2 コスモレオナルド ミルルーテウス① ビッグレッド アグネスタキオン㊥ ビッグレッ	鹿戸雄㊮ .375◎ 父 重◎ダ◎ 母の父 重○ダ○ ・・・・・・・・・	○○430K 5月14日生 父産駒60戦3勝 新馬連対率.117	姉ハットラブ⑤ 兄コスモカレンドゥラ 兄コスモノアゼット 兄コスモルーテウス	良血で 戦実注 ㊥芝◎
2 2 黒	△：△△：：： 10.9	戸崎 55 .265	シャンハイボビー㊥短 牝2 サクラサルーテ セダンフォーグッド㊍ ㈱さくら アグネスタキオン㊥ 谷岡牧場	田島俊㊮ .107 父 重○ダ◎ 母の父 重○ダ○ ・・・・・・・・・	○○440K 5月8日生 父産駒42戦4勝 新馬連対率.190	兄サクラベスト㊋ 姉サクラカリーナ㊍ 姉ウエストリンギア㊋ 兄サクラマイウェイ	鋭さ欠 く現状 ㊥芝◎
3 3 赤	△△▲△：△△ 6.8	北村宏 55 .120	㊫モーリス㊥ 牝2 サトノジール サトノフローラ③ 里見治 アグネスタキオン㊥ ノーザンF	蛯名正㊮ .100 父 重○ダ○ 母の父 重○ダ○ ・・・・・・・・・	○○410K 2月13日生 父産駒100戦9勝 新馬連対率.210	姉サトノアルテミス⓪ 姉サトノフリージア⓪ 兄サトノレグルス⓪ 姉サトノフィオーレ①	敏捷な 走り評 ㊥芝◎
4 4 青	：：：：：：： 36.2	☆佐々木大 54 .194	㊫ヴィクトワールピサ㊥長 牡2 カマクラバクフ ブルーレイ⓪ 小管誠 トワイニング㊥短 つつみ牧場	岩戸㊮ .111 父 重○ダ○ 母の父 重○ダ◎ ・・・・・・・・・	○○480K 4月29日生 父産駒38戦3勝 新馬連対率.184	姉サダムアリガトウ⓪ 姉ウェーブランチャン⓪ 兄ウェーブヒーロー④ 姉ラヴベローナ①	鋭さ不 足して ㊥芝◎
5 5 黄	：◎△：△○○ 6.6	木幡巧 55 .071	㊫リアルインパクト㊥ 牝2 ムゲーテスペランサ ダノンスズラン⓪ 日下部勝徳 Awesome Again㊥ ホースマ	牧㊮ .132 父 重○ダ◎ 母の父 重○ダ◎ ・・・・・・・・・	○○450K 3月11日生 父産駒35戦4勝 新馬連対率.171	姉スマイルフラワー⓪ 姉ローザノワール⑤ 姉クリノアマリリス⓪ 姉ルールメイプル	姉譲り 脚力一 ㊥芝◎
6 6 緑	○△△▲▲△△ 6.2	津村 55 .161	㊫ドゥラメンテ㊥ 牝2 ミアネーロ ミスエーニョ㊍ ㈲シルクレーシ Pulpit㊥ ノーザンファーム	林㊮ .286 父 重○ダ◎ 母の父 重○ダ◎ ・・・・・・・・・	○○470K 2月16日生 父産駒86戦13勝 新馬連対率.291	姉ミスエルテ② 姉ミディオーサ② 姉ミアマンテ② 姉ミファヴォリート	繊細も 素材 ㊥芝◎
7 7 橙	▲○○○◎▲▲ 3.5	モレイラ 55 .750	㊫エピファネイア㊥長 牡2 マーシャルポイント トリプライト③ サンデーR ワイルドラッシュ㊥ ノーザンF	木村㊮ .423 父 ○ダ○ 母の父 ○ダ◎ ・・・・・・・・・	○○470K 2月1日生 父産駒101戦16勝 新馬連対率.248	兄マスグラバイト	硬いが 体力上級 ㊥芝◎
8 桃 8	：：：：：△△ 27.8	柴田大 55 .034	㊫ゴールドシップ㊥長 牡2 テイキットイージー コスモマイルール① ビッグレッ ルールオブロー㊤ 荒井ファーム	萱野㊮ .032◎ 父 重◎ダ◎ 母の父 重○ダ○ ・・・・・・・・・	○○430K 5月12日生 父産駒60戦3勝 新馬連対率.117	兄ウインマイソウル⓪ 兄ウインマイルート 兄ウインルーティン	秘め ㊤芝◎
8 桃 9	◎▲◎◎○◎◉ 2.6	丸山 55 .226	㊫ヤングマンパワー㊥短 牡2 ツルマウカタチ ハイタッチクイーン③ 星野壽市 キングヘイロー㊥ 前野牧場	手塚㊮ .308 父 ○ダ○ 母の父 ○ダ○ ・・・・・・・・・	○◎500K 3月10日生 父産駒1戦0勝 新馬連対率.000	姉リノワールド② 兄ツキサエル⓪ 兄アサマノイタズラ 姉モカフラワー	兄の圧倒 脚力 ㊥芝◎

合計払戻し108万6400円

1着⑥ミアネーロ　　　（3番人気）

2着⑦マーシャルポイント（1番人気）

3着⑨ツルマウカタチ　（2番人気）

単⑥ 420 円　複⑥ 130 円　⑦ 110 円　⑨ 110 円

馬連⑥ー⑦ 490 円　馬単⑥→⑦ 1260 円

ワイド⑥ー⑦ 200 円　⑥ー⑨ 230 円　⑦ー⑨ 180 円

3連複⑥⑦⑨ 390 円　3連単⑥→⑦→⑨ 2800 円

このように、急加速力を記録した6頭が、1〜6着を独占しているのである。3着のツルマウカタチなどは、父がヤングマンパワーという、かなりのマイナー種牡馬だったのだが、調教で示した急加速力はホンモノだったようで、3着に入線している。ツルマウカタチは次走の未勝利戦でも2着に来ており、秘められた素質を発揮する格好になった。

新馬戦の予想ファクターは、血統、騎手、調教の3つくらいしかない。騎手は誰でもわかるので、リーディング上位騎手が乗った新馬は、どんな馬であっても人気になる。血統もわかりやすいので人気に反映される。

しかし調教は競馬新聞のシルシに反映されるとはいっても、調教の内容自体を分析できるファンが少ないため、人気の盲点になることがある。

今まで新馬戦をパスしていたファンの方は、ぜひ急加速力で予想をしてみていただきたい。馬券が当たるだけでなく、新馬戦の調教で高い急加速力を示していた馬は、その後のレースでも追いかける価値がある。

そうして急加速力上位のストックがたまっていくと、のちの2〜3歳戦を有利に戦うことができるようになるのだ。

第3章

急加速力と秀逸ファクター！

蘆口式「調教理論」

応用編

急加速力と相性のいいファクターを探せ

競走馬の能力は加速力に表れる。

調子のいい馬とは加速力を発揮できる馬である。

だからこそ、蘆口式調教理論の根幹は、調教でいかに急加速力を発揮しているか――具体的には残り3〜2ハロンから1ハロンにかけてどれだけ加速できているかに重きを置いている。

調教欄で必要とするものは、上がり2（3）ハロンタイムだけである。一撃2652万円の払戻しとなった福島2Rも、急加速力のチェックのみで的中させることができる。

私はこの調教理論を生み出すために、ありとあらゆる調教に関するファクターを分析してきた。脚色、通ったコースの位置、併せ馬の有無、騎乗者の違い……など。

そして試行錯誤の副産物として、急加速力にプラスすることにより、さらに利益を上げることを可能にするいくつかのファクターを発見した。

レストランに例えるのであれば、ビーフステーキが急加速力だとすれば、これから説明する合わせ技はステーキに合わせるワインのようなもの。ステーキだけでも美味しく食べることはできるが、肉に合ったワインを選ぶことで、より旨味を堪能できるのである。

この章では応用編として、急加速力と併せてチェックすべき調教欄の見方について解説していきたい。

急加速力×「脚色」〜馬の評価の上げ下げに直結

調教欄では時計の後ろに「馬なり余力」といった脚色（追いの強度）の表記がある。新聞によって表記は異なるのだが、私の場合は、ざっくりと「馬なり」「強め」「一杯」「異常」「不明」の5種類に分類している。

追切での「脚色」のおもな分類

＊馬なり	＊強め	＊一杯	＊異常	＊不明
馬なり余力	強め余力	稍一杯追う	ササり追ず	キリ不明
馬なり楽走	稍強め追う	末一杯追う	内にササる	
馬なり鋭く	直強め余力	直一杯追う	内にモタれ	
馬なり伸る	末強め余力	G前一杯追	外にモタれ	
馬なり一杯	G前仕掛け	叩き末一杯	向正面のみ	
馬なりバテ	G前気合付	叩き直一杯	向正面ナリ	
ゲートなり	末強め追う	追って一杯	向正面一杯	
	直強め追う	一杯追伸る	完走できず	
	強め追伸る	一杯追鋭く	引張りきり	
	強め追鋭く	一杯に追う	引掛り気味	
	強めに追う	一杯追バテ	掛りバテる	
	ゲート強め	叩き一杯	直線バカ付	
		叩一杯バテ	直線ヨレる	
		叩一杯伸る	直線抑える	
		ゲート直一	直線止める	
		ゲート一杯		

※キリ不明は、濃霧で視認できないということ

このなかでも頻繁に目にするのが、「馬なり」「強め」「一杯」の3種類だ。

・馬なり……道中からゴールまで手綱を持ったまま。追切の強度は「弱」。

・強め……道中は手綱を持ったままで、ゴール前で強めに追う。追切の強度は「中」

・一杯……道中から飛ばしていき、ゴール前で一杯に追う。追切の強度は「強」

調教内容のほとんどは、だいたいこの3種類に当てはまる。

なお、「異常」は、ササる、モタれる、ヨレる、バテる、バカつく、止めるなど、馬が鞍上の意図しない動作をしたときにつけられる短評だが、あまり

お目にかかることはない。さらに目にする機会が少ないのは「不明」で、これは霧や雪などで馬がよく確認できず、脚色が判断できないときに使われる。

私が利用している競馬ブックのおもな短評を分類すると、P77の表のようになる。

短評のなかに「馬なり」「○○なり」との単語があれば、馬なりの調教。短評中に「強め」や「仕掛け」や「気合付」といった単語があれば、強めの調教。短評中に「一杯」の文字があれば、一杯の調教だと判断していい（例外は「向正面一杯」くらい）。

ほかの新聞はここまで詳しくないが、「馬なり」「強め」「一杯」の3種類くらいは必ず表記してあるので、脚色の想像は容易だと思う。


これを踏まえたうえで、どんな脚色で急加速力をマークした馬の評価を上げるべきかを説明していきたい。

評価が高いのは、一杯に追って高い急加速力をマークした馬だ。

一杯に追われている馬は、道中から飛ばしているので、ラスト2（3ハロン）までに速い時計が出ていることが多い。そのため、余力もあまり残っていない。

そんななか、残り1ハロンでさらに加速をしているのだから、「一杯×急加速力」は調子の良さや能力の高さを示しているといえる。

同じく、馬なりで急加速力を記録した馬も評価が高い。最初から最後まで馬任せに走らせているので、直線では十分に余力がある。そこで強く追っていれば、もっと高い急加速力を示した可能性があるので、

■2023年7月15日
福島2R
14番ベルシャンソン

日付	追切コース	5F	3F	1F	脚色	評価
6月28日	美浦W	67.9	37.4	11.0	馬なり余力	GOOD

こちらも評価できるのだ。

ただし、競走馬のなかには追ってから意外に伸びない馬も一定数いるので「馬なり×急加速力」には未知数な部分もある。

少し評価が下がるのが、「強め×急加速力」だ。道中を余力十分に進めて、ラスト1ハロンあたりでしっかり追っているのだから、急加速力を記録しやすい。

ここで勘違いしないでいただきたいのは、「強め」だから消しという意味ではないということ。**「一杯×急加速力」や「馬なり×急加速力」はプラス0・1ポイント、「強め×急加速力」は加点なし**くらいのイメージで臨むといいだろう。

福島2Rで軸馬に指名したベルシャンソンの脚色は、馬なりの調教で、ラスト1ハロンで加速して11秒0をマークしていた（上の調教）。美浦Wコースで馬なり上がり11秒0は、かなりの好タイム。もしも強めに追っていれば、オープン馬でもなかなか出せない10秒台の上りだった可能性まである。

この「馬なり余力」の短評は、ベルシャンソンを本命に推すのに後押ししてくれた材料のひとつである。

急加速力×「通過位置」～馬場の外目を回った馬に軍配

トラックコースの場合、追切タイムの後ろに通過位置が表示される。これはコースの

■2023年７月15日福島２Ｒ
11番エドノアンジェラス
14番ベルシャンソン

日付	追切コース	5F(4F)	3F(2F)	1F	通過位置	評価
7月12日	美浦W	68.0	38.9	13.4	②	BAD
6月28日	美浦W	67.9	37.4	11.0	⑦	GOOD

どのあたりを通ったかを示すもので、コースを９分割して①～⑨で示される。①だと内ラチ沿いを走っており、⑨だと外ラチ沿いを走ったことになる。なお、坂路コースは直線なので、通過位置の表示はない。

なぜ、トラック調教では通過位置が表示されるかというと、コースのどの部分を通ったかによって実際に走る距離が変わってくるからだ。

例えば、よく調教に利用される栗東ＣＷコースだと、内ラチ沿いを走ると１周１８００ｍだが、外ラチ沿いを走ると１周１９１３ｍになる。追切はだいたい５～６ハロンで行なわれるのでコーナーはワンターンになるわけだが、通過位置が①の馬と⑨の馬では、実際に走った距離が50ｍ以上も変わってくる。同じく、美浦Ｗコースの場合も①と⑨では50ｍ以上変わる。

50ｍ違えば時計の価値も変わってくる。そのため、馬場の１分どころ～９分どころまで、どの位置を走ったかも記されているのである。

では、通過位置をどのように考えればいいかというと、じつはそこまで気にする必要はない。馬場の１分どころであろうが、９分どころであろうが、蘆口式では一律にラスト１ハロンでの急加速力を評価する。通過した位置は全体時計に影響を与えるものの、直線コースにおけるタイムには大きな影響を与えないからだ。

よって、最内を回ったからといって必要以上に減点する必要はない。

ただし、馬場の外目を回して、高い急加速力を示している馬は、余分な距離を走ったうえで加速しているので、少し価値は高くなる。

福島2Rを例にとるなら、ベルシャンソンは馬場の7分どころを通っているので、少し価値は高くなる。逆に、馬場の2分どころを通っているのに、まったく加速できなかったエドノアンジェラスは、蘆口式調教理論では買いづらい馬となる（右ページ上の調教）。

急加速力×「併せ馬」〜パターン別の優先順位とは

調教には「単走」と「併せ馬」の2種類がある。

単走は文字通りに1頭で走らせる調教だ。自分のペースでゆったりと走ることができ、乗り手も調教の強弱をコントロールしやすいという特徴がある。あまり強い調教を課したくないときなどに利用されることが多い。

併せ馬は2頭以上の馬を並走させる調教だ。競走馬には横にいる馬を追い抜こうとする性質がある。そのため、併せ馬で調教をすると、馬の闘争本能が引き出されるといわれている。馬が競い合うので、単走よりもタイムは出やすい。

また、折り合いを学ばせる、他馬を怖がる馬を慣れさせるなどの理由で、併せ馬が行なわれることもある。併せ馬が行なわれた場合は、どの馬と併せ馬をしたのか、どれくらい先行（追走）したのか、何秒先着した（遅れた）のかも記される。

大前提として、併せ馬を行なっている場合は、先着している馬のほうがレースで好結果を残す可能性が高い。馬の年齢やクラスによって違いはあるにしろ、大きな視点でいうと、併せ馬で先着している馬は好走しやすいと覚えておいていただきたい。

逆に、併せ馬で遅れているのはネガティブな要因になる。併せ馬で遅れている馬よりも、単走で追っている馬のほうが成績は良い。そして併せ馬同入は、単走とほぼ同じ成績になる。まとめると、

(1) 併せ馬先着

(2) 併せ馬同入、単走

(3) 併せ馬遅れ

この優先順位が調教欄を見るときのセオリーだ。

これを踏まえたうえで、併せ馬の見るべきポイントを解説していきたい。

[重要度A] 併せ馬の経過と結果

(1) 追走先着 (2) 先行先着 (3) 追走同入 (4) 先行同入・追走遅れ (5) 先行遅れ

まずチェックしたいのは、併せ馬の経過と結果だ。

併せ馬の結果は、「〇秒追走 (〇秒先行) +〇秒先着 (〇秒遅れ)」という形式で表示される。当然、後方から追走して併せ馬に持ち込み、直線で先着している「追走先着」馬は評価が高くなる。

それに次ぐのが、先行状態で後方から来た馬を抜かせずに先着する「先行先着」。そして、追走状態

からスタートして馬体を併せてゴールする「追走同入」だ。

これらよりも価値が落ちるのは、先行して馬体を併せてゴールする「先行同入」や、追走して追いついたが先行馬を交わせなかった「追走遅れ」。そして最も価値が低いのが「先行遅れ」となる。

ただし、追走遅れだとしても、0・8秒追走0・1秒遅れのように、タイム差を大きく詰めている場合は割り引く必要はない。

［重要度B］併せ馬の頭数

（1）3頭併せ（2）2頭併せ

次に重要なのは、何頭で併せ馬をしているかだ。トレセンでは危険防止のために4頭以上の併せ馬を禁止しているので、併せ馬は2頭か3頭のどちらかになる。

価値が高いのは3頭併せ。3頭併せで先着した馬は勝負気配の度合いが高い。たとえ3頭併せであっても最下位の場合は価値が低くなる。このあたりはみなさんのイメージ通りだろう。

［重要度C］併せ馬の対戦相手

レースとは違って、併せ馬はクラスの違う馬同士でも行なわれる。当然、格上の馬と併せて先着した馬は価値が高く、格下の馬に先着された馬は価値が低くなる。

「どの馬に先着したか（先着を許したか）」はトラックマンも競馬ファンもよくチェックしているので、「未勝利馬がオープン馬に先着」といった状況になると、過剰人気になってしまうこともよくある。併せ馬の経過・結果、併せ馬の頭数に比べると、そこまで重要度は高くない。

［重要度D］内か外か

　併せ馬の際に相手に対して内側を走ったのか外側を通ったのかも記載される。基本的には、外を通ったほうが価値は高いのだが、一般的に併せ馬はクラスや能力の高い馬のほうが外を通ることが多いので、少し気にする程度でいい。

　これらを踏まえたうえで、併せ馬の判断を下してもらいたい。

　追切で2本以上の併せ馬を消化している馬の場合、より重要になるのは、本気度が高い急加速力を記録した追切である。

　もちろん、ほかの追切でも「先着」「3頭併せ」「格上」「外を併せる」といったプラス材料があるに越したことはないが、ほかの追切は優秀でも急加速力を記録した併せ馬

						動き軽快	→
	68.6	53.0	38.3	12.1	[4] 強めに追う	気合乗り上々	
	71.1	54.8	39.8	12.0	[7] 馬なり余力		
84.5	67.9	52.4	37.4	11.0	[7] 馬なり余力	変わりなく順調	
		54.6	39.9	12.9	[5] 馬なり余力		
84.6	67.8	52.2	37.2	11.1	[6] 馬なり余力	先着で脚色に余裕	
86.6	69.6	54.2	39.0	11.9	[9] 馬なり余力	動き軽快	
						6ヶ月	

が案外だと、あまり評価はできない。
福島2Rでいうと、勝ったベルシャンソンは急加速力を記録したレースで併せ馬を消化していた（下の調教）。しかも、重要度Aである「先着」を果たしているだけでなく、重要度Cの「格上相手」、重要度Dの「外」といった要因もある。

能力の高い馬が外を通るのが併せ馬のセオリー。ベルシャンソンもネクタリスも同じ西田雄一郎厩舎なので、調教師も古馬1勝クラスのネクタリスよりも、未勝利馬のベルシャンソンのほうが格上と考えていたのだろう。

7月5日の追切でも、古馬1勝クラスのマイネルジャッカルを追走するかたちで追切を行なっている点からも、陣営の評価の高さを読み取れる。

そして最終追切の7月12日には、同クラスの馬と2歳新馬の3頭併せを消化して、同クラスの未勝利馬を1・4秒追走して同入しているのもプラス。人気はなかったが、陣営がベルシャンソンにかなり期待を寄せていたことが、この調教過程からイメージできる。

8	14	ベルシャンソン			
	助手	◇		美W	良
	助手	6/25(日)		美W	良
	助手	6/28(水)	ハロー	美W	良
	ネクタリス（古馬1勝）一杯の外0.4秒先行0.1秒先着				
	助手	7/2(日)		美W	稍
	水沼	7/5(水)	ハロー	美W	良
	マイネルジャッカル（古馬1勝）強めの内0.4秒追走0.1秒先着				
☆	助手	7/12(水)	ハロー	美W	良
	クーラント（三未勝）馬なりの外1.4秒先行同入				
	エーリアル（新馬）馬なりの外同入				

攻め解説

一方、同レースに出走していたカヤドーブラックは、同クラスのルージュリオンヌとの併せ馬、0・

■2023年７月15日
福島２Ｒ
7番カヤドーブラック

日付	追切コース	5F(4F)	3F(2F)	1F	
7月12日	美浦W	71.0	40.4	12.6	評価
ルージュリオンヌ（三未勝）馬なりの外0.3秒先行0.1秒遅れ　⇒　同格に先行して遅れ					BAD

14番ベルシャンソン

6月28日	美浦W	67.9	37.4	11.0	評価
ネクタリス（古馬１勝）一杯の外0.4秒先行0.1秒先着　⇒　格上に先着					GOOD

3秒先行したにもかかわらず、0・1秒遅れているので、この併せ馬には馬券的な価値はない（上の調教）。

急加速力×「騎乗者」～実は誰が乗っても関係ない？

調教欄には誰が乗って追い切ったかも記載されている。競馬ブックの場合は、最も左に騎乗者が表記されている。

多くの馬は調教助手（助手）が調教をつけることが多いが、所属騎手や、レースでコンビを組む騎手が追い切ることもある。騎手の場合は、そのジョッキーの名前も掲載される。数は少ないものの、調教師や、競馬学校在学中の生徒（見習い）が乗ることもある。

騎乗者による違いをどう考えるかは、意外に難しい。

騎手は体重制限があるため、おおむね似たような体重だが、助手や調教師は騎手よりもはるかに体重の重い人がいる。「ジョッキーが追い切ると馬に気合いが入る」という関係者の声もよく聞かれるので、逆に助手が記録した急加速力のほうが価値は高いと考えられなくもない。

しかしその一方、騎手が乗るというのは勝負気配を示しているともとれる。

普段は助手が追い切っている馬に、直前追切でフリーの騎手が手綱を取って追い切ったり、関東所属の騎手がわざわざ栗東まで追切に来ていたりするケースは、勝負気配が高いと判断できる。

勝負気配の面では、助手よりも騎手が記録した急加速力のほうが価値は高いと考えられなくもない。

このような状況を踏まえて、いかに騎乗者を馬券に反映させるかを熟考したのだが、あまり気にしなくてもOKという結論に達した。

ほとんどの調教は助手が乗っているので、体重を把握することはできない。騎手が乗っていれば体重はわかるが、普段から体重が軽い女性もいれば、調整ルームに入ってから何キロも減量してレース当日に体重を合わせるジョッキーもたくさんいる。

競馬学校在学中の見習いの体重が軽いのは確実だが、今度は腕の問題が出てくる。調教騎乗者の体重のほとんどがブラックボックスなのだから、中身を推測してイジるよりも、そのまま放ったらかしにしておいたほうがいい――そのように考えた。

騎手が騎乗するのは勝負気配のケースもあると書いたが、そうでない場合もけっこうある。厩舎所属ジョッキーは毎日のように調教しており、その役割は助手と同じなので、勝負気配とはいえない。

また、フリー騎手であっても、所属しているかのように特定厩舎の調教を手伝う騎手もいるので、これも勝負気配ではない。さらには、騎手でないと乗りこなせないようなクセ馬もいたりする。

「なぜ○○騎手が乗っているか」についても、理由を個別に精査しなければいけないので、無視することにした。もちろん、あなたが厩舎と騎手の関係に詳しく、勝負気配が読めるのであれば、加点していただいてもかまわない。

ベルシャンソンの調教過程（P84～85）を見ると、普段は助手が騎乗しているが、7月5日に水沼騎手が乗って追い切り、急加速力1・4を記録している。

水沼騎手は加藤和宏厩舎所属なので、西田雄一郎厩舎のベルシャンソンに1週前追切で乗るのは勝負気配といえなくもない。ただ、正直なところ、私が馬券の軸に選んだときに、この事象はたいしたプラス材料と評価はしていなかった。

急加速力×「追切短評」～コメントは意外と侮れないもの

第2章で追切コメントの話を書いた。私が利用している競馬ブックの短評を分析したところ、「ポジティブなコメントの場合の好走率は高いが回収率はそこそこ、ネガティブなコメントの場合の好走率は低いが回収率は高め」という傾向が出ているため、あまり気にする必要はないとした。

また、どれだけ短評を分析しても、競馬ブック以外の新聞を利用している人は使えないことも、気にする必要はないとする結論にもなっている。

しかし、何百種類もある短評のなかには、好走率が高く、回収率も水準以上を示す〝使える〟ものもある。

超ポジティブコメントでは、豪快な伸び脚、伸び鋭く上昇目立、目下絶好調、末の伸び素晴らしい、馬体絞れ気合乗る、馬体充実目を引く、格上馬を圧倒、がオススメとなる。

「豪快」「絶好調」「素晴らしい」「圧倒」といった言葉が示すように、見るからに動きのいい馬につけられることが多い。
誰が見てもいい動きなので人気しやすいが、このコメントがついた馬が高い急加速力をマークしているようなら、勝負してみる価値がある。

おもな調教短評

豪快な伸び脚
伸び鋭く上昇目立
目下絶好調
好調時の動き戻る
休養前より気配良
攻めは動くが
末の伸び素晴しい
気性成長
ひと叩き馬体絞れ
久々叩き上昇目立
余裕持っての併入
馬体絞れ気合乗る
先着で脚色に余裕
馬体充実目を引く
単走の割に動く
格上馬を圧倒

前走からの変化形のコメントでは、好調時の動き戻る、休養前より気配良、気性成長、ひと叩き馬体絞れ、久々叩き上昇目立、がオススメ。これは前走よりも明らかに動きが良くなっている馬につけられる。わりと人気になりやすいが、人気の盲点になることも多く、急加速力を記録しているなら狙ってみたい。

余裕系コメントでは、余裕持っての併入、先着で脚色に余裕、が買ってみる価値のあるコメント。時計以上に評価すべきポイントがある馬につけられるケースが多いようだ。

平凡・ネガティブコメントでは、攻めは動くが、単走のわりに動く、がオススメだ。こちらの好走率はそこまで高くないものの、あまり人気にならないので穴狙いのときに活用することができる。

競馬ブック利用者で、これらの調教短評を見つけたときは、ラッキーと思って加点評価の対象にしていただきたい。横組の馬柱に違和感がないのであれば、これを機に競馬新聞をブックに変更してもいいかもしれない。

なお、こちらのコメントは中間のどの追切にあっても好走率は高くなり、ベルシャンソンは7月5日の追切で「先着で脚色に余裕」のコメントがあった。

急加速力×「調教コース」～理想は坂路とトラックの両追い消化

調教コースによって、競走馬に及ぼす効果は違う。

坂路コースは文字通り坂道を上るので、瞬発力やパワーを鍛えるのに効果的だといわれている。軽い調教でもしっかりとした負荷がかかるだけでなく、ウッドチップが敷き詰められており、脚元への負担も少ない。直線コースなので乗り手の腕もあまり問わない。最も利用馬が多いのが坂路コースだ。

トラックコースはコーナーを曲がってから直線で加速するため、実際のレースに近い調教ができる。トラックコースには、ウッドチップ、ダート、芝、ポリトラック（P）、障害コースの5種類がある。

ウッドチップは、適度な負荷がかかり脚元にも優しく、馬場状態も大きく変化しにくいので、利用する馬は多い。ウッドチップコースは、美浦、栗東、そして函館競馬場に用意されている。

それに比べるとダートは負荷がやや小さくなる。芝やポリトラックはさらに負荷がかからない。すでに仕上がっている馬や、あまり速い時計を出さない、調整のための調教に利用されることが多いようだ。

障害コースは文字通り、障害が設置されたコースである。一部の障害馬の調教や、毎週木曜日の障害試験に利用される。障害コースに関しては急加速力を計算する必要はない。

東西トレセンのコース分類は、左ページに掲載した一覧のようになっている。

どちらも内側のトラックからA、B、C、D、Eと分かれている。美浦には北馬場もあるが、以前から利用馬は極端に少なく、現在は取り壊しの真っ最中で、Cコース（ダート）しか利用できない。北馬場は調教スタンドも取り壊され、これから北馬場で追い切られる馬はほとんどいなくなると思われるので割愛した。

なお、美浦の坂路コースは、２０２３年９月末にリニューアルされ、コース形態、全長、勾配などが変わった。

競走馬はこれらのコースを利用して追い切られるのだが、レースまでの調教過程を眺めていると、複数の調教コースで追い切られている馬と、ひとつのコース（坂路だけ、ウッドだけ、ということが多い）でしか追い切られていない馬に分かれている。

東西トレセンの調教コース一覧

美浦	馬場	1周
A	障害（内ダート、外芝）	1370m
B	ダート	1600m
C	内芝、外ポリトラック	1800m
D	ウッドチップ	2000m
E	ダート	2150m
坂路	高低差33m、メイン勾配3%	1200m

栗東	馬場	1周
A	障害（内ダート＆ポリトラック、外芝）	1450m
B	ダート	1600m
C	ウッドチップ	1800m
D	内芝、外ポリトラック	1950m
E	ダート	2200m
坂路	高低差32m、メイン勾配3.5%	1085m

結論からいうと、複数のコースで追切を行なっている馬のほうが評価できる。具体的には、坂路とトラックコースの両方で追切しているのが理想だ。片方でしか調教ができていない馬はなんらかの難を抱えているケースがあり、**坂路・トラックの両方で追切している馬のほうが好走率は飛躍的に向上する。**

急加速力に関しては、いずれかのコースで高い値を記録できていれば問題ないのだが、両方のコースで高い値をマークした馬は、より好走率が高まると考えていい。

ベルシャンソンの調教過程は、すべて美浦Wで追い切られている。しかし、なんらかの難があったわけではなく、これは美浦の坂路が改修工事で使えなかったため。当時の関東馬は、ほぼすべてがトラッ

クでしか調教ができなかったのだ。美浦坂路が完成したあとのレースとなった10月22日新潟3Rには、

10月1日　美浦坂　59秒3―28秒8―14秒2
10月5日　美浦W　66秒7―37秒9―12秒1　⇒急加速力0・2
10月14日　美浦ダ　73秒6―41秒5―12秒7
10月18日　美浦ダ　73秒2―41秒6―12秒9

という、坂路とコースを併用した調教過程で出走し、2着に入線している。10月5日には急加速力も記録していた。

急加速力×「ローテーション」～休み明けや連闘の場合は

長期休養明けをどう判断したらいいか困るという声をよく聞く。調子が戻っているのか、それともまだ本調子にないのか。レースが終わってみなければわからないと思っている人も多いことだろう。

しかし、高い急加速力を示しているのであれば、長期休養明けでも気にする必要はない。急加速力を示すイコール、調子が良いことを示しているのだから。

確かに休養期間が長くなるにつれて、好走率が下がっていくのは事実だが、そのぶん人気も下がるので期待値は上がる。ゆえに、急加速力が高いのであれば、休養明けは気にせずに狙っていただいてOKだ。

それと同様に、追切本数に関しても考慮する必要はない。今は外厩（トレセン以外にある競走馬のトレーニング施設。ノーザンファームしがらき、など）で、ある程度仕上げて入厩し、すぐにレースに使う馬も多い。こちらも、高い急加速力を示していれば、仕上がっていると考えていい。

注意をしなければいけないのは、むしろ、レース間隔が詰まっているケースだ。連闘の場合は追切時計を出さないのが基本だし、中1週の場合はたいて馬なりで軽い時計を1本出すだけにとどまる。追切本数がゼロなら急加速力は算出されないし、軽い時計だと消しボーダーに引っ掛かる。

つまり、連闘や中1週の馬はほぼ買えなくなってしまうのだ。

もちろん、連闘や中1週ローテーションの馬が弱いとは限らない。そのため、**レース間隔が詰まっている馬は、前走以前の急加速力をチェックするのがベター**である。

基本的には前走の調教過程で急加速力を示しているかを見るだけで大丈夫だが、中1週続きの馬もいたりするので、その場合はまともな調教をした日までさかのぼるかたちになる。

競馬新聞では前走時の調教過程は確認できないが、『競馬ブックｗｅｂ』『ｎｅｔｋｅｉｂａ』『ウマニティ』などのウェブサイトなら、前走以前の調教も細かく見ることができる。

とはいえ、面倒ならば割愛してもかまわない。出走馬の今走の急加速力を算出するだけで、本馬券術は十分な威力を発揮できるからだ。

レース間隔が詰まっている馬の取捨は、第4章で詳述する朝一オッズに任せてしまっても問題はないだろう。

高い急加速力を記録した馬は追いかけるべし

完成度の高い競馬予想理論の【追切インサイダー】とて、百発百中ではない。絶好の狙い目と判断した馬が着外に沈むこともある。

ただし、第2章でも説明したように、高い急加速力を記録した馬は、高い資質を備えていると評価できる。勝負レースが外れたからといって、「ただの調教番長で実戦ではダメだった」と判断するのは早計である。

高い急加速力を記録しているにもかかわらず、走らなかった馬の敗因には、次のパターンに当てはまるものがある。

・レース中に不利を受けて負けた
・騎手の騎乗ミスで負けた
・展開がまったく向かずに負けた
・距離が合わずに負けた
・トラック（芝・ダート）が合わずに負けた
・馬場状態が合わずに負けた

だから、勝負レースの映像はしっかりと見るようにしておきたい。もしも上記の敗因に当てはまるよ

2023年６月25日・函館１Ｒ　②ラウラーナ（４着）の追切

追切日	追切コース	5F(4F)	3F(2F)	1F	5F(4F)ボーダー	1Fボーダー	急加速力
6月21日	函館W	69.7	39.7	12.4	○	○	1.6

実際にレースをご覧いただければわかるが、新人の小林美駒騎手が盛大に脚を余して4着になってしまった。
次走は鷲頭騎手に乗り替わり、怒りの連闘で1着！
さらに、その次の昇級戦でも連勝。高い急加速力を記録した馬は資質が高いことを示す結果となった。

うなら、一度の敗戦で見限らず、注目馬としてストックすべきなのだ。

負けた馬は次走で人気を落とす。つまり、期待値は上がる。たとえ目の前のレースが不的中だからといって落ち込む必要はまったくなく、むしろ敗因が解消できれば次走は大きく儲けるチャンスが待っていると考えればいいのだ。

レース中の不利、騎乗ミス、展開の不利を見抜くには、ある程度の経験は必要かもしれない。とはいえ、そこまで難しいものでもない。すでにこれらの要素を馬券に活用している人も多いだろう。

わかりやすいのは、馬場替わり。前走で高い急加速力を記録しながら、馬場が合わずに負けた馬は、適性に合った馬場に替われば激走してくれる。

もうひとつ、高い急加速力を記録した馬が敗れ、連闘を仕掛けてきたときも勝負パターンだ。私は勝手に**「調教師怒りの連闘」**と呼んでいるのだが、急加速力を記録した調子の良い馬が不利や騎乗ミスで敗北した場合、連闘を仕掛けてくることがある。

２０２３年６月25日・函館１Ｒ３歳未勝利戦に出走していたラウラーナは、函館Ｗで追い切って１・６という高い急加速力をマークしていた。

対戦相手はそこまで強くはなく、同馬は過去に３着３回の経験があるの

2023年６月17日・函館12Ｒ　⑬サトノミスチーフ（14着）の追切

追切日	追切コース	5F(4F)	3F(2F)	1F	5F(4F)ボーダー	1Fボーダー	急加速力
6月14日	函館W	67.3	38.8	12.4	○	○	1.1

シンガリ負け後、「怒りの連闘×芝2600m」と条件を大幅に変えたレースに出走し単勝60.1倍で勝利！

で、陣営としては勝ち上がるチャンスだと思っていたことだろう。

ところが、鞍上に配した小林美駒騎手が誤算だった。芝１２００ｍの１枠②番という絶好枠だったにもかかわらず、スタートで出遅れて最後方。そこからグイグイ押して中団に取りつくのだが、４コーナーを回ると今度は前がカベ。それでもラウラーナは伸びていき、クビ差の４着にまで食い込んだ。

１着馬とのタイム差はコンマ２秒なので、スタートで出遅れなければ、そして４コーナーで包まれなければ、勝ち負けに持ち込めていたことは間違いないレース内容だった。

そして、ラウラーナは連闘を仕掛けてきた。翌週７月２日の３歳未勝利戦に出走してきたのである。鞍上は新人の小林美駒騎手から鷲頭虎太騎手にスイッチ。今度はスタートを決めて、中団から力強く伸びて１着。前走で急加速力を記録して敗れた馬が、怒りの連闘を成功させたのである。

さらにラウラーナは、次走の１勝クラスでも１着になり、連勝を決めた。６月21日の追切で示した急加速力は、やはり能力の高さを示していたのである。

６月17日・函館12Ｒ１勝クラス（ダート１７００ｍ）に出走したサトノミスチーフも似たようなパターンだった。

直前追切では急加速力１・１を記録。レースは後方から進めたのだが、前が止まらない軽めの馬場と、上がり勝負に泣かされて最下位の14着に敗れた。

前走は距離が短かった、あるいはダートよりも芝がベターと判断したのか、サトノミスチーフは連闘で6月25日の芝2600mのレースに出走してきた。前走最下位、久々の芝ということもあって8番人気の低評価。しかし、それをあざ笑うかのように先行押し切りの横綱相撲で勝利し、単勝6010円の大穴をあけた。


以上、急加速力と合わせてチェックすべき調教項目について記してみた。ぜひとも参考にしていただきたい。

一応念を押しておくと、基本的には第2章のノウハウだけで、十分な威力がある。まずは第2章の内容をマスターしたうえで、余裕が出てきたらこの章の内容も加味しながら予想をする——その流れが理想的だ。活用すればするだけ、その威力がさらに増すことを約束しよう。

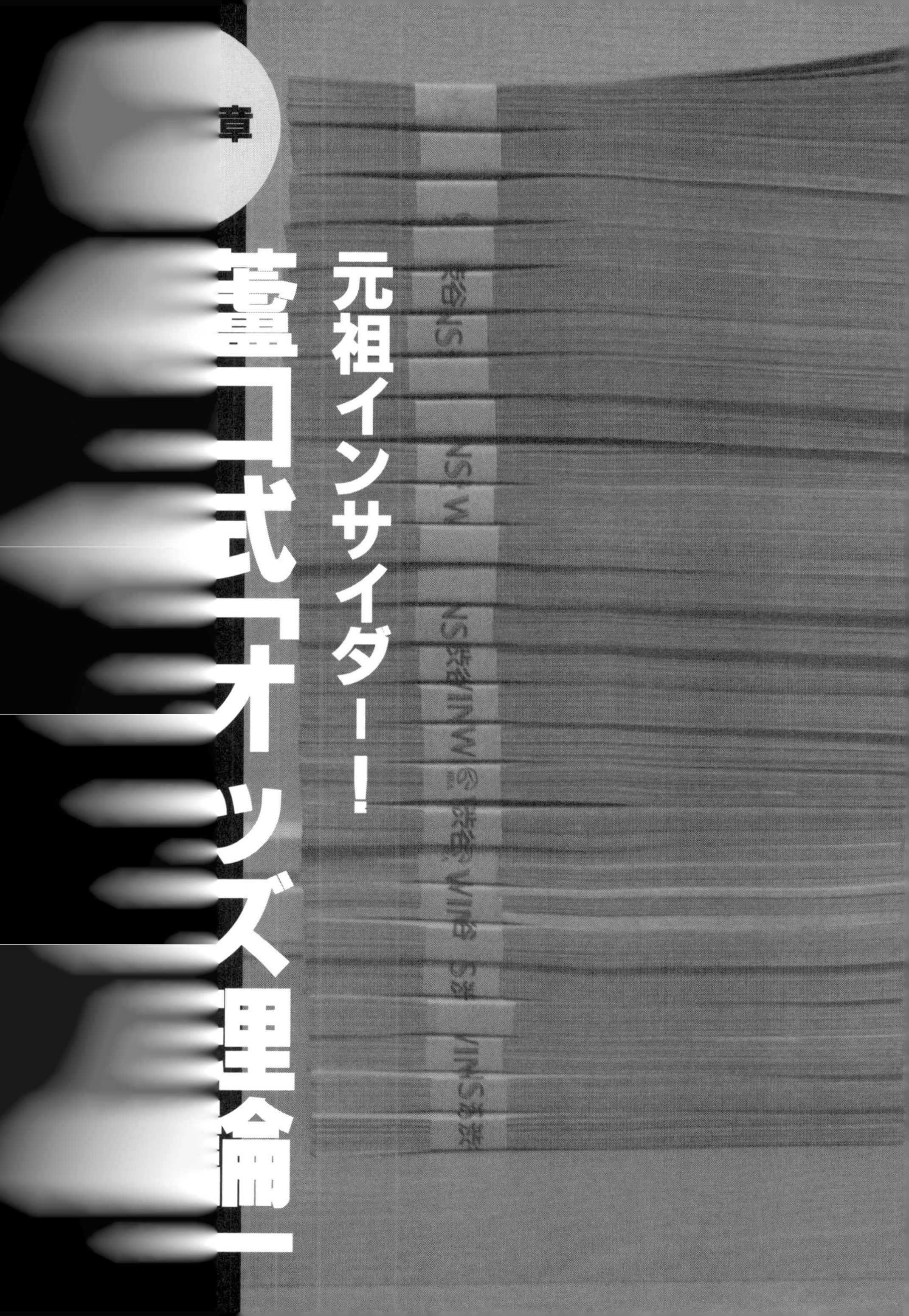

章

蔦口式「オッズ理論」

元祖インサイダー！

調教、オッズの二刀流で目指す「超一流」

第2章、第3章で蘆口真史の新境地たる、調教理論について解説してきた。シンプルなアプローチ、さらには急加速力が持つ威力と可能性に、おおいに驚かれたことだろう。急加速力に注目すれば、オイシイ馬券が次から次へと獲れるようになることは間違いない。

しかし、まだまだ満足してはいけない。馬券術【追切インサイダー】は調教セクションとオッズセクションの両輪で構成されている。調教理論を習得しただけでは不十分。オッズ理論もマスターして初めて、最上級の答えを導き出すことができるのだ。

例えば野球の大谷翔平選手は、投手専任、打者専任だったとしても「超一流」といわれていただろう。しかし、その超一流レベルの技術を携えて投手と打者を兼任し、二刀流を完成させたからこそ、彼は〝史上最高のベースボーラー〟の評価を得るに至った。

単純比較はできないが、私は競馬予想にも同じことがいえると考えている。ひとつのファクターを究めて予想理論を作り、常勝モードを築き上げることができれば超一流。そしてその殻を破り、複数のファクターを組み合わせて究極レベルのロジックを構築できたら、それは超一流を凌駕した存在になる。

他人の理論を否定するつもりは毛頭ないが、例えば「騎手×調教師」などのように、ただ単に複数のファクターを掛け合わせてデータをとった類のものは、さすがに超一流と呼ぶことはできない。独立したファクターを用いた完成度の高いロジックが、絶妙に絡み合い、融合することによって、凡庸の域を脱するにとどまらず、超一流さえも超えていくことができる。

そこに価値を見いださなければ意味がないだろう。

【追切インサイダー】は、その超一流同士の融合を成功させることによって誕生した予想理論である。

さすがに「大谷翔平と同等」とはいわない。だが、競馬予想という限られた世界における話なら、唯一無二、前人未踏といった表現を用いるのに値する傑作であると自負している。

それでは、前置きはこれくらいにして、蘆口真史のオッズ理論について解説していこう。

最初にお断りしておくと、私のオッズ理論はだいぶ前に完成の領域に到達しているため、過去に発表したものから内容はほとんど変わっていない。

よって、古くから私のオッズ理論に親しんでいる方、利用されている方は、以降の本章はさっと読み飛ばしていただいて結構だ。

インサイダーオッズを見抜く3つの方法

第1章でお伝えした通り、私がオッズを使う主目的は、一般人が知り得ない情報（＝インサイダー情報）を見抜くことにある。絶対的な自信のある何者かが1頭の馬に大金を投じれば、一時的に人気が上昇し、異常オッズとして表出するからだ。

ここでは具体的に、オッズを使ってインサイダー情報を見抜く方法についてお伝えしていきたい。

異常オッズを見つける方法は、おもに次の３つが挙げられる。

・時系列オッズ分析
・時間帯別比較
・馬券賭式間比較

それぞれの方法には長所と短所があり、使い方も異なるので、個別に詳しく説明していこう。

■時系列オッズ分析

ＪＲＡはおおよそ5分間隔でオッズの推移、各時間帯の票数を公開しているため、時系列に沿ってどの馬にどれだけの金額が投じられたかを調べることができる。

左ページに長々と掲載した数字の羅列をご覧いただきたい。これは、【追切インサイダー】の代名詞になりつつある２６５２万円払戻しレース（２０２３年7月15日・福島２Ｒ）を制した、ベルシャンソンの単複時系列オッズ＆人気順位だ。

最終的に単勝は7番人気、複勝は9番人気だったが、発売開始から売れ続けており、締切直前になってようやく人気が落ちた。要所要所にまとまった金額が投じられており、前走16着に大敗し、６カ月の休み明けだった馬にしては、明らかに異常な売れ方だったことがわかるだろう。

時系列にオッズを分析できるシステムが必要なため、予想をするまでに時間や手間が掛かるというデメリットはあるが、これこそが最も正統派のオッズ分析の手法ということができ、なおかつ効果も絶大である。

7月15日・福島2Rベルシャンソンの単複オッズ推移と異常投票

時刻	単勝人気	複勝人気	単勝オッズ	複勝オッズ	備考
前 19:01	1	1	2.5	1.1	
前 19:09	1	1	2.7	1.1	
前 19:17	2	1	4.1	1.2	
前 19:25	2	1	4.6	1.5	
前 19:34	2	2	5.3	1.5	
前 19:42	1	2	4.7	1.4	
前 19:50	1	2	3.4	1.5	
前 19:58	1	2	3.6	1.6	
前 20:07	1	2	3.3	1.5	
前 20:15	1	2	3.6	1.6	
前 20:23	1	2	4.3	1.6	
前 20:32	1	2	4.4	1.7	
前 20:40	1	2	3.4	1.7	
前 20:48	1	2	3.4	1.6	
前 20:56	1	2	3.3	1.5	
前 21:05	1	2	3.5	1.5	
前 21:13	1	2	3.8	1.6	
前 21:21	1	2	4.1	1.7	
前 21:29	1	2	4.1	1.7	
前 21:38	1	2	4.4	1.8	
前 21:46	1	2	4.7	1.7	
前 21:54	1	2	4.7	1.8	
前 22:02	1	2	4.5	1.8	
前 22:11	1	3	4.6	1.9	
前 22:19	1	3	4.4	2.0	
前 22:27	1	3	4.3	2.1	
前 22:35	1	3	4.4	2.1	
前 22:44	1	2	4.6	2.1	
前 22:52	2	3	5.2	2.2	
前 23:00	2	2	5.2	2.2	
前 23:08	2	2	5.1	2.2	
前 23:17	2	4	5.2	2.3	
前 23:25	2	4	5.7	2.3	
前 23:33	2	1	5.8	1.5	
前 23:41	2	1	6.0	1.5	
前 23:50	2	1	5.9	1.5	
前 23:58	2	1	6.1	1.6	
0:06	2	1	6.1	1.6	
0:14	2	1	4.7	1.4	
0:23	2	1	4.8	1.4	
0:31	2	1	5.0	1.5	
0:39	2	1	5.1	1.5	
0:47	2	1	5.3	1.5	
0:56	2	1	5.2	1.5	
1:04	2	1	5.3	1.5	
1:12	2	1	5.3	1.6	
1:20	2	1	5.7	1.6	
1:29	2	1	5.7	1.6	
1:37	2	1	5.7	1.7	
1:45	2	1	5.7	1.7	
1:53	2	1	5.7	1.7	
2:02	2	1	5.5	1.7	
2:10	2	1	5.6	1.7	
2:18	2	1	6.1	1.7	
2:26	2	1	6.1	1.7	
2:35	2	1	6.2	1.7	
2:43	2	1	6.3	1.7	
2:51	2	1	6.4	1.7	
2:59	2	1	6.3	1.7	
3:08	2	1	6.3	1.7	
3:16	2	1	6.2	1.7	
3:24	2	1	6.3	1.7	
3:32	2	1	6.3	1.7	
3:41	2	1	6.4	1.7	
3:49	2	1	6.5	1.7	
3:57	2	1	6.5	1.6	
4:05	2	1	6.5	1.6	
4:14	2	1	6.4	1.6	
4:22	2	1	6.5	1.6	
4:30	2	1	6.5	1.6	
4:38	2	1	6.5	1.7	
4:47	2	1	6.5	1.7	
4:55	2	1	6.6	1.7	
5:03	2	1	6.6	1.7	
5:11	2	1	6.6	1.7	
5:20	2	1	6.6	1.7	
5:28	2	1	6.5	1.7	
5:36	2	1	6.5	1.7	
5:44	2	1	6.5	1.7	
5:53	2	1	6.3	1.7	
6:01	2	1	6.3	1.7	
6:09	2	1	6.4	1.7	
6:17	2	1	6.5	1.8	
6:26	2	1	6.6	1.8	←複勝に約10万の投票
6:34	2	1	6.2	1.5	
6:42	2	1	6.4	1.5	
6:50	2	1	6.6	1.5	
6:59	2	1	6.6	1.5	
7:08	2	1	6.5	1.5	
7:17	2	2	6.6	1.5	
7:26	2	2	6.7	1.6	
7:35	2	2	6.2	1.6	
7:44	2	2	6.6	1.6	
7:54	2	2	6.4	1.6	
8:03	2	2	6.6	1.7	
8:12	2	2	6.6	1.7	
8:21	2	2	6.7	1.7	
8:30	2	2	6.6	1.7	
8:39	2	2	6.6	1.8	
8:49	2	2	6.6	1.8	
8:58	2	2	5.9	1.9	
9:07	2	2	6.0	1.9	
9:16	2	2	6.0	1.9	
9:25	2	2	6.3	2.0	
9:34	2	2	6.5	2.2	
9:44	2	3	6.5	2.2	
9:53	3	4	6.5	2.3	←単勝に約10万の投票
10:02	2	4	5.7	2.3	
10:09	2	4	5.9	2.3	
10:14	2	5	5.9	2.4	
10:19	2	4	6.1	2.4	
10:24	2	5	6.3	2.6	
10:29	3	5	6.7	2.6	
10:34	3	5	7.6	2.7	
10:39	5	5	8.8	3.1	
10:44	6	9	14.1	4.6	
確定	7	9	14.2	4.8	

■時間帯別比較

もう一度、ベルシャンソンの時系列オッズをご覧いただきたい。レース5分前は単複ともに5番人気だが、朝一時点ではいずれも2番人気だった。下の「時間帯による比較」のように、時間帯別の人気順位の変化から異常オッズを検知するのも、有力な手法になる。時系列オッズ分析を簡略化したもので、2~3個の時間帯のオッズを確認するだけで済む点が大きなメリットだ。

■馬券賭式間比較

最後に紹介する馬券種間比較は、「単勝では5番人気なのに複勝では1番人気になっている」というように、複数の馬券種を比較して以上を検知する手法である。ベルシャンソンの場合、最終オッズは単勝7番人気、複勝9番人気だった（いちばん下の表）。

時系列オッズ分析や時間帯別比較と異なり、複数の時間帯のオッズを確認する手間が省けるというのが最大のメリット。しかし一方で、単勝・複勝ともに異常が生じている馬には気づけないという点がデメリットになる。実際に、ベルシャンソンは単複ともに売れており、朝一時点ではいずれも2番人気だった。

もちろんベルシャンソンの戦績を見ていれば2番人気になっていること自体が異常だとわかるが、オ

時間帯による比較

時 刻	単勝人気	複勝人気	単勝オッズ	複勝オッズ
9:34	2	2	6.5	2.2
10:39	5	5	8.8	3.1

馬券種による比較（この場合、単・複人気）

時 刻	単勝人気	複勝人気	単勝オッズ	複勝オッズ
9:34	2	2	6.5	2.2
確定	7	9	14.2	4.8

ッズだけを見てそれに気づくことはできない。

このように、異常オッズを見つける方法にはメリットとデメリットがある。

手間と時間をかけて正確性を求めるか。時間短縮を優先して大まかな判断にとどめるか。それとも、両者の中間をとるか。どれも一長一短なので、ご自身の性格、馬券のスタイル、求める利益、置かれたシチュエーションなどを考慮して、採用する方法を決めるといいだろう。

賭式（券種）の馬連・単複比較でオッズ分析

異常オッズを正確にキャッチするには、馬券の発売開始から締切までの時系列オッズを1頭ずつ追う「時系列オッズ分析」がベスト。それは間違いないのだが、アナログ派やライトファンにとってはあまり実用的とはいえない。

そこで紹介したいのが、「馬連と単勝」および「馬連と複勝」を比較する手法である。馬券種間比較で紹介した単複を比較するのではなく、馬連と単複を比較するのがミソ。これがものすごく有効なのだ。

なぜ、1頭の馬の異常オッズを見抜くために、馬連オッズが出てくるのか？

そう疑問に感じている方が多いと思うので、理由を説明していこう。

インサイダーというのは、原則的に単複で勝負をかけてくる。彼らに取材して実態を聞いたわけではないので、100％そうとは断言できないが、長きにわたるオッズ分析の経験上、それは間違いないと確信している。

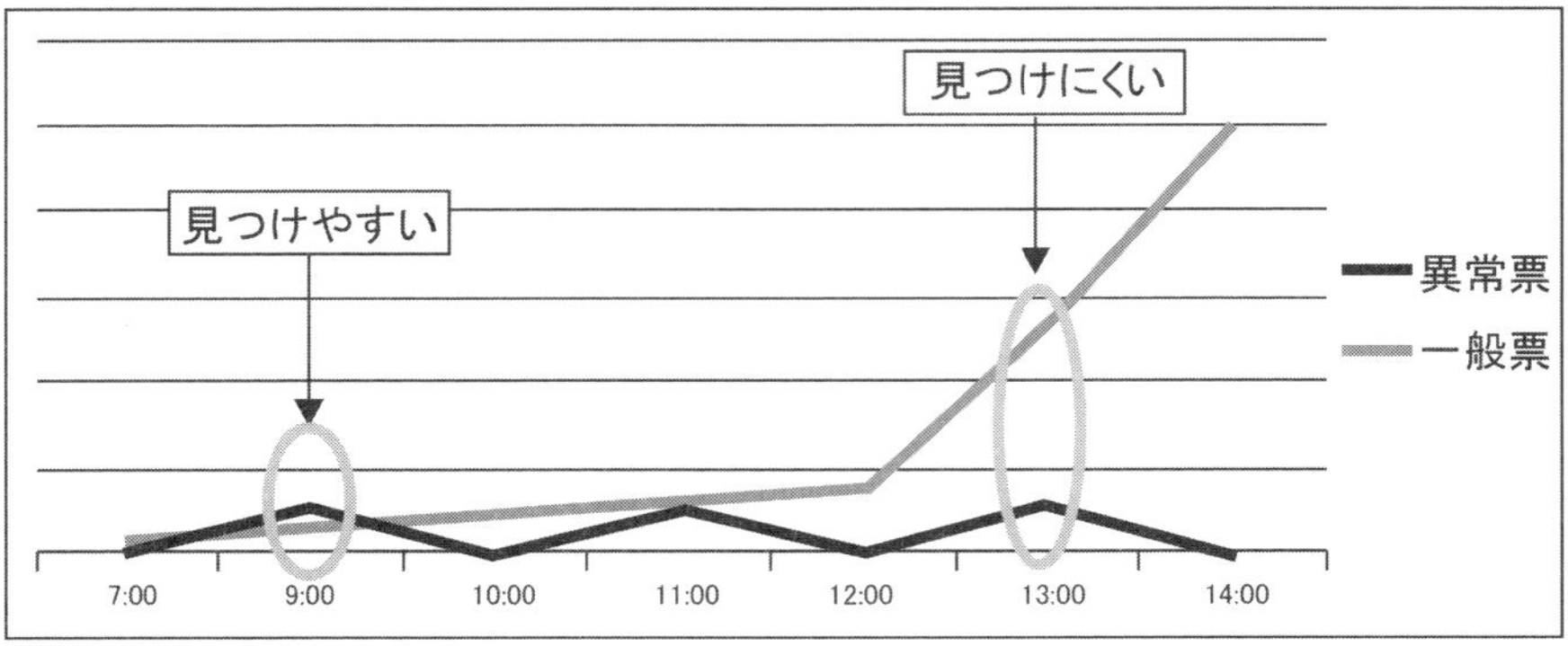

そもそも、インサイダーたちは自分に関係のある馬で勝負をかける。いうなれば、彼らにとって他陣営の馬のことなどはどうでもいい。というより、気にしようがない。なぜなら、ライバルの勝負気配を完璧に把握することはできないからだ。

だから、相手のことまで考慮しなければならない連勝馬券ではなく、その馬だけにしか関係のない単複を買う。そう考えると合点がいくだろう。

実際に、単複は連勝馬券に比べ、まとまった金額が投じられる頻度が圧倒的に高い。

そこで登場するのが馬連オッズである。馬連にはインサイダー票がほとんど投じられていないので、単複以上に正確な人気順を表しているとみなすことができる。

単勝1番人気に相当するのは、どの馬か？

答えは考えるまでもない。**馬連の軸として最も売れている馬である。**

そのような、本来あるべき人気順位を示す馬連と比較して、単勝もしくは複勝が過剰に売れていれば「異常オッズ」であると判断することが可能——私はそう考え、馬連と単複のオッズを比較する手法にたどり着いた。

ここで重要になってくるのが、比較する際は朝一オッズを使用するということ。なぜ朝一なのかというと、馬券は発売開始から締切まで断続的に売れていくが、締切直前に近づくに連れて投票数も増えてくるので、ひと目で「この馬が異常」と見抜くことは難しくなってくるからだ。

しかし、朝一であれば投票数もそれほど多くないため、数十万・数百万円単位のまとまったお金が投じられると一時的にオッズが大きく下がり、異常オッズとして検知しやすい。朝一オッズなら、締切直前オッズでは見えないものが見えてくることがある。

馬連オッズから各馬の人気順位を出す方法

馬連オッズを使うことはわかったが、どうやったら1頭の馬ごとの人気順位を出せるのか？

ここから、そんな疑問にお答えすべく、最も効果的かつ簡単に単勝○番人気に相当する人気順位を出す方法を紹介しよう。

〈1〉朝一の馬連オッズ上位2つの組み合わせを確認

1番人気　④―⑩　9・6倍
2番人気　②―⑩　12・1倍
3番人気　⑧―⑩　12・3倍
4番人気　②―④　13・2倍

こちらは、先ほどから取り上げてきているベルシャンソンが勝ったレースの例である。馬連オッズを確認すると、上位２つの組み合わせは④－⑩および②－⑩ということがわかる。

〈2〉いずれの組み合わせにも含まれる馬番を馬連1位と定義

このレースの場合、⑩シズカノウミがいずれの組み合わせにも含まれているので、「馬連１位」と定義する。

〈3〉馬連1位の馬から各馬への馬連オッズを確認し、組み合わせの相手となっている馬を人気上位順に馬連2位↓3位……最下位までの順位を決定

⑩を軸にした組み合わせを人気順に並べ替えると、次のようになる。

④－⑩　9・6倍
②－⑩　12・1倍
⑧－⑩　12・3倍
③－⑩　19・4倍
⑤－⑩　26・0倍
⑩－⑭　39・2倍
⑩－⑬　50・0倍

2023年７月15日・福島２R　朝一オッズ

馬連順位	枠番	馬番	馬名	オッズ	単勝	複勝
1位	6	10	シズカノウミ	―	4.6(1位)	1.6−1.8(1位)
2位	3	4	オズモポリタン	9.6	8.6(5位)	2.2−3.0(4位)
3位	2	2	スカイラー	12.1	6.7(3位)	2.2−2.9(3位)
4位	5	8	ロゴナンバーワン	12.3	12.6(8位)	2.5−3.3(6位)
5位	2	3	カフェクリア	19.4	7.5(4位)	4.5−6.1(9位)
6位	3	5	サンマルリアン	26.0	14.9(9位)	3.7−4.9(8位)
7位	8	14	ベルシャンソン	39.2	6.5(2位)	2.2−2.8(2位)
8位	7	13	クレイプマートル	50.0	29.2(11位)	6.0−8.2(11位)
9位	4	7	カヤドーブラック	59.0	9.4(6位)	3.6−4.8(7位)
10位	4	6	ブレードランナー	60.9	20.2(10位)	5.6−7.6(10位)
11位	5	9	ルレーブアマゾン	74.7	12.2(7位)	2.5−3.3(5位)
12位	8	15	ウワサノアノコ	330.8	83.6(14位)	17.6−24.4(14位)
13位	1	1	エリザベスベイ	335.6	40.9(12位)	10.4−14.4(12位)
14位	7	12	ウォーカーカップ	381.2	45.2(13位)	10.5−14.6(13位)
15位	6	11	エドノアンジェラス	508.3	112.2(15位)	18.4−25.5(15位)

オッズの太い罫線は断層を示す（後述）。

⑦―⑩　59・0倍
⑥―⑩　60・9倍
⑨―⑩　74・7倍
⑩―⑮　330・8倍
①―⑩　335・6倍
⑩―⑫　381・2倍
⑩―⑪　508・3倍

馬連1位は⑩、相手を上位からチェックしていき、2位は④、3位は②、4位は⑧、5位は③……15位は⑪ということになる。

このようにして、馬連オッズをもとに割り出した本来あるべき人気順位（以下、馬連順位と呼ぶ）と、実際の単複の人気を比べ、人気のズレ幅が大きい馬を探していくのである。

基本的に「馬連順位より実際の単複人気のほうが上の馬」に注目していただきたい。⑭ベルシャンソンは馬連7位に対して単複が2位と明らかに異常であることがわかる（前ページの表）。

同様に、第2章にて参考レースとして取り上げた2023年8月5日・札幌12Rのルージュイストリアも、馬連9位に対して単複が6位と上位に位置していた（左ページの表）。ベルシャンソンほどではないものの上昇度は十分で、期待できる存在であることは明らかだった。

2023年８月５日・札幌12Ｒ　朝一オッズ

馬連順位	枠番	馬番	馬名	オッズ	単勝	複勝
1位	7	12	ヴァンガーズハート	ーー	4.3(1 位)	2.0−2.5(3 位)
2位	6	9	マイネルフォルツァ	14.6	7.9(3 位)	1.8−2.3(2 位)
3位	4	5	キョウエイブリッサ	15.4	5.5(2 位)	1.8−2.2(1 位)
4位	3	4	オックスリップ	18.1	8.5(4 位)	3.8−5.0(10 位)
5位	8	13	エマヌエーレ	20.5	10.0(7 位)	3.1−4.1(7 位)
6位	2	2	バーミリオンクリフ	20.8	8.9(5 位)	2.6−3.4(4 位)
7位	5	7	ハリウッドヒルズ	25.4	15.3(9 位)	3.4−4.6(9 位)
8位	8	14	クファシル	39.2	19.4(10 位)	2.8−3.6(5 位)
9位	6	10	ルージュイストリア	52.4	9.6(6 位)	3.1−4.0(6 位)
10 位	7	11	マルカシャルマン	64.8	11.9(8 位)	3.4−4.5(8 位)
11 位	4	6	エコログロリアス	142.5	77.2(14 位)	14.2−19.2(14 位)
12 位	1	1	ディヴァージオン	154.8	51.2(12 位)	9.9−13.4(13 位)
13 位	5	8	コンチトーホク	170	35.8(11 位)	9.1−12.3(12 位)
14 位	3	3	キーチズカンパニー	304.8	52.0(13 位)	7.6−10.3(11 位)

なお、まれに見る大混戦などで、②－⑤が1番人気、③－⑧が2番人気、というように馬連の上位人気2つの組み合わせに同一の馬番が含まれていないケースも見られるが、さすがにこれは正確な人気順を割り出せないので除外対象としている。

あくまで「馬連の上位人気2つの組み合わせ両方に登場する馬番の馬」が「本来あるべき1番人気馬」となると覚えておいていただきたい。

では、次の場合はどうすればいいか。

1番人気　①－⑤　3・9倍
2番人気　①－⑦　7・1倍
2番人気　①－⑨　7・1倍
4番人気　①－⑭　9・9倍

この①－⑦と①－⑨のように、馬連オッズがまったく同じの場合は、次のルールに則って順位をつけよう。

（1）馬連オッズが同値の場合は単勝オッズを比べる
（2）単勝オッズも同値の場合は複勝オッズの下限を比べる
※複勝オッズが1・4～1・8倍の場合、1・4倍が下限、1・8倍が上限

（3）複勝オッズの下限も同値の場合は複勝オッズの上限を比べる
（4）複勝オッズの上限も同値の場合は内枠の馬を上位とする

こうすれば必ず、最後まで順位付けがなされることになる。⑦と⑨を比較して、⑨の単勝のほうが売れていたら⑨を上位に、単勝オッズも複勝オッズもまったく同じなら、枠順が内の⑦を上位にとればいいのだ。

ちなみに、午前9時40分時点の朝一オッズを取得して、馬連順位を作成して……という作業が面倒だという方は、私が運営するサイトにて朝一オッズ表を無料で公開しているのでご安心いただきたい（詳細はカバーか、巻末のプロフィール欄を参照）。

オッズ間の断層前後に激走馬が存在する！

続いて、オッズ間に存在する「断層」に注目していこう。

蘆口式のオッズ理論では、**次位人気とのオッズ差が1・5倍以上開いている箇所を「断層」**と呼んでいる。

例えば5・8倍の馬が3番人気、9・1倍の馬が4番人気の場合、オッズ差が1・5倍以上（9・1÷5・8＝1・57）あるので、3番人気と4番人気の間には断層が存在するという見方をするということだ。

なぜ、断層に注目するのか？

単勝１番人気 4. 5 倍

単勝２番人気 5. 6 倍

単勝３番人気 5. 8 倍

断層発生

単勝４番人気 9. 1 倍

それは、オッズ断層直前の馬は、異常オッズの痕跡を示している可能性があるので、警戒したほうがいいからだ。従来はオッズ断層が生じないはずだったのに、当該馬への異常投票（大量投票）が実行されたことによって、オッズ断層が発生した可能性がある――そのように考えることができる。

あと、これは統計上明らかになっていることなのだが、断層は単複の場合は直前オッズに、馬連の場合は朝一オッズに注目するのが効果的。よって、朝一オッズを活用する【追切インサイダー】では、馬連の断層にのみ注目しておけば問題ない。

私が運営する無料サイトでも、断層部分に太線を引いたオッズ情報を公開しているので活用しやすいだろう。

また、断層の直前だけでなく直後（先の例の場合だと４番人気）にも注目するといい。こちらも統計学によるところだが、断層後のオッズは団子状態になることが多く、その混戦を抜け出して上位に来ている馬（＝断層直後の馬）の好走率は、通常よりも高くなるからだ。

断層を見つけたら、とにかく前後の馬に注目！

本来のオッズ		異常投票後のオッズ
単勝１番人気 4.5 倍		単勝１番人気 4.5 倍
単勝２番人気 5.6 倍	異常投票	単勝２番人気 5.6 倍
単勝３番人気 7.0 倍	→	単勝３番人気 5.8 倍
単勝４番人気 9.1 倍		単勝４番人気 9.1 倍

このように覚えておくといいだろう。

Ｐ１０９に掲載した福島２Ｒのオッズ表を改めて確認すればわかるように、１着のベルシャンソンは断層直後、２着のサンマルリアンは断層直前、３着のウワサノアノコは断層直後というように、このレースは断層前後の馬で決着した。

朝一オッズを活用して異常オッズを見つける際は、**単複は上昇度を見る、馬連は断層を見る**ということを習慣にするように心がけていただきたい。

レースの波乱度も朝一オッズで判定できる

これまで、オッズから激走確率の高い馬（おもに人気薄）を見抜く方法をお伝えしてきたが、今度は馬単位ではなくレース単位に目を向ける。オッズを分析すると、これから行なわれるレースが堅く収まりやすいのか、それとも波乱含みなのか——すなわちレースの波乱度を見抜くことができるのだ。

レースの波乱度判定はオッズ理論が非常に得意とする分野で、どの時間帯に取得したオッズでも、波乱度合いを的確に判定することが可能。私のように、四六時中オッズとにらめっこをしている人間なら、オッズの形態をひと目見ただけで、堅いか荒れるかがだいたいわかってしまう。

いうなれば、気象予報士の競馬版だ。優秀な気象予報士は、空模様を見て、雲の大きさや動きなどから「だいたい〇時間後に雨が降る」ということを、ピタリと言い当てるという。天気予報における雲（空模様）は、競馬予想ではオッズに該当する。オッズ分析を究めると、そんな芸当がお手の物になるのである。

最終的には「どの馬を買うか」が重要になってくるわけであり、配当が安かろうが高かろうが競馬は馬券を獲った者勝ちのゲームだが、あらかじめレースの波乱度がわかっていれば、馬券の組み立てが劇的に楽になり、無駄な組み合わせを買わずに済む。それは大きい。

高配当の組み合わせに広く網を張るか。それとも、人気サイドで絞って勝負するか。オッズを使ってレースの波乱度を把握していれば、このジャッジを的確に行なうことができるのだ。

チェックすべき最重要ポイントは**「朝一単勝オッズ30倍以下の頭数」**である。

単勝オッズ30倍以下の頭数が多いということは、いわゆる人気が割れていて混戦模様の状況を示している。馬券圏内に入る可能性があると考えられている馬が多いがゆえに起きる現象だ。イメージとしては競馬新聞の印が分散しているようなレースになる。

出走頭数	朝一単勝オッズ 30 倍以下の基準頭数
5 ～ 6 頭	5 頭
7 ～ 8 頭	6 頭
9 ～ 10 頭	7 頭
11 頭	8 頭
12 頭	9 頭
13 ～ 14 頭	10 頭
15 頭以上	11 頭

例えば、10 頭立てのレースで朝イチ単勝オッズ 30 倍以下の馬が7頭以上いたらレースの波乱確率は上昇する。

朝一単勝オッズ30倍以下の馬が何頭いれば波乱になりやすいのかについて、具体的な基準を紹介していこう。それは、出走頭数次第になる。というのも、出走頭数によって朝一単勝オッズ30倍以下の頭数の価値が異なってくるからだ。

右ページ下に示した基準の頭数以上であれば、下位人気馬が馬券圏内に入線する確率＝穴馬のチャンス度が高くなる。もちろん、基準を上回れば上回るほど波乱度は上昇し、下回るほど堅く収まる確率が高くなる。

件《くだん》のベルシャンソンのレースは朝一単勝30倍以下の馬が11頭（15頭立て）、ルージュイストリアのレースは朝一単勝30倍以下の馬が10頭（14頭立て）と、いずれも基準を上回っていたため、私は自信を持って穴馬から勝負することができた。

時代は変われどオッズの重要度は不変

馬券術【追切インサイダー】において調教がキモとなることは、これまで再三お伝えしてきた通りだが、だからといって蘆口真史の屋台骨を支えるオッズを軽んじるようになったわけではない。

それどころか、オッズに対するこだわりは、終始一貫して変わることはない。その理由について、本章の最後に簡単にお話ししておこう。

私がオッズにこだわる理由——それは、オッズは時代の流れとともに、つねに進化しているからだ。「オッズの進化」といってもなかなかピンとこないと思うので、私のいわんとしているところをわかりやすく説明していきたい。

まず、オッズうんぬん以前に競馬という競技そのものが、年々進化を遂げている。競馬場やコースが改修もしくは新設され、馬場の管理技術が向上し、馬具や飼料にこれまでなかったものが導入され、地方や海外から新たな腕利きが参戦している。

このように、競馬を取り巻く環境は、日々めまぐるしく変わっている。

すると当然、競馬ファンの予想方法やアプローチの観点も、それに対応して変えていかなければならない。「それまでと同じやり方」が通じなくなり、古い常識にしがみついていても勝てない状況が自然とつくられていく。

例えば、指数という概念が競馬予想になかったころ、アンドリュー・ベイヤーによってもたらされたスピード指数の手法を用いれば、簡単にオイシイ配当を得ることができた。スピード指数上位馬が人気薄というケースは、掃いて捨てるほど存在した。

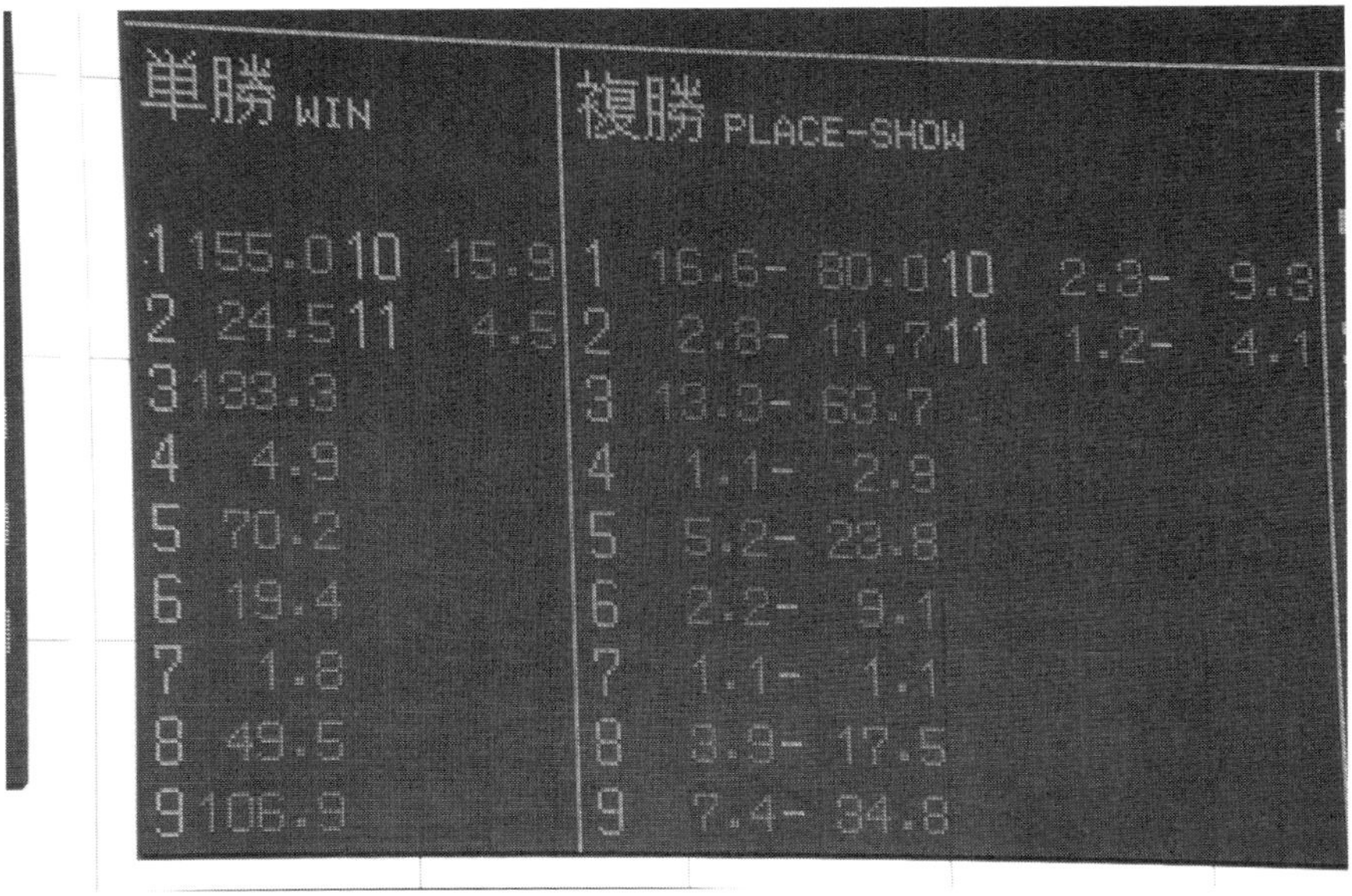

ところが、スピード指数が一般的に浸透しきった現代においては、状況が一変。スピード指数上位馬はおのずと上位人気になる傾向が強まり、穴馬を的確に拾い上げる予想ファクターとしては機能しづらくなってしまったのだ。

私は決して、スピード指数を低く評価しているわけではない。それこそ、競走馬の能力を〝客観的に〟判断するツールとしては、非常に優秀なものと認識している。

ただし、世に出始めた当時と比べ、妙味がなくなってしまった事実は否めない。競馬が進化すれば、競馬予想法も進化する。同じようなアプローチで攻めて、同じような結果が得られるとは限らない。スピード指数を取り巻く状況の変化をみれば、それは一目瞭然である。

しかし、オッズは違う。

いつの時代も、1番人気の勝率は30%前後で一定している。毎年、毎年、約30%。この数字は、今後も変わることはないだろう。これは、いかにも当たり前のことのように感じるかもしれないが、実はとてつもなく凄いことなのだ。

繰り返すが、競馬は日々進化し、変化している。そして、1番人気になる馬の質もそれに応じて変わってくる。

わかりやすい例でいうと騎手。かつては岡部幸雄騎手が最も1番人気になりやすいジョッキーだった。それが武豊騎手へと受け継がれ、ルメール騎手&川田騎手という具合に、時代とともに移り変わってきている。

にもかかわらず、1番人気の勝率は毎年変わらない。

これこそが、競馬の進化に歩調を合わせてオッズも進化し続けていることの何よりの証明である。

オッズはいわば、時代の流れに左右されない、永久不変の予想ファクター。

だから私は、オッズこそが最強のファクターであり、オッズを分析することが勝利へのいちばんの近道であると断言しているのだ。

第5章

馬券術【追切インサイダー】実践編

「急加速力×異常オッズ=激走馬発見!」までの手順

追切時の高い急加速力をチェックするだけでも、十分に勝てる。

オッズ理論だけでも、文句なしに勝つことができる。

そして、追切理論とオッズ理論、この両方を融合させることにより、馬券の精度は驚異的に高まる。

だからこそ、私はこの馬券術のタイトルを【追切インサイダー】と名づけた。追切で調子と能力を把握することに加えて、異常オッズからインサイダー投票を見抜くことにより、一般競馬ファンではとうてい気づかないような激走馬を見いだせるのである。

追切とオッズを組み合わせて馬券を構築するおもな流れは、次のようになる。

①追切で急加速力などを確認して狙い馬候補を選ぶ（第2章、第3章を参照）

②異常オッズを確認して軸馬の取捨選択をする（第4章を参照）

③レースの波乱度を確認して買い目を構築する（第4章を参照）

順番に説明していこう。

最初に行なうのは「①追切で急加速力などを確認して狙い馬候補を選ぶ」である。

出走馬の追切から急加速力を確認して狙い馬候補を選定するのだが、ひとつのレースに急加速力を記録した馬が複数頭いることは珍しくない。

そこで、急加速力を示した馬に、次のようにざっくりとランクをつけていく。

・両ボーダーをクリアし、圧倒的な急加速力上位馬（大勝負馬）　↓　Ｓランク

・最も高い急加速力で両ボーダーをクリアした馬　↓　Ａランク

・ボーダーはクリアしたものの、軸には選ばれなかった急加速力上位馬　↓　Ｂランク

・ボーダーをクリアできなかったものの、高い急加速を示した馬　↓　Ｃランク

もうおなじみとなった、２０２３年7月15日福島２Ｒを例にとって説明していきたい（下の表）。

軸馬候補は５ハロン（４ハロン）ボーダーおよび、１ハロンボーダーをクリアしている4頭（ベルシャンソン、ルレーブアマゾン、サンマルリアン、ブレードランナー）から選ぶわけだが、この４頭ではベルシャンソンの急加

■2023年7月15日・福島2R

馬番	馬名	追切日	追切コース	5F(4F)	3F(2F)	1F	5F(4F)ボーダー	1Fボーダー	急加速力
14番	ベルシャンソン	6月28日	美浦W	67.9	37.4	11.0	○	○	1.6
9番	ルレーブアマゾン	7月12日	美浦W	67.8	38.3	11.8	○	○	0.8
5番	サンマルリアン	7月12日	美浦W	68.5	38.3	12.0	○	○	0.6
6番	ブレードランナー	7月12日	美浦W	67.5	37.1	11.8	○	○	0.2
4番	オズモポリタン	7月5日	美南B	72.6	39.8	11.8	×	○	1.5
2番	スカイラー	7月12日	美浦W	70.2	39.2	11.8	×	○	1.3
15番	ウワサノアノコ	6月28日	美南P	70.3	40.1	12.4	×	○	1.3
3番	カフェクリア	6月25日	美浦W	72.1	39.3	12.1	×	○	0.9
8番	ロゴナンバーワン	7月12日	美浦W	69.7	38.4	11.9	×	○	0.7
1番	エリザベスベイ								
7番	カヤドーブラック								
10番	シズカノウミ								
11番	エドノアンジェラス								
12番	ウォーカーカップ								
13番	クレイプマートル								

速力1・6が群を抜いている。ほかとは大きな差があるので、ベルシャンソンはSランクとした。

続いて、ボーダーをクリアしているなかでの急加速力上位馬をBランク、その他の馬をCランクとしている。

これに加えて、第3章で説明した応用編の内容を確認して、ポジティブな要素が多い馬はランクアップ、ネガティブな要素が多い馬はランクダウンというふうに調整していくと、さらに精度は高くなる。

このように、第2章、第3章の流れにしたがって予想をしていけば、①のステップは終了となる。

続いて「②異常オッズを確認して軸馬の取捨選択をする」にとりかかる。朝一オッズを確認して、異常オッズがないかどうかを調べていくのだ。第4章で説明した通り、馬連と比較して単複での上昇度、馬連の断層をチェックするのである。

単複の上昇度として活用する公式が「連単複差」。次の公式で求めることができる。

連単複差　＝　（朝一馬連順位　－　単勝順位）　＋　（朝一馬連順位　－　複勝順位）

連単複差の値が大きいほど、オッズの異常度が高く、激走の可能性がアップする。

このレースの連単複差は、左ページの表のようになる。

連単複差が大きいのは、ベルシャンソンとルレーブアマゾンだ。公式に当てはめると、ベルシャンソンは（7－2）＋（7－2）＝10。なので連単複差は10。ルレーブアマゾンは（11－7）＋（11－5）

■2023年7月15日・福島2R　朝一オッズ（太い罫線の部分が断層）

馬連順位	枠番	馬番	馬名	オッズ	単勝	複勝	連単複差
1位	6	10	シズカノウミ	―	4.6(1位)	1.6-1.8(1位)	0
2位	3	4	オズモポリタン	9.6	8.6(5位)	2.2-3.0(4位)	-5
3位	2	2	スカイラー	12.1	6.7(3位)	2.2-2.9(3位)	0
4位	5	8	ロゴナンバーワン	12.3	12.6(8位)	2.5-3.3(6位)	-6
5位	2	3	カフェクリア	19.4	7.5(4位)	4.5-6.1(9位)	-3
6位	3	5	サンマルリアン	26.0	14.9(9位)	3.7-4.9(8位)	-5
7位	8	14	ベルシャンソン	39.2	6.5(2位)	2.2-2.8(2位)	+10
8位	7	13	クレイプマートル	50.0	29.2(11位)	6.0-8.2(11位)	-6
9位	4	7	カヤドーブラック	59.0	9.4(6位)	3.6-4.8(7位)	5
10位	4	6	ブレードランナー	60.9	20.2(10位)	5.6-7.6(10位)	0
11位	5	9	ルレーブアマゾン	74.7	12.2(7位)	2.5-3.3(5位)	+10
12位	8	15	ウワサノアノコ	330.8	83.6(14位)	17.6-24.4(14位)	-4
13位	1	1	エリザベスベイ	335.6	40.9(12位)	10.4-14.4(12位)	+2
14位	7	12	ウォーカーカップ	381.2	45.2(13位)	10.5-14.6(13位)	+2
15位	6	11	エドノアンジェラス	508.3	112.2(15位)	18.4-25.5(15位)	0

＝10。なので、こちらも連単複差は10となる。

続いて、オッズの断層も確認する。第4章で説明した通り、次位人気とのオッズ差が1・5倍以上開いている状態を蘆口式オッズ理論では「断層」と呼ぶ。そして断層の前後にいる馬は好走率が高くなる。

断層は、馬連順位4位と5位、6位と7位、そして11位と12位の間、全部で3つ存在することになる（上の表）。断層から注目すべき馬は、ロゴナンバーワン、カフェクリア、サマルリアン、ベルシャンソン、ルレーブアマゾン、ウワサノアノコの6頭だ。

ここまでの、①で算出した急加速ランク、②で算出した連単複差とオッズ断層、すべてをまとめたものが次ページの表である。

高い急加速力でランクS、軸馬に選定したベルシャンソンは、連単複差がプラス10と非常に高く、オッズ断層の後押しもある。つまり、自信を持って大勝負ができる。

逆に、追切で軸馬候補として挙がっていても、朝一の異常オッズを確認してイマイチな場合（連単複差がマイナスになっているなど）は、レースを見送るのが無難である。

■2023年7月15日・福島2Rの急加速力ランク〜オッズ断層

馬番	馬名	急加速力ランク	連単複差	オッズ断層
1番	エリザベスベイ		○	
2番	スカイラー	B		
3番	カフェクリア	C	×	○
4番	オズモポリタン	B	×	
5番	サンマルリアン	B	×	○
6番	ブレードランナー	C		
7番	カヤドーブラック		○	
8番	ロゴナンバーワン	C	×	○
9番	ルレーブアマゾン	B	○	○
10番	シズカノウミ			
11番	エドノアンジェラス			
12番	ウォーカーカップ		○	
13番	クレイプマートル		×	
14番	ベルシャンソン	S	○	○
15番	ウワサノアノコ	B	×	○

そして最後に「③レースの波乱度を確認して買い目を構築する」だ。

このレースは出走頭数15頭に対して、朝一単勝オッズ30倍以下（単勝1・0倍〜30・0倍）の馬が11頭もいる。朝一単勝30倍以下の馬が多ければ多いほど波乱度の高いレースなので、これは荒れる可能性が高いレースだとわかる。

レースの波乱度に応じて、ヒモ馬をどのあたりまでカバーするかのイメージは、次のような感じである。

- **・波乱度【低】　ヒモ馬には4〜6頭前後を選ぶ**
- **・波乱度【普通】　ヒモ馬には6〜9頭前後を選ぶ**
- **・波乱度【高】　ヒモ馬には8〜12頭前後を選ぶ**

このように、波乱度の高いレースは手広く買うのがセオリーだ。全体の5ハロン（4ハロン）ボーダーや1ハロンボーダーを突破している急加速力馬を優先的に手広く押さえたあと、ボーダーを突破していない馬で急加速力が高い順に押さえておくのが基本的な考え方である。

あとは、買い目を構築すれば完了。馬券は軸馬を中心にして、フォーメーションで組み立てるのが基本だ。

3連系馬券であれば、**「1列目は軸馬、2列目は上位評価のヒモ馬、3列目は上位評価プラス下位評価のヒモ馬」**というイメージである。

波乱度の高いレースはヒモ馬を多めに選定したい。ベルシャンソンのように軸馬の精度が高ければ、ヒモ馬はある程度大雑把でも馬券収支は黒字にできる。

以上が、**【追切インサイダー】**の大まかな予想手順である。第2章からここまで続けて読んでいただき、理論にしたがって予想をすれば、誰でもベルシャンソンの的中馬券にたどり着けていたことに納得できると思う。

前走大敗×追切インサイダー＝10番人気が1着！

ここからは【追切インサイダー】がハマりやすいパターンを紹介しながら、実例を挙げて解説していこう。

急加速力は競走馬の調子の良さを示すだけでなく、能力そのものも示している。

しかし一方で、急加速力が高くても、前走ですでに好走していたり、過去のレース内容から能力の高さが世間に知れ渡っていたりする場合は、馬券的なウマ味がない。

【追切インサイダー】の真骨頂は、調子の良さ・能力の高さがバレていない馬を見つけられる点にあるので、前走で大敗した馬が絶好の狙い目になる。

ベルシャンソンも「前走大敗×追切インサイダー」の該当パターンであったが、ほかにも似たレースはある。

取り上げるのは、2023年10月1日・中山9R（3歳以上2勝クラス、ダ1800m※馬柱、配当はP130～131）だ。

秋の中山の閉幕週に行なわれたダート戦。抜けた1番人気はおらず、上位3～4頭の能力が拮抗したレースだと世間では見られていた。

このレースで急加速力をマークしていた馬は11頭。この11頭のなかで、5（4）ハロンボーダーと、

■2023年10月1日・中山9R

馬番	馬名	追切日	追切コース	5F (4F)	3F (2F)	1F	5F(4F)ボーダー	1Fボーダー	急加速力	ランク
10番	カランセ	9月21日	美浦P	67.6	38.6	11.5	○	○	1.9	S
11番	カフェプリンセス	9月27日	美浦W	68.5	38.4	11.5	○	○	1.4	B
7番	フェブランシェ	9月13日	美浦W	67.9	38.5	11.6	○	○	1.3	B
5番	オウギノカナメ	9月27日	美浦W	68.0	38.0	11.6	○	○	1.0	B
14番	オレデイイノカ	9月27日	美浦W	67.4	38.1	11.7	○	○	0.9	B
6番	ノーダブルディップ	9月27日	美浦W	67.2	37.7	11.7	○	○	0.7	C
1番	ティルドーン	9月28日	栗東坂	52.0	25.3	12.6	○	○	0.6	C
4番	コスモコラッジョ	9月21日	美浦W	65.2	37.2	11.7	○	○	0.5	
9番	トゥルボー	9月28日	美浦坂	54.2	25.5	12.8	○	○	0.5	
8番	デストロイ	9月13日	美浦W	70.3	39.5	11.5	×	○	1.9	C
12番	クリーンドリーム	9月14日	美浦W	72.9	40.5	12.0	×	○	1.7	C
2番	アクションプラン	9月27日	美浦W	70.5	39.4	12.3	×	×	0.0	
3番	レイメイ	9月27日	美浦W	67.3	38.3	12.2	○	×	0.0	
13番	サイモンルモンド	9月27日	美浦W	69.0	39.5	12.8	×	×	0.0	
15番	エスティメート	9月27日	美浦坂	55.2	27.1	13.1	×	×	0.0	
16番	スズノテレサ	9月27日	美浦W	70.1	39.9	12.3	×	×	0.0	

■2023年10月１日・中山９Ｒ　朝一オッズ（太い罫線の部分が断層）

馬連順位	枠番	馬番	馬名	オッズ	単勝	複勝	連単複差
1位	4	7	フェブランシェ	―	5.2(3位)	2.4-3.6(5位)	-6
2位	1	2	アクションプラン	11.5	4.7(2位)	1.2-1.4(1位)	+1
3位	1	1	ティルドーン	12.5	4.2(1位)	2.0-2.9(3位)	+2
4位	6	11	カフェプリンセス	13.6	6.2(4位)	1.9-2.9(2位)	+2
5位	3	5	オウギノカナメ	31.5	15.7(6位)	4.7-7.4(9位)	-5
6位	2	4	コスモコラッジョ	35.5	19.9(7位)	3.8-6.0(6位)	-1
7位	6	12	クリーンドリーム	38.5	8.3(5位)	2.1-3.1(4位)	+5
8位	8	15	エスティメート	53.4	24.8(8位)	6.0-9.6(11位)	-3
9位	7	14	オレデイイノカ	91.3	28.2(9位)	4.3-6.8(8位)	+1
10位	8	16	スズノテレサ	110.2	40.2(12位)	5.2-8.3(10位)	-2
11位	3	6	ノーダブルディップ	150.9	33.5(11位)	9.2-14.9(12位)	-1
12位	5	10	カランセ	155.2	33.5(10位)	3.8-6.0(7位)	+7
13位	5	9	トゥルボー	286.5	48.1(13位)	11.1-18.1(14位)	-1
14位	2	3	レイメイ	321.5	76.1(15位)	18.5-30.2(15位)	-2
15位	7	13	サイモンルモンド	376.3	63.9(14位)	10.8-17.5(13位)	+3
16位	4	8	デストロイ	618.7	101.0(16位)	21.3-34.8(16位)	0

１ハロンボーダーをクリアした馬は、なんと９頭もいた（右ページの表のランク馬）。

ただし、急加速力を確認すると、カランセの１・９がズバ抜けている。

カランセの戦績は、１年前に２勝クラスに昇級してから、11着、10着、15着、７着、７着、12着、と６連敗中。馬券に絡むどころか、掲示板に載ることすらできていないが、直近３走は、レースで上位の脚を使えており、能力を秘めている雰囲気はある。

８戦続けて騎乗した伊藤工真騎手から、若手売り出し中の佐々木大輔騎手へスイッチしたのも、「能力は秘めているからなんとかしたい」という陣営の勝負気配が感じられる。

それを踏まえたうえで、朝一オッズを確認してみたい（上の表）。

カランセの連単複差は、

（12－10）＋（12－7）＝7

よって、プラス７。このレースでいちばんの上昇度だ。

▼中山9Rの調教欄（左の馬柱とも競馬ブック）

【中山⑨レースつづき】

9R 調教 ★⑦フェブランシェ迫力満点★

6F 5F 半哩 3F 1F

①ティルドーン〔力強い脚捌き〕
23.1 栗坂良 1回 50.4 37.3 24.9 12.7 末強め追う
助手■栗坂良 1回 51.2 37.6 24.8 12.7 馬なり余力
助手◇栗坂良 1回 50.7 37.1 24.5 12.5 一杯に追う
助手22栗坂重 1回 51.8 37.7 24.3 12.2 一杯に追う
ラップスター（古馬1勝）馬なりを0.2秒追走ｸﾋ差遅れ
助手28栗坂良 1回 52.0 38.5 25.3 12.6 一杯に追う
ビシッと追われ、馬場の大外を力強く伸びた。デキ良好

②アクションプラン〔好馬体目につく〕
23.5 南W良 68.0 52.3 38.1 12.0 ③馬なり余力
助手■南W良 68.4 53.4 38.6 12.0 ⑤馬なり余力
助手◇南W稍 68.9 54.1 39.3 12.1 ⑨馬なり余力
助手13南W良 71.9 56.2 41.6 13.2 ④馬なり余力
助手18南W良 57.7 41.5 13.5 ①馬なり余力
助手21南W稍 69.5 53.3 39.1 12.5 ②馬なり余力
フライツァイト（新馬）馬なりの内0.4秒追走同入
助手24南W稍 60.5 43.5 14.5 ①馬なり余力
助手27南W良 70.5 54.4 39.4 12.3 ⑥馬なり余力
ペルセウスシチー（古ｵｰﾌﾟﾝ）末強めの外0.5秒先行同入
稽古は地味な馬。馬っぷりは上々。硬さも気にならない

③レ イ メ イ〔鋭さひと息〕
23.3 南W良 81.9 65.5 51.0 37.0 11.8 ⑤一杯に追う
調師■南W良 86.9 70.0 54.7 40.0 12.2 ⑤強めに追う
助手◇南W稍 66.7 52.1 38.4 12.5 ⑥一杯に追う
助手10南W稍 70.8 54.9 39.8 12.9 ④G前仕掛け
大江14南W良 72.8 57.4 42.6 14.1 ②馬なり余力
助手24南W稍 7F 97.8 82.2 67.6 53.0 38.5 12.2 ⑤強めに追う
助手27南W良 67.3 52.3 38.3 12.2 ⑤強めに追う
硬さが気になるし、反応も鈍かった。強調材料に欠ける

④コスモコラッジョ〔仕上がり良好〕
22.4 南W良 79.8 63.7 50.3 37.1 11.9 ⑥馬なり余力
助手■南W良 69.2 54.4 39.8 12.2 ⑥馬なり余力
助手◇南W良 68.7 53.4 39.1 12.3 ④馬なり余力
助手 7南W稍 67.9 53.0 38.6 12.6 ③馬なり余力
助手10南W稍 74.2 57.8 41.8 13.2 ⑤馬なり余力
助手15南W良 68.3 52.8 38.4 12.3 ⑥馬なり余力
ジョージテソーロ（二場）馬なりの外0.6秒追走同入
助手18南W良 75.2 58.3 41.9 12.9 ⑤馬なり余力
調師21南W稍 81.9 65.2 51.0 37.2 11.7 ⑤馬なり余力
調師24南W稍 71.5 55.2 40.2 12.9 ⑤馬なり余力
助手27南W良 68.6 54.1 40.1 12.6 ④馬なり余力
先週好調教。直前は気性考慮でセーブ気味。好仕上がり

⑤オウギノカナメ〔好気配保つ〕
22.12 南W稍 66.9 51.5 37.4 12.1 キリ不明
助手■札ダ良 68.6 52.8 38.5 12.2 ⑦G前仕掛け
助手18南W良 55.2 40.1 12.0 ③馬なり余力
助手21南W稍 68.8 53.0 38.3 11.8 ③馬なり余力
ワープスピード（古馬3勝）一杯の内0.4秒追走同入
助手24南W稍 56.4 40.9 12.5 ②馬なり余力
助手27南W良 68.0 52.9 38.0 11.6 ⑤馬なり余力
デコラシオン（古馬3勝）馬なりの外0.7秒先行同入
グロバーテソーロ（新馬）強めの内0.4秒追走0.2秒先着
2週連続で終いはスッと加速。落ち着きもある。好気配

⑥ノーダブルディップ〔遅れも余裕残し〕
21.6 南W良 65.5 51.6 38.1 12.8 ⑤馬なり余力
助手■南W良 84.2 67.9 52.5 37.6 11.6 ⑤馬なり余力
助手◇南W重 83.8 67.8 53.0 38.4 11.7 ⑤馬なり余力
助手10南W稍 60.6 44.3 14.1 ⑥馬なり余力
助手13南W良 57.6 41.3 13.0 ⑤馬なり余力
ネオフィロ（二場）強めの外0.7秒先行0.6秒先着
助手15南W良 59.3 42.6 13.6 ⑤馬なり余力
助手18南W良 83.5 67.9 53.1 38.3 12.1 ⑦馬なり余力
助手21南W稍 84.1 67.4 52.7 38.1 12.1 ③馬なり余力
カフェアローロ（二場）馬なりの内0.8秒追走同入
ネオフィロ（二場）強めの内0.4秒追走同入
助手24南W稍 85.4 69.7 54.6 39.6 12.6 ⑥馬なり余力
助手27南W良 82.5 67.2 52.3 37.7 11.7 ⑤馬なり余力
カフェサンドリヨン（古馬2勝）末強めの内0.9秒追走0.4秒遅れ
オレデイイノカ（古馬2勝）馬なりの内1.2秒追走0.4秒遅れ
先週よりは脚の運びがスムーズ。馬体もほぼ仕上がった

⑦フェブランシェ〔迫力満点〕
23.6 南W稍 81.1 65.8 51.4 37.3 11.7 ⑥馬なり余力
助手■南W良 83.6 67.6 52.6 37.8 11.8 ⑥馬なり余力
助手◇南W稍 83.4 67.6 53.0 38.3 11.5 ⑦馬なり余力
助手27南W良 55.1 39.3 12.2 ⑥馬なり余力
助手31南W良 82.2 66.4 51.6 37.3 11.8 ⑥馬なり余力
助手 3南W良 54.6 39.2 12.1 ⑤馬なり余力
助手 6南W良 83.3 66.4 51.7 37.9 12.3 ⑤馬なり余力
助手10南W稍 54.4 39.0 12.5 ④馬なり余力
助手13南W良 83.8 67.9 53.1 38.5 11.6 ⑥強めに追う
コスモヴィーコ（新馬）強めの内1.2秒追走0.2秒先着
助手17南W良 55.0 39.1 12.3 ⑤馬なり余力
助手21南W稍 82.2 66.4 51.8 37.2 11.3 ⑦馬なり余力
アインゲーブング（古馬3勝）馬なりの内0.3秒追走0.1秒先着
助手24南W稍 53.5 38.2 11.8 ⑥馬なり余力
助手27南W良 83.0 67.3 52.1 37.7 11.9 ⑤馬なり余力
ホイッスルソング（古馬1勝）馬なりの内0.2秒追走0.1秒先着
推進力に溢れる走り。好馬体も目を引く。仕上がりは◎

⑧デ ス ト ロ イ〔あまり変わり身無〕
22.5 南W良 65.9 50.8 36.5 11.8 ②一杯に追う
蓑島■南W稍 67.7 52.6 37.7 11.6 ②一杯に追う
助手◇南W重 69.1 53.6 39.4 13.0 ②一杯に追う
助手30札ダ良 86.1 69.4 54.5 40.3 12.3 ④G前仕掛け
*助手10南W稍 87.6 70.6 55.2 40.3 12.3 ⑧強めに追う
助手13南W良 70.3 54.6 39.5 11.5 ②一杯に追う
マイネルニコラス（古馬2勝）馬なりの内0.8秒追走0.2秒遅れ
助手21南W稍 67.9 53.4 38.5 11.9 ②強めに追う
ブレイクザアイス（古馬1勝）末強めの内0.1秒先行0.1秒先着
助手24南W稍 60.1 44.4 14.5 ①馬なり余力
野中27南W良 85.7 69.8 54.6 39.7 12.3 ②馬なり余力
ブレイクザアイス（古馬1勝）馬なりの内0.2秒追走同入
年齢的なものか、良化がスロー。動きが変わってこない

⑨トゥルボー〔太めも力強い〕
19.2 美坂稍 2回 53.7 38.9 25.5 13.1 一杯に追う
石神■南W稍 82.8 66.2 52.0 37.9 12.1 ③馬なり余力
美浦プール 8月11日 17日2周 19日2周 20日2周
美浦プール 23日2周 26日2周 9月 8日4周 13日4周
石神27南W良 71.7 56.2 40.8 13.4 ⑧馬なり余力
*石神 6南試良 116.4 67.8 52.8 38.6 13.0 ③馬なり余力
ゼニット（古馬1勝）馬なりの外同入
石神14南W良 44.4 14.2 ②馬なり余力
石神22南W稍 88.8 71.9 56.5 41.2 12.6 ⑧馬なり余力
石神28美坂良 1回 54.2 39.3 25.5 12.8 馬なり余力
コンクエスト（古馬2勝）馬なりに0.2秒先行同入
太めながら適度に気合が乗ってきて、相変わらず力強い

⑩カ ラ ン セ〔集中力ひと息〕
21.6 南W良 66.5 51.5 38.3 12.8 ⑥強めに追う
伊工■南W稍 71.5 55.8 40.7 12.9 ⑥馬なり余力
伊工◇南W良 86.4 69.5 54.0 39.3 12.3 ⑦強めに追う
助手14南W良 85.7 69.7 54.1 39.3 12.4 ⑨馬なり余力
伊工18南W良 87.7 70.8 54.8 39.5 12.3 ⑨馬なり余力
助手21南P良 67.6 52.4 38.6 11.5 ⑧一杯に追う
助手24南W稍 56.4 40.2 11.8 ⑧G前仕掛け
エチャケナ（二場）馬なりの外1.5秒先行0.2秒先着
助手27南W良 87.3 70.9 54.9 39.7 12.0 ⑦強めに追う
助手29美坂良 1回 62.4 45.9 29.3 14.0 馬なり余力
先週、今週と気難しい面が目立った。強調材料に欠ける

⑪カフェプリンセス〔単走だけに上々〕
23.6 南W良 78.9 64.4 50.7 37.3 12.5 ⑥強めに追う
助手■南W良 69.3 53.4 38.7 11.9 ⑦馬なり余力
助手31南W良 71.5 55.0 39.6 12.1 ⑦馬なり余力
助手 6南W良 7F 98.6 83.5 68.3 53.0 37.6 11.7 ⑤馬なり余力
助手14南W良 67.5 52.4 37.7 12.0 一杯に追う
プリンスミノル（古馬3勝）末強めの外0.4秒先行0.2秒遅れ
調師24南W稍 85.5 68.8 54.2 39.7 12.8 ⑦馬なり余力
助手27南W良 84.8 68.5 53.3 38.4 11.5 ⑦馬なり余力
少し調整が軽い期間はあるが、直前の動きは機敏。整う

⑫クリーンドリーム〔ブリンカー着用〕
22.3 南W良 83.9 66.9 51.9 37.7 11.6 ⑦強めに追う
横武■南W良 84.7 68.3 52.9 38.7 11.9 ⑦一杯に追う
助手◇南W良 87.3 70.7 55.4 40.7 12.8 ⑤馬なり余力
助手 2南W良 71.1 55.4 40.5 12.8 ⑦馬なり余力
小大 6南W良 86.3 70.1 54.6 39.6 11.9 ⑦一杯に追う
小大10南W稍 71.3 55.0 39.7 12.2 ⑧馬なり余力
小美14南W良 72.9 56.6 40.5 12.0 G前仕掛け
トモジャシーマ（古馬1勝）馬なりの内0.3秒追走同入
助手21南W稍 85.8 68.8 54.2 39.8 12.0 ⑨強めに追う
サトミノマロン（古馬2勝）馬なりの外0.7秒先行0.1秒遅れ
サトミノエガオ（新馬）末強めの外0.8秒先行同入
小美27南W良 85.3 69.1 54.3 39.5 12.0 ⑥馬なり余力
モリノセピア（新馬）強めの外0.5秒先行0.1秒先着
Bを着用。先週より前向きさが感じられた。態勢は整う

⑬サイモンルモンド〔立て直すもひと息〕
23.3 南W良 82.3 66.4 52.0 37.7 12.0 ⑧一杯に追う
助手■CW良 83.2 67.9 53.7 40.9 13.9 ⑧一杯に追う
助手◇南W良 70.2 54.5 39.2 12.4 ⑦一杯に追う
助手21南W稍 70.3 55.4 41.0 13.5 ⑨馬なり余力
助手24南W稍 70.8 55.5 41.0 13.5 ⑧馬なり余力
助手27南W良 69.0 54.2 39.5 12.8 ⑨一杯に追う
全体時計、1ハロンが遅く、進みが鈍かった。本調子を欠く

⑭オレデイイノカ〔脚取り確か〕
22.2 南W稍 82.1 66.1 51.6 37.7 12.2 ④強めに追う
助手■南W良 86.1 69.3 54.6 39.7 11.9 ④馬なり余力
助手◇南W良 85.5 69.3 54.2 39.4 12.0 ⑥馬なり余力
助手18南W良 56.6 40.1 12.3 ⑤馬なり余力
内博21南W稍 86.0 69.6 54.2 39.0 12.1 ⑥馬なり余力
シルヴァティカ（古馬1勝）馬なりの内1.3秒追走0.1秒遅れ
ピュアキショウ（新馬）馬なりの内0.6秒追走0.1秒遅れ
助手24南W稍 70.0 54.5 39.8 12.6 ⑥馬なり余力
助手27南W良 83.3 67.4 52.5 38.1 11.7 ⑦馬なり余力
カフェサンドリヨン（古馬2勝）末強めの外0.3秒先行同入
ノーダブルディップ（古馬2勝）馬なりの外1.2秒先行0.4秒先着
攻め量の割に太め感はない。動きもスムーズ。一応整う

⑮エスティメート〔追走遅れ不安なし〕
23.1 美坂稍 1回 52.0 38.2 25.0 12.5 末強め追う
杉原■南P良 66.1 51.4 37.9 11.5 ⑦馬なり余力
助手17南W良 72.7 55.9 40.5 12.4 ⑦馬なり余力
杉原21南W稍 67.5 53.0 39.0 12.8 ⑥馬なり余力
コスモカノア（二場）一杯の外0.9秒追走0.4秒先着
ビルカバンバ（新馬）一杯の外0.8秒追走0.6秒先着
助手24南W稍 73.9 56.9 41.8 13.3 ⑦馬なり余力
助手27美坂良 55.2 40.8 27.1 13.1 一杯に追う
マイバウム（障場）強めを1.2秒追走0.1秒遅れ
ビルカバンバ（新馬）一杯を0.8秒追走同入
体つきがしっかりとして、負荷をかけてもへこたれない

⑯スズノテレサ〔この一追いで良化〕
22.8 南W良 66.7 51.7 37.5 11.9 ⑥馬なり余力
津村■南W良 84.5 68.5 53.7 39.0 11.9 ⑦G前仕掛け
助手18南W良 90.2 73.8 58.4 42.8 13.1 ⑥馬なり余力
助手21南W稍 71.6 56.7 41.5 13.0 ⑨馬なり余力
助手24南W稍 56.6 40.1 11.8 ⑨馬なり余力
ウインマーベル（古ｵｰﾌﾟﾝ）末強めの外1.2秒先行同入
助手27南W良 87.0 70.1 54.8 39.9 12.3 ⑨一杯に追う
ウインマーベル（古ｵｰﾌﾟﾝ）一杯の外0.9秒先行0.4秒遅れ
いつも以上に稽古は地味。太めはなく、これで上向けば

1着⑩カランセ （10番人気）

2着①ティルドーン （2番人気）

3着⑪カフェプリンセス （4番人気）

単⑩ 4740円 複⑩ 840円 ① 190円 ⑪ 200円

馬連①－⑩ 8420円 馬単⑩→① 25930円

ワイド①－⑩ 2440円 ⑩－⑪ 3240円 ①－⑪ 560円

3連複①⑩⑪ 14430円 3連単⑩→①→⑪ 149660円

●2023年10月1日・中山9R
（3歳上2勝クラス、ダ1700m稍重）

発走 14:25	中山 WIN5① 9	3歳以上2勝クラス 1800メートル（ダ・右）（指定）(混) 定量		推定タイム クラス 1800ｍダ 良 1.53.1 重不 1.51.3	伏兵多し	
馬番・枠番	吉吉田松安林本 岡田村智中茂紙			前々走	前走	クラス・距離
1 1 白	関西(58.7)59.0 ◎〇〇△〇△◉ 4.4←圏	川田 55 1001	モーズスピリット(中) 牡3 (外)ティルドーン フォローマイティイル(米) 栗毛 Indian Charlie(中) 中京 藤田晋 Bキング **2**	森 0.0.0.1 2-1-2-5 900 ①…④… 0 1	2新③8・5 1勝クラス15ト1 天ダ1525 川田55▲ M36.7-37.8①①①①内 0.2スマラグドス512 1 2 栗坂 51.2 37.6 12.7 〇	3新⑧9・3 両津2勝15ト4 天ダ1528 川田55▲ H36.0-38.9②②②②内 タイセイエピ0.4 518 14 3 栗坂 50.7 37.1 12.5 〇	クラス2度目 0001 0002
2	(58.2)55.6 ▲▲▲▲▲〇▲ 7.4←圏	戸崎 55 1000	(父)リオンディーズ(中) 牡3 アクションプラン シャプレドサクレ⓪ 黒鹿 タートルボウル(中) 関田光男 木下牧場	池上和(美) 0.0.0.0 2-3-1-4 逃0先4差1追0 900 ☆・⑰・・・・・ 中5週0000	3東⑤6・17 1勝クラス16ト1 天ダ1363 戸崎55△ M35.9-35.7 ②②②内 0.3ヴァナルガン500 16 3 南W5 68.4 38.6 12.0 〇	3新④8・20阿賀2勝18ト17 三芝内A2199内田博55 M34.7-42.4⑩⑩⑰⑱外 リビアングラ8.6 498 17 12 南W5 68.9 39.3 12.1 〇	ダートで巻き返し 0001 0011
3 2	(55.9)56.4 ：：：：：：： 38.5←圏	丸山 58 初騎乗	ザファクター(短中) 牡4 レイメイ タイムピース(米) 鹿毛 ルーラーシップ(中) 岡浩二 サンデーヒルズ	的場(美) 0.0.0.4 2-1-1-12 逃0先0差3追0 900 ・・・⑨・・・・ 中4週0000	3福⑤7・15大府2勝16ト13 天ダ1559 秋山真58 M38.8-39.3⑩⑨⑫⑬外 ゼットリアン3.0 480 1 15 南W 85.3 40.1 12.4 〇	2札⑥8・27W③2勝14ト9 毛ダ1462 川田58 M38.2-37.6⑬⑬⑫⑫外 ナチュラルハ2.0 486 5 7 南W5 66.7 38.4 12.5 〇	健闘っても 0005 0000
4 黒	B (59.9)58.6 △：△：△△△ 10.3←圏	丹内 58 1002	シンボリクリスエス(中長) 牡5 コスモコラッジョ マイネフェリックス② 鹿毛 アグネスデジタル(短中) ビッグレッドF 金石牧場	嘉藤(美) 1.0.1.5 2-5-4-13 逃4先0差3追0 900 ・2カ月放牧・・ 中9週0001	2福②7・2いわ2勝12ト2 毛ダ1459菅原明58B◎ M37.5-37.6⑧⑨⑦⑥中 プリンスミノ0.3 506 5 3 南W5 69.2 39.8 12.2 〇	2福⑧7・23横手2勝15ト7 毛ダ1466津村58B◎ M39.2-37.6⑭⑭⑦⑦外 ロードバルド1.2 510 1 1 南W5 68.7 39.1 12.3 ◎	本来地力上位 0203 0105
5 3	(56.3)57.9 △▲：△：▲△ 6.8←圏	横山武 55 1101	(父)キタサンブラック(中) 牡3 オウギノカナメ ジェラスガール(米) 青鹿 Petionville(中) 嶋田賢 三嶋牧場	高木登(美) 0.0.0.1 2-1-1-4 逃0先2差1追0 900 ・・・・・①・・・ 中3週0000	1札①7・22 1勝クラス14ト2 毛ダ1466 横山武55〇 H36.2-39.2④②②②中 フォーワンセ0.3 464 10 4 南W5 69.0 38.9 13.1 〇	2札⑦9・2 1勝クラス13ト1 毛ダ1466横山武55C〇 H37.1-38.0⑤⑤④③中 0.4サムハンター466 14 2 札ダ5 68.6 38.5 12.2 〇	勢い侮れずに 0000 1000
6 赤	(58.1)55.1 ：：：：：：： 40.6←圏	北村宏 58 1225	(父)リーチザクラウン(中) 牡5 ノーダブルディップ リトルディッパー② 鹿毛 アグネスワールド(短中) 丸山担 社台ファーム	古賀慎(美) 0.0.0.0 2-5-3-15 逃1先6差0追0 900 ・4カ月休養・・ 中14上・6月0002	2東①5・27葉山2勝14ト12 天芝C1337津村58 M34.7-36.2 ④③②外 モズゴールド2.1 542 10 7 南W 83.8 38.4 11.7 〇	リフレッシュ・放牧 本調子には今ひと息 初戦②着 推定馬体548 中9週以上0002	ダート前進可 0126 1103
7 4	B (56.7)57.0 〇◎◎〇◎◎〇 3.3←圏	西村淳 53 初騎乗	(父)リアルスティール(中) 牝3 フェブランシェ マイティースルー④ 芦毛 クロフネ(中) キャロットF ノーザンファーム	黒岩(美) 0.0.0.0 2-0-0-2 逃0先2差0追0 900 ・3カ月半休養・ 中14上・6月0000	川崎③6・14関東オJⅡ13ト7 三ダ2219ルメール54B◎ S37.9-42.6①①①②外 パライバトル1.5 530 13 2 南W 83.4 38.3 11.5	馬体調整・放牧 仕上がり良好 初戦⑤着 推定馬体528 中9週以上1001	素質馬改めて 0000 0000
8 青	B (53.6)55.1 ：：：：：：： ☆←圏	野中 58 0003	(父)キングヘイロー(中) 騸9 (地)デストロイ キーラッキー⓪ 栗毛 ティンバーカントリー(中) 諸岡慶 藤本直弘	高橋裕(美) 0.0.1.6 1-4-6-24 逃0先0差5追0 740 ・・⑧・・・・☆・ 中5週0012	1福⑤4・22オープン14ト10 芝3490蓑島60B F13.55後39.1①①①①外 マイネルグロ3.1 500 5 13 南W5 70.1 39.1 11.7 〇	2札④8・20大通2勝14ト8 毛ダ1483山田敬58B M39.0-37.9⑥⑧⑦⑦中 ミラクルティ1.2 510 11 14 南W5 69.1 39.4 13.0 △	9歳どこまで 0019 00110
9 5	(——)53.4 ：：：：：：： 25.1←圏	石神 58 初騎乗	(父)オルフェーヴル(中長) 牡7 トゥルボー フェアエレン② 栗毛 Street Cry(中) (株)ノースヒルズ ノースヒルズ	小笠(美) 0.0.1.1 2-2-4-15 逃0先0差4追0 900 ・2年休養・・・ 9カ月以上0000	5阪③9・18阪神JGⅢ10ト1 芝3383石神60△ F13.23後38.1⑥⑦③②中 0.5サーブルオー512 8 3 南W 82.8 37.9 12.1 ◎	脚部不安・放牧 もうひと追い欲しい 初戦⑩着 推定馬体520 中9週以上2014	まずは無事に 0002 1017
10 黄	(57.3)55.8 ：：：◎：：： 33.1←圏	☆佐々木大 55 初騎乗	ドレフォン(短) 牝4 カランセ サオヒメ③ 鹿毛 サンデーサイレンス(中) 野田努 レイクヴィラファーム **1**	金成(美) 0.0.0.4 2-0-[illegible]-13 逃0先0差[illegible]0 900 ・2カ[illegible]牧・・ 中8週[illegible]001	3東❶6・3 牝2勝16ト7 天ダ1366 伊藤工56 M37.3-35.3 ⑯⑯⑯内 ニシノカシミ1.6 470 13 15 南W5 69.1 37.8 11.9 〇	2新①7・29麒麟2勝15ト12 天ダ1537 伊藤工56 M38.9-37.3⑭⑭⑭⑮中 エメヴィベー1.3 470 6 13 南W 86.4 39.3 12.3 〇	静観が妥当で 0006 1002
11 6	(59.5)60.0 △△△△△△△ 7.5←圏	田辺 56 1202	(父)ドゥラメンテ(中) 牝5 カフェプリンセス カフェヒミコ③ 鹿毛 Bandini(中) 西川恭子 三石橋本牧場 **3**	中[illegible] 0.0.1.3 2-[illegible]-5 逃1[illegible] 900 [illegible] 中[illegible]000	2福④7・9天の2勝15ト2 毛ダ1459 田辺56〇 H35.7-38.4②③②①内 アシタガアル 478 12 2 南W5 69.3 38.7 11.9 〇	馬体調整・放牧 仕上がり良好 初戦①着 推定馬体480 中9週以上0212	全2勝舞台当 0211 0022
12 緑	B (59.0)56.7 ：：△：△：： 45.0←圏	★小林美 54 0010	ダンカーク(中) 牡5 クリーンドリーム マヤノメメント(米) 芦毛 フレンチデピュティ(中) 石橋和夫 下河辺牧場	鈴木伸(美) 0.0.0.3 2-0-2-15 逃0先0差2追0 900 ・・・・・・・☆・ 中8週0001	1函④6・18檜山2勝13ト5 毛ダ1456 富田58△ M37.9-37.2⑩⑩⑨⑦中 ハイエストポ0.5 482 8 6 函ダ4 59.0 43.3 13.5 〇	2新①7・29麒麟2勝15ト11 天ダ1536 津村58 M37.4-38.1⑦⑤⑧⑨内 エメヴィベー1.2 482 11 8 南W 87.3 40.7 12.8 △	減量魅力だが 0029 0002
13 7	(55.7)56.0 ：：：：：：： 33.1←圏	☆原 57 0015	(父)ダノンシャンティ(中) 騸6 サイモンルモンド プレゼンスウーマン② 栗毛 サクラローレル(中) 澤田昭紀 ヤナガワ牧場	小桧山(美) 0.0.0.6 2-1-1-35 逃0先0差1追2 900 ・2カ月放牧・・ 中9週0002	2福④7・9天の2勝15ト8 毛ダ1482 原58 H38.5-39.9⑮⑭⑪⑨外 アシタガアル2.3 452 5 14 南W 85.8 39.8 12.7 〇	1札②7・23大倉2勝14ト9 毛ダ1477 柴山58 S39.0-36.8⑪⑫⑭⑬外 シルバープレ1.0 454 1 14 南W5 70.2 39.2 12.4 〇	充電て多少経 00126 0108
14 橙	(59.0)58.9 ：：：：：：： 21.8←圏	内田博 58 27311	サウスヴィグラス(短) 牡5 オレデイイノカ グレイスフルアート⓪ 栗毛 ダイワメジャー(中) 福島徳佑 赤石牧場	古賀慎(美) 0.0.1.2 2-7-3-11 逃2先4差3追0 900 ・2カ月放牧・・ 中8週0101	3東⑦6・24清里2勝16ト7 芝ダ1246 内田博58〇 H35.9-36.5 ⑦⑥⑥内 モナルヒ0.6 500 3 7 南W5 66.8 37.2 11.8 〇	2新①7・29麒麟2勝15ト6 天ダ1531 内田博58△ M37.9-37.6⑩⑨⑧⑧外 エメヴィベー0.7 504 14 6 南W 85.5 39.4 12.0 〇	先行なら違う 02010 1114
15 8	(59.1)60.1 △△△△△△△ 19.1←圏	杉原 58 1106	ブリサイスエンド(短中) 牡4 (地)エスティメート インティワタナ① 栗毛 フサイチコンコルド(中) (有)ミルファーム 猿橋義昭	大和田(美) 1.0.0.2 1-2-1-18 逃0先0差3追0 770 ・・②・・・・・ 中5週0002	2福⑧7・23横手2勝15ト4 毛ダ1456 杉原58△ M37.0-37.0④⑤④④外 ロードバルド0.2 450 10 2 南W5 70.0 39.6 12.3 〇	3新③8・19瀬波2勝15ト2 天ダ1530 杉原58△ M36.7-38.7⑥⑥④③中 ゴールドバラ0.5 456 11 8 南P5 66.1 37.9 11.5 〇	中山と押し 0103 0113
16 桃	(54.5)56.2 ：：：：：：： 14.4←圏	松山 56 初騎乗	(父)ルーラーシップ(中) 牝4 スズノテレサ ピュアマインド② 黒鹿 ティンバーカントリー(中) 小紫嘉之 社台ファーム	深山(美) 1.0.0.0 2-0-1-5 逃0先0差2追0 900 ・6カ月休養・・ 6・9月未満1000	3中❶3・25牝1勝14ト1 天ダ1537 津村56△ M38.3-38.6⑥⑤④③内 0.2ハローサブリ452 6 3 南W 84.5 39.0 11.9 〇	馬体細化・放牧 仕上がりまずまず 初戦④着 推定馬体450 中9週以上1002	半年振昇級& 0000 0001

■2023年10月1日・中山9Rの急加速力ランク〜オッズ断層

馬番	馬名	急加速力ランク	連単複差	オッズ断層	1〜3着
1番	ティルドーン	C	○		2着
2番	アクションプラン		○		
3番	レイメイ		×		
4番	コスモコラッジョ		×		
5番	オウギノカナメ	B	×	○	
6番	ノーダブルディップ	C	×		
7番	フェブランシェ	B	×		
8番	デストロイ			○	
9番	トゥルボー	C	×	○	
10番	カランセ	S	○	○	1着
11番	カフェプリンセス	B	○	○	3着
12番	クリーンドリーム	C	○		
13番	サイモンルモンド		○	○	
14番	オレデイイノカ	B	○	○	
15番	エスティメート		×	○	
16番	スズノテレサ		×		

おそらくカランセの潜在能力の高さを知るインサイダーがいたのだろう。さらにオッズの断層にも絡んでおり、この異常オッズからも、凡走続きだがチャンスがある馬であることが想像できる。

中山9Rの急加速力ランク、連単複差、オッズ断層をまとめると、上の表のようになる。

急加速力Sランクのカランセは、連単複差があり、オッズ断層にも絡んでいる。しかも大敗続きで、能力の高さが世間にバレていない。当然、馬券的なウマ味もある。

ここはカランセを軸にして勝負！　これが結論となる。

有力な相手は、急加速力ランクBで連単複差とオッズ断層があるカフェプリンセス、オレデイイノカあたり。朝一単勝オッズで30倍以下(1・0倍〜30倍)が9頭おり、波乱度は高くもなく低くもなくという程度なので、急加速ランクを記録している馬を中心にして上手に押さえていきたい。

そして、陣営の期待通り、そして異常オッズが指し示した通り、カランセはレースで一変してみせた。

それまではスタートで後手を踏んで後方ままの競走が続いていたのだが、このときはスタートを決めて、騎手も馬をうながしながら、道中7番手をキープ。勝負どころで仕掛けると、直線ではさらに勢いを増して、逃げるティルドーンを交わして1着。低評価を覆して、単勝4740円の大穴を出したのだ。

2着に入線したティルドーンは、急加速ランクCかつ連単複差もある馬なのでヒモ候補。3着のカフェプリンセスは、急加速ランクBの有力ヒモ候補である。そんな3頭で決まった3連単は、14万9660円の高配当になった。

凡走が続いていても、高い急加速力を記録し続けているのであれば、狙い続けるのが【追切インサイダー】の基本スタンス。勝つ可能性が高いうえに、高配当が見込めるという魅力があるからだ。実際、カランセは凡走続きのあいだも調教では急加速力を示していた。

高い急加速力を示し続けている馬は、潜在能力を秘めている可能性が高く、レース条件やメンタルがかみ合えば、激変することがある。そのタイミングを逃さないようにしていただきたい。

休み明け×追切インサイダー＝1〜3着独占で3連単18万馬券！

一般的な競馬予想とはすなわち、横の比較である。16頭立てのレースであれば、この16頭のなかでどの馬の能力が高いか、どの馬にレース適性があるか、を予想して馬券を買う。

しかし、休養明けの馬がいた場合、縦の比較も必要になる。その馬が、過去に能力を発揮したときの状態にあるか否かを判断しなければならない。そのため、休み明けの馬の予想は難しいとされてきた。

■2023年７月９日・函館11Ｒ五稜郭Ｓ

馬番	馬名	追切日	追切コース	5F(4F)	3F(2F)	1F	5F(4F)ボーダー	1Fボーダー	急加速力
12番	アケルナルスター	7月5日	函館W	67.5	40.1	12.5	○	○	1.6
3番	マジカルステージ	7月5日	函館ダ	69.3	39.2	12.0	○	○	1.4
14番	シルヴェリオ	7月5日	函館W	69.5	40.1	12.7	○	○	1.3
13番	ダークエクリプス	7月5日	函館W	68.9	39.5	12.6	○	○	1.2
5番	アンダープロット	6月28日	函館W	67.0	38.3	12.3	○	○	1.0
6番	ウインエクレール	7月5日	函館W	66.1	37.4	12.0	○	○	1.0
11番	コーストライン	6月28日	函館W	68.5	39.1	12.7	○	○	0.8
4番	ゴーゴーユタカ	6月21日	美浦W	67.1	37.1	11.5	○	○	0.7
8番	ジャスティンエース	6月29日	函館W	71.0	40.7	12.3	×	○	2.2
9番	サンストックトン	6月28日	美浦W	69.3	38.4	11.1	×	○	2.0
1番	ターキッシュパレス	7月2日	函館ダ	71.0	40.2	12.3	×	○	1.5
10番	ミスフィガロ	6月29日	函館W	72.6	41.7	13.1	×	○	1.5
2番	フィールシンパシー	6月24日	美浦W	68.7	38.6	11.7	×	○	1.2
7番	イイネイイネイイネ	7月5日	栗東坂	56.4	28.0	13.8	×	×	0.0

そんな問題を解決してくれるのが【追切インサイダー】だ。高い急加速力を示しているのであれば、仕上がっていると判断できるので、縦の比較はクリアできる。

しかも高い急加速力は、ほかの出走馬に対しても能力面での優位性があるため、横の比較でも問題がない。

さらに、休養明けは過小評価されることが多いので、オイシイ馬券もゲットしやすい。休養明けの分析は【追切インサイダー】が得意とする部門だ。

２０２３年７月９日・函館11Ｒ五稜郭Ｓ（３勝クラス、芝１８００ｍ※馬柱、配当はＰ１３６〜１３７）は、夏競馬を目標にした馬の使い出しが重なったため、14頭中10頭が２カ月以上の休養明けというレースであった。予想をするときに頭を抱えたくなるようなレースだが、【追切インサイダー】であれば、なんの問題もない。

このレースで急加速力を示したのは14頭中、13頭（上の表）。さすがにレベルの高い準オープンクラスのレースである。しかし、５（４）ハロンボーダーと１ハロンボーダ

■2023年７月９日・函館11Ｒ五稜郭Ｓ　朝一オッズ（太い罫線の部分が断層）

馬連順位	枠番	馬番	馬名	オッズ	単勝	複勝	連単複差
1位	6	9	サンストックトン	―	4.9(1位)	1.3-1.5(1位)	0
2位	2	2	フィールシンパシー	11.1	6.2(2位)	2.4-3.4(2位)	0
3位	8	13	ダークエクリプス	13.5	6.5(4位)	2.4-3.4(3位)	−1
4位	5	8	ジャスティンエース	14.9	7.7(5位)	2.7-3.8(6位)	−3
5位	3	4	ゴーゴーユタカ	22.8	6.3(3位)	2.5-3.6(4位)	+3
6位	4	6	ウインエクレール	23.9	8.9(6位)	3.3-4.8(8位)	−2
7位	8	14	シルヴェリオ	35.7	19.8(10位)	4.6-6.8(10位)	−6
8位	4	5	アンダープロット	40.6	14.1(8位)	2.7-3.8(7位)	+1
9位	6	10	ミスフィガロ	45.0	18.8(9位)	4.2-6.1(9位)	0
10位	7	12	アケルナルスター	51.4	12.1(7位)	2.5-3.6(5位)	+8
11位	3	3	マジカルステージ	78.6	25.9(11位)	4.9-7.2(11位)	0
12位	1	1	ターキッシュパレス	162.9	64.3(13位)	9.1-13.6(12位)	−1
13位	5	7	イイネイイネイイネ	331.2	59.7(12位)	12.7-19.0(13位)	+1
14位	7	11	コーストライン	396.8	89.9(14位)	17.8-26.6(14位)	0

■2023年７月９日・函館11Ｒ五稜郭Ｓの急加速力ランク～オッズ断層

馬番	馬名	急加速力ランク	連単複差	オッズ断層	1～3着
1番	ターキッシュパレス	C	×	○	
2番	フィールシンパシー				
3番	マジカルステージ	B		○	
4番	ゴーゴーユタカ		○	○	
5番	アンダープロット	C	○		
6番	ウインエクレール	C	×		
7番	イイネイイネイイネ		○	○	
8番	ジャスティンエース	C	×	○	
9番	サンストックトン	C			2着
10番	ミスフィガロ	C			3着
11番	コーストライン				
12番	アケルナルスター	A	○	○	1着
13番	ダークエクリプス	B	×		
14番	シルヴェリオ	B	×		

▼函館 11 Rの調教欄（左の馬柱とも競馬ブック）

【函館⑪レースつづき】

11R 調教 ★⑥ウインエクレール絶好★

6F 5F 半哩 3F 1F

①ターキッシュパレス〔攻量の割に仕上る〕 ⊡
助手■札ダ良 67.8 52.7 38.5 12.7 ④G前仕掛け
助手◇栗坂稍 1回 54.0 39.3 26.1 13.5 一杯に追う
古吉 2 函ダ稍 72.9 56.7 41.2 12.6 ⑧直強め追う
古吉 5 函ダ良 71.0 55.1 40.2 12.3 ⑧一杯に追う
函館入厩後の調教量は多くないが、体は太め感なくできている。追われてからの反応も良く、伸び脚確か。

②フィールシンパシー〔スピード感十分〕 ⊡
横琉■南W良 86.0 70.3 55.2 40.0 11.9 ⑦馬なり余力
横琉◇南W良 82.9 66.6 52.5 38.6 11.8 ⑥馬なり余力
助手10南W稍 89.1 72.6 57.3 41.8 13.3 ⑨馬なり余力
助手14南W良 56.2 40.4 12.1 ⑧馬なり余力
助手17南W良 86.0 70.0 54.9 39.8 12.3 ⑧馬なり余力
助手21南W良 84.4 68.2 53.1 38.6 12.0 ⑧馬なり余力
助手24南W良 68.7 53.5 38.6 11.7 ⑨馬なり余力
助手28南W良 87.3 71.0 55.9 41.0 13.0 ⑧馬なり余力
岩康 5 函W良 65.0 50.3 37.2 12.4 ③馬なり余力
最終追い切りで岩田康騎手とコンタクト。ハロー明けに内を回ったとはいえ、好時計をマーク。具合はいい。

③マジカルステージ〔動き軽快〕 ⊡
助手■函W重 57.3 40.5 12.3 ⑧馬なり余力
荻琢◇栗坂良 1回 55.5 40.2 25.8 12.4 馬なり余力
助手■函W重 72.1 55.5 41.0 12.5 ⑤強めに追う
助手25函W良 74.9 58.5 43.4 14.3 ⑦馬なり余力
助手29函W重 71.0 55.6 40.7 12.3 ⑦一杯に追う
助手 5 函W良 71.8 55.8 40.4 13.2 ⑥馬なり余力
カズアブディーン（新馬）馬なりの外0.8秒先行0.2秒遅れ
遅れたのは2歳馬にリズムを合わせた分。黒光りする馬体が目立ち、身のこなしも柔軟。状態は高水準で安定。

⑨サンストックトン〔チークピーシズ着〕 ⊡
21.8 ㌔函W良 67.4 52.2 38.6 12.9 ⑥強めに追う
横武■南W良 88.3 72.2 56.4 41.1 13.1 ⑧馬なり余力
横武◇南W良 85.0 69.4 54.1 39.0 11.4 ⑦馬なり余力
助手16南W稍 43.9 14.3 ③馬なり余力
助手18南W良 86.3 69.4 53.2 37.7 11.8 ⑧馬なり余力
助手21南W良 68.1 52.2 37.3 11.6 ⑥馬なり余力
助手25南W良 71.4 54.4 38.8 11.5 ⑧G前仕掛け
柴善28南W良 69.3 53.6 38.4 11.1 ⑧G前仕掛け
ライツオブキングス（古馬1勝）馬なりの外0.6秒先行同入
横武 5 函W良 68.5 53.6 38.6 12.4 ④強めに追う
テンションが高く、舌を出しながら走るが、豪快に伸びた。荒々しいくらいでチークピーシズが効いている。

⑩ミスフィガロ〔仕上がり良好〕 ⊡
助手■栗P良 84.6 67.9 53.0 39.2 11.1 ⑦馬なり余力
助手◇栗P良 83.5 67.7 52.8 39.6 12.5 ⑦馬なり余力
助手29函W重 72.6 56.2 41.7 13.1 ⑧馬なり余力
助手 2 函W良 69.1 53.2 38.7 12.7 ⑧強めに追う
浜中 5 函W良 67.6 53.0 39.2 12.8 ⑦強めに追う

助手 2 函W良 71.3 56.2 42.2 14.1 ⑦馬なり余力
横和 5 函ダ良 69.3 53.7 39.2 12.0 ⑤馬なり余力
アルシオーネ（古馬1勝）馬なりの内1.5秒追走同入
カルパ（新馬）馬なりの内1.1秒追走0.1秒先着
3頭併せで一番後ろから追いかけ、軽やかに伸びて追いついてきた。久々でも仕上がり良く、態勢は整った。

④ゴーゴーユタカ〔馬体は上々〕 ⊡
22.7 ㌔函W良 69.0 53.2 39.1 12.9 ③馬なり余力
見習■南W稍 68.4 53.3 38.6 11.8 ④馬なり余力
助手◇南W良 69.5 53.9 38.8 11.7 ⑥馬なり余力
美浦プール 6月22日 23日 24日 27日
見習18南W良 71.0 55.1 39.9 12.6 ⑥馬なり余力
助手21南W良 83.0 67.1 51.7 37.1 11.5 ⑤馬なり余力
ナスノカンゲツ（古馬1勝）馬なりの内0.6秒追走同入
カンジ（新馬）馬なりの内0.3秒追走同入
見習28南W良 66.3 51.6 37.2 12.0 ③馬なり余力
アレグロモデラート（古馬2勝）馬なりの内0.5秒追走0.1秒遅れ
助手 5 函W良 69.5 54.0 40.3 13.2 ⑥馬なり余力
少し息遣いは気になるが、ブリッと見せて馬体にはボリューム感がある。パワータイプのイメージ。

⑤アンダープロット〔脚取り確か〕 ⊡
助手■札ダ稍 56.3 40.8 13.9 ⑤馬なり余力
助手◇南W良 67.7 52.4 37.9 12.0 ⑧馬なり余力
助手21函W良 69.5 54.3 40.0 13.1 ⑥馬なり余力
助手25函W良 59.4 43.9 15.2 ⑦馬なり余力
助手28函W重 67.0 52.0 38.3 12.3 ⑧馬なり余力
ナスティウェザー（新馬）一杯の内1秒追走同入
フィデル（古馬3勝）馬なりの内0.4秒追走同入
手応え劣勢だが、調教は派手に動く馬でもないので心配無用。小柄な牝馬で、久々でもすっきり仕上がる。

⑪コーストライン〔手応え十分〕 ↗
21.7 ㌔函W良 69.1 53.4 39.7 13.5 ⑧馬なり余力
永野■南W良 69.5 53.9 39.1 12.4 ④馬なり余力
助手◇南W良 67.2 52.1 38.1 11.7 ③馬なり余力
佐大22函W良 73.4 58.2 43.1 14.5 ⑥強めに追う
横琉28函W重 68.5 53.0 39.1 12.7 ⑥G前仕掛け
メイショウコジロウ（三勝）末強めの外0.4秒先行同入
横琉 2 函W良 57.3 41.6 13.6 ⑦馬なり余力
横琉 5 函W良 68.7 53.8 40.6 13.5 ⑤馬なり余力
コパノエルパソ（古馬2勝）馬なりの内0.6秒追走0.2秒先着
引っ張り切れない手応えで、ゴール前はグイッと抜け出す。やけに気合乗りが目立ち、動きだけは文句なし。

⑫アケルナルスター〔素軽さ出る〕 ↗
22.7 ㌔函W重 66.8 52.4 39.3 13.1 ④馬なり余力
助手■南W良 68.7 53.3 38.3 12.1 ⑤強めに追う
助手◇美坂重 1回 53.7 38.6 25.0 12.6 強めに追う
助手14南W良 67.6 52.3 37.8 12.1 ⑦馬なり余力
助手18南W良 68.9 53.3 38.1 11.6 ⑤馬なり余力
助手21南W良 69.6 53.2 38.2 11.8 ⑦馬なり余力
助手25南W良 69.2 53.7 38.7 11.9 ⑦G前仕掛け
丹内 2 函W良 69.3 53.8 40.1 13.2 ⑧馬なり余力
丹内 5 函W良 67.5 53.3 40.1 12.5 ⑧馬なり余力
アルジェントステラ（古馬1勝）馬なりの外1.1秒先行同入
最近はズブさが出て調教でめっきり動かなくなっていたが、この中間は加速スムーズ。復調気配を感じる。

助手 2 函W良 56.7 41.7 14.3 ⑧馬なり余力
助手 5 函芝良 63.7 47.8 35.3 11.3 ⑦馬なり余力
マーゴットソラーレ（新馬）馬なりの外同入
直前に洋芝での走りを確認。派手さはないが、手堅い動き。鼻出血＆去勢明けの前回より上積みが見込める。

⑥ウインエクレール〔久々も好気配〕 ↗
22.7 ㌔函W重 65.6 51.2 38.0 12.2 ④G前仕掛け
松岡■札芝良 67.5 52.3 37.6 12.1 ⑧馬なり余力
三浦◇南W良 83.7 66.9 51.7 37.0 11.5 ⑦一杯に追う
丹内22函W良 68.5 53.1 38.5 12.9 ⑧馬なり余力
松岡29函W重 65.3 50.7 37.4 12.2 ⑤G前仕掛け
松岡 5 函W良 66.1 51.5 37.4 12.0 ③馬なり余力
リフレッシュに成功し、函館入厩後は軽快な動きを連発。1週前時点から松岡騎手も駆けつけ、入念な態勢。

⑦イイネイイネイイネ〔動き今ひと息〕 ⊡
23.5 ㌔栗坂良 1回 52.1 38.6 25.7 13.1 一杯に追う
助手◇栗坂良 1回 56.1 40.4 26.9 13.4 馬なり余力
25栗坂1回 58.8 43.9 14.5 なり＊25栗坂1回 55.5 41.2 13.4 なり
助手29栗坂良 1回 53.2 39.0 25.3 12.8 末強め追う
スターファースト（障勝）末強めを0.6秒追走0.1秒遅れ
助手 2 栗坂稍 1回 52.8 38.9 25.8 13.2 一杯に追う
助手 5 栗坂良 1回 56.4 42.0 28.0 13.8 馬なり余力
日曜日が本追い切りだが、ラスト1㌔は13秒2を要してやや迫力不足。ひと息入れたが、気配はもう一歩の感。

⑧ジャスティンエース〔遅れるも追わず〕 ⊡
22.6 ㌔函W不 69.6 54.8 40.9 13.4 ⑩G前仕掛け

⑬ダークエクリプス〔フットワーク軽快〕 ↗
21.8 ㌔函W不 68.4 54.4 40.8 14.4 ⑧一杯に追う
荻琢■CW稍 7 95.1 79.7 65.5 51.6 37.3 12.3 ⑤一杯に追う
助手◇栗坂良 1回 53.1 37.9 24.6 12.4 馬なり余力
荻琢22函W良 55.5 40.4 13.0 ⑦馬なり余力
荻琢25函W良 43.7 13.1 ⑦馬なり余力
荻琢28函W重 65.7 50.7 37.6 12.6 ⑤強めに追う
吉隼 5 函W良 68.9 53.2 39.5 12.6 ⑧馬なり余力
アシャカトブ（古オープン）馬なりの外0.6秒先行同入
いくらかテンションの高さはあるが、じっくりと調整されて落ち着きを保つ。軽やかさと力感を兼備した動き。

⑭シルヴェリオ〔力強い脚捌き〕 ⊡
22.7 ㌔函W良 68.9 53.0 38.0 12.5 ⑥直一杯追う
岩康■栗坂良 1回 57.2 40.7 25.8 12.5 馬なり余力
助手◇栗坂良 1回 54.7 39.1 24.5 11.9 馬なり余力
助手25函W良 59.2 43.3 14.3 ⑦馬なり余力
助手28函W重 70.3 54.2 40.3 12.9 ⑦一杯に追う
助手 2 函W良 73.3 57.6 42.4 13.7 ⑧馬なり余力
助手 5 函W良 69.5 54.2 40.1 12.7 ⑦馬なり余力
先週は物足りなかったが、今週はほぼ同じ時計を馬なりでマーク。モタれることもなく、力強く伸びた。

1着⑫アケルナルスター （7番人気）

2着⑨サンストックトン （2番人気）

3着⑩ミスフィガロ （11 番人気）

単⑫ 1700 円 複⑫ 390 円 ⑨ 180 円 ⑩ 630 円

馬連⑨－⑫ 4420 円 馬単⑫→⑨ 10770 円

ワイド⑨－⑫ 1220 円 ⑩－⑫ 5550 円 ⑨－⑩ 1980 円

3連複⑨⑩⑫ 30110 円 3連単⑫→⑨→⑩ 185110 円

●2023年７月９日・函館11Ｒ五稜郭Ｓ
（３歳上３勝クラス、芝1800m良）

発走 15:25	函館 11 WIN5③ Goryokaku Stakes 五稜郭ステークス 1800メートル（芝B・右）（特指）(混) 3歳以上 3勝クラス 定量）		推定タイム クラス 1800メートル芝 良 1.47.8 重不 1.51.0	伏兵多し	
馬・枠番 / 西橋本 東唐島 東赤塚 西丹羽 西青木 東松香 本紙	斤量・騎手 / 父・馬名・母（母父）・生産	調教師・成績	前々走	前走	クラス成績
1 白 1 関西(58.7)57.3 ：：△：：：： 34.9 ←逃	58 古川吉 0003 ゴールデンホーン(中長) 牡6鹿毛 (外)ターキッシュパレス リージェンシーロマン(英) ゴドル ディクタット(短) ゴドルフィン	昆(栗)2.0.0.1 3-1-1-16 逃0先3差1追0 1500 ・5カ月半休養・	1帰⑩1・29美濃3勝7ト6 三芝B2144古川吉58 S37.3-36.1 [2][2][2][5]中 セファーラジ1.5 486 7ト5人気	リフレッシュ・放牧 仕上がり良好 初戦①着 推定馬体486 中9週以上1005	札幌での狙い 01110
2 黒 2 (62.2)63.7 ▲△△△▲：▲ 7.5 ←先	56 岩田康 初騎乗 ベーカバド(長) 岡田スタッ (牝)4鹿毛 フィールシンパシー スマートシンパシー⓪ 岡田牧雄 ダンスインザダーク(中長)	小島茂(美)0.0.0.1 3-2-1-6 逃1先3差1追0 1500 ③・・・・・・・	3中山❷3・26春興3勝16ト5 天芝外A1378横山琉55○ H36.5-37.3 [5][6][8][8]内 サーマルウイ1.1 446 13ト3人気	1新⑥5・14弥彦3勝13ト3 天芝外B1460横山琉56▲ M36.5-34.0 [8][9]⑨外 グランスラム0.1 444 11ト3人気	発馬決めたい 0112
3 赤 3 関西(61.2)60.2 ：：：：：：： 26.9 ←先	56 横山和 初騎乗 (父)モーリス(中) (牝)5鹿毛 マジカルステージ オツウ⑤ 大和屋暁 ハーツクライ(中長) ノーザンF	須貝尚(栗)0.1.0.0 3-1-3-6 逃0先2差2追0 1500 ・6カ月半休養・	6阪⑧12・25サン3勝13ト6 二芝内B2009荻野琢55 S37.9-35.6 [5][5][7][7]外 ビッグリボン0.7 450 3ト8人気	馬体調整・放牧 仕上がり上々 初戦③着 推定馬体460 中9週以上2002	再度レースが開き 0003
4 (60.9)60.4 ：：△：：△： 16.1 ←差	58 武豊 初騎乗 (父)ルーラーシップ(中) 牡4鹿毛 ゴーゴーユタカ ファインスカイ③ 井山登 アグネスタキオン(中) 協和牧場	武井(美)0.0.0.1 3-4-1-4 逃0先5差2追0 1500 ・2カ月半休養・	1京②4・23セン3勝14ト8 天芝外A1460岩田康56▲ M35.7-34.4 [9][9][9]内 エンペザー0.6 478 8ト6人気	リフレッシュ・放牧 仕上がり良好 初戦②着 推定馬体480 中9週以上0101	こんな筈では 0002
4 青 5 (56.5)58.5 ：：：：：：： 13.6 ←先	58 ルメール 2122 (父)ハーツクライ(中長) 鹿騙5鹿毛 アンダープロット マチカネタマカズラ② (有)シルク Kingmambo(中) ノーザンF	加藤征(美)0.0.0.2 3-1-4-6 逃1先1差2追0 1500 ⑨・・・・・・・	5東⑧11・27ウェ3勝16ト16 二芝C2025浜中57B M36.5-38.5 [8][8][8][8]中 バトルボーン4.7 498 1ト10人気	1新⑥5・14弥彦3勝13ト9 天芝外B1465斎藤58 M36.0-35.0 [6][6][6]内 グランスラム0.6 494 5ト13人気	去勢明け叩き 0003
6 (60.8)59.0 ◎△△○△：◉ 6.3 ←先	56 松岡 1105 (父)ディープインパクト(中長) 鹿(牝)4鹿毛 ウインエクレール サマーエタニティ③ (株)ウイン アドマイヤコジーン(短中) コスモ	畠山吉(美)0.0.0.0 2-1-0-6 逃0先3差0追0 1600 ・5カ月休養・・	1東⑥2・12初音牝3勝15ト11 天芝D1471三浦55△ S38.1-33.8⑮[15][15][15]中 コスタボニー0.5 474 2ト5人気	リフレッシュ・放牧 仕上がり良好 初戦①着 推定馬体470 中9週以上1101	鞍上帯同入念 0104
5 黄 7 B関西(—)58.8 ：：：：：：： 36.2 ←逃	58 柴山 0001 (父)タイムパラドックス(中) 栃牡4鹿毛 (地)イイネイイネイイネ ユメハオオキク(未) 吉田勝利 アドマイヤオーラ(中) 新生F	小崎(栗)0.0.0.0 0-0-0-1 逃0先0差0追0 1290 ⑫・☆・・・・・	3月4日生 地方成績22戦4勝 2着6回3着4回	1京⑦5・13上賀3勝16ト12 天ダ1554柴山58B M37.4-40.2 [9][7][8][10]内 メイクアリー2.9 452 4ト16人気	直前輸送で初芝 0001
8 関西(56.2)60.2 △△△△△△△ 8.9 ←差	58 鮫島駿 1101 (父)ルーラーシップ(中) 牡4鹿毛 ジャスティンエース ガラアフェアー⓪ 三木正浩 ダイワメジャー(中) ノーザンF	杉山晴(栗)1.0.1.0 3-3-2-6 逃2先2差2追0 1500 ・・・・①・・・	2中山④3・5 2勝ダ15ト12 天芝外A1346戸崎58○ S36.2-35.4 [3][4][4][3]粥 ニシノスーベ1.0 468 1ト3人気	1函①6・10松前2勝13ト1 天芝A1503鮫島駿58△ S37.2-34.8 [1][1][1][1]粥 0.1マイネルクリ 476 4ト4人気	単騎なら再度 0000
6 緑 9 (61.3)62.1 ○○○▲：○○ 3.6 ←先	58 横山武 3512 (父)ワールドエース(中) 牡4鹿毛 サンストックトン シナル② (株)加藤ステーブル キングカメハメハ(中) 加藤ステー	鹿戸雄(美)0.0.0.0 3-…-4 …1 1500 ・…養・・ **2**	3中山④4・2美浦3勝12ト4 二芝内B2007横山武58◎ S39.2-33.9 [10][10][9][8]外 テーオーシリ1.0 466 2ト1人気	リフレッシュ・放牧 仕上がり良好 初戦②着 推定馬体470 中9週以上0200	前走ハイレベル 0102
10 関西(60.6)57.8 △△：△：△△ 17.7 ←逃	56 浜中 初騎乗 (父)ディープインパクト(中長) (牝)5鹿毛 ミスフィガロ ミスアンコール① 金子真人HD キングカメハメハ(中) ノーザンF	友道(栗)0.0.0.0 3-…-6 …2 1500 ・…休養・・ **3**	1東⑥2・12初音牝3勝15ト14 天芝D1475福永56△ S37.1-34.7 [9][8][8][8]中 コスタボニー0.9 426 8ト7人気	リフレッシュ・放牧 乗り込み入念 初戦③着 推定馬体430 中9週以上2202	待望の夏到来 0002
7 橙 11 B (57.6)57.8 ：：：：：：： 42.1 ←先	56 横山琉 初騎乗 (父)ハーツクライ(中長) (牝)5鹿毛 コーストライン リーチマイハーバー② 吉田照哉 ボストンハーバー(短中) 社台F	上原博(美)0.0.0.1 3-1-1-14 逃0先0差3追1 1500 ・3カ月休養・・	3中山❽4・16サン3勝14ト10 二芝内B2380杉原52B H39.6-38.5 [5][5][3][4]中 ビジン1.8 476 4ト12人気	馬体調整・放牧 仕上がりまずまず 初戦④着 推定馬体482 中9週以上0004	距離不足かも 0007
12 (61.7)59.9 △：：：○◎△ 13.3 ←逃	58 丹内 1020 (父)トーセンラー(中) 牡4鹿毛 アケルナルスター パリージョ⓪ 永見貴昭 タイキシャトル(短中) 岡田スタッ	清水英(美)0.0.0.0 3-0-2-11 逃0先0…追2 1500 ・2カ月半休養・ **1**	2東③4・29府中3勝11ト9 二芝A1594三浦58C S36.6-35.1 [3][4][4]④粥 レインフロム1.6 474 1ト9人気	馬体調整・放牧 仕上がりまずまず 初戦⑦着 推定馬体480 中9週以上0001	前走は不利が 0002
8 桃 13 関西(61.3)61.8 ：◎◎◎◎△： 4.3 ←先	58 吉田隼 1103 (父)ドゥラメンテ(中) 牡4鹿毛 ダークエクリプス スターズインハーアイ(愛) 矢野秀 Woodman(中) 矢野牧場	今野(栗)0.1.0.1 3-1-0-5 逃0先2差2追0 1500 ・3カ月休養・・	2阪⑥4・9競馬3勝16ト5 二芝内B1593松若56◎ S37.2-35.3 [2][2][2][2]内 セイウンハー0.4 480 10ト6人気	馬体調整・放牧 仕上がりまずまず 初戦①着 推定馬体492 中9週以上1002	新馬Vの舞台 0002
14 B関西(60.4)61.8 △△：：△△△ 11.1 ←先	58 北村友 初騎乗 (父)ハーツクライ(中長) 牡6鹿毛 シルヴェリオ シルヴァースカヤ(米) サンデーR Silver Hawk(中長) ノーザンF	池添学(栗)0.0.0.0 3-1-2-12 逃0先1差2追1 1500 ・2カ月半休養・	1京②4・23セン3勝14ト4 天芝外A1458幸57B△ M35.3-34.5 [6][5][5]中 エンペザー0.4 514 3ト3人気	リフレッシュ・放牧 仕上がり上々 初戦④着 推定馬体512 中9週以上1017	暑さに弱いが 0128

ーをクリアしているのは8頭に絞られる。

この8頭のなかで急加速力最上位は1・6のアケルナルスター。マジカルステージ（急加速力1・4）、シルヴェリオ（1・3）、ダークエクリプス（1・2）などと、大きな急加速力の差はないので、SランクではなくAランク評価にとどめておいた。

アケルナルスターは4月29日の府中S9着以来の休養明け。しかし今回は、追切で高い急加速力を示していたので、能力を発揮できる状態にあると判断していい。

手順にしたがって朝一オッズを確認してみると、アケルナルスターの連単複差はプラス8（P135の表）。このレースで最も高い上昇度だ。馬連オッズにも断層があるので、異常オッズを示していることがわかる。オッズ面からみても、休み明けでも激走しそうな雰囲気が漂う。

ほかの高い急加速力を示した馬はというと、マジカルステージは連単複差が0、シルヴェリオはマイナス6、ダークエプリプスはマイナス1。いずれも朝一オッズ的には狙いづらい。結果的に、アケルナルスターはわりと強めに買える軸馬と評価できる。

レースはアケルナルスターが向正面からの大マクリで前に進出し、そのまま押し切って快勝。7番人気の低評価を覆した。2着には急加速力2・0のサンストックトン、3着には急加速力1・5のミスフィガロが入線。3連単は18万5110円の配当となった。

ちなみに2着サンストックトンは3カ月の休養明け、3着のミスフィガロも5カ月の休養明けであった。どちらも1・0を超える高い急加速力を示しており、1ハロンボーダーもクリアしているので、休み明けながらも、能力を発揮できる状態にあったのだろう。

アケルナルスターのように、休養前に馬券圏外に敗れて、休養明けに高い急加速力を出した馬は、休み前よりも着順をアップさせることが多いので狙い目になる。

叩き2戦目×追切インサイダー＝勝負のタイミング

休養明けの話をしたので、「叩き2戦目」についても解説してみよう。

叩き2戦目とは、休養明けから2戦目のレースのことだ。昔は休養明けのトライアルレースを太目残りで出走させ、2戦目のGIで仕上げる勝負パターンがよくあった。

印象に残っている叩き2戦目の成功例といえば、往年の名牝スティルインラブだ。チューリップ賞2着のあとに桜花賞を制覇。オークスを勝って夏を休養し、休み明け初戦のローズSでは5着に敗れたが、叩き2戦目の秋華賞を勝って牝馬三冠に輝いた。

ところが十数年前あたりから、少し事情が変わってきた。休養明けでいきなり結果を出す馬が増えてきたのである。

その代表例は牝馬三冠を達成したばかりのリバティアイランド。同馬はトライアルレースを使わずに、いきなり秋華賞へ出走し、見事に結果を出した。

最近は外厩が整備され、休養明けでも力が発揮できるようになったのだろう。むしろ、休養明け初戦が勝負で、叩き2戦目に反動が出るようなケースも散見されるようになってきている。

実際に競馬データベースソフト『ＴＡＲＧＥＴ』で調べてみると、次のような結果が出た。

●叩き2戦目　勝率7・1％　複勝率21・7％　単勝回収率66％　複勝回収率72％
●全体成績　勝率7・3％　複勝率21・8％　単勝回収率72％　複勝回収率73％

全体成績に比べて、叩き2戦目は好走率がやや落ちる。回収率も、全体成績よりやや下回っている。最近聞かれる「叩き2戦目は反動が出る」の声は、ある程度は正しいようだ。

しかし、このデータだけで、叩き2戦目を見限るのは早計だろう。ローテーションを検証する際は、追切の動きとセットで考えなければいけないからだ。

追切で動いている馬だけに絞ったうえで、ローテーション別成績を検証し、叩き2戦目の成績が低いのであれば、危険と考えることができるが、さまざまな状態の馬がミックスされているデータなので信憑性は低い。

事実、ここ最近は、叩き2戦目の回収率が再び上昇傾向にあるのだ。

《叩き2戦目回収率の推移》

2019年　単勝回収率57％　複勝回収率70％
2020年　単勝回収率72％　複勝回収率75％
2021年　単勝回収率63％　複勝回収率71％
2022年　単勝回収率65％　複勝回収率71％
2023年　単勝回収率78％　複勝回収率76％

■2023年4月8日・阪神10R大阪－ハンブルクC

馬番	馬名	追切日	追切コース	5F(4F)	3F(2F)	1F	5F(4F)ボーダー	1Fボーダー	急加速力
9番	アーティット	4月5日	栗CW	67.3	37.3	11.2	○	○	1.3
1番	ゴールドギア	3月29日	美浦W	67.8	37.7	11.4	○	○	1.2
6番	トゥーフェイス	4月5日	美浦W	66.9	37.4	11.3	○	○	1.2
3番	レヴェッツァ	3月29日	栗CW	67.6	37.6	11.4	○	○	1.1
7番	インプレス	3月22日	栗東坂	52.7	24.4	12.0	○	○	0.9
13番	マンオブスピリット	4月5日	栗東坂	52.7	24.7	12.3	○	○	0.6
10番	ディアマンミノル	4月5日	栗CW	67.3	37.1	11.9	○	○	0.1
12番	セファーラジエル	4月2日	栗東坂	57.0	25.8	12.0	×	○	2.3
11番	シークレットラン	4月2日	栗東坂	56.8	26.0	12.5	×	○	1.5
2番	マリノアズラ	4月2日	美浦W	68.6	37.1	11.3	×	○	1.0
4番	レザネフォール	3月30日	栗東坂	56.2	25.9	12.7	×	○	1.0
5番	ククナ	4月5日	美浦W	69.0	38.5	11.8	×	○	1.0
8番	タイセイモナーク	4月6日	栗CW	71.1	40.8	12.7	×	×	0.0

※2023年のデータは9月3日まで

おそらく『TARGET』など競馬ソフトの普及によって、「叩き2走目は儲からない」というイメージが広がっているのだろう。そのぶんだけ、最近になって回収率が上がっているのではないかと私は考えている。

果たして、叩き2戦目は、買いなのか消しなのか？

その答えも急加速力にある。

追切で急加速力を示していれば叩き2戦目の反動はないと考えればいいし、急加速力を記録していないなら不安があると考えればいい。

例として取り上げるのは、2023年4月8日・阪神10R大阪－ハンブルクC（オープン、芝2600m※馬柱、配当はP144〜145）に出走したアーティットだ。

同馬は前年9月18日の木曽特別1着のあとに休養に入り、約5カ月の休養明けで同年3月5日の湾岸Sに出走して3着に入っていた。大阪－ハンブルクCは叩き2戦目にあたる。

叩き2戦目が勝負なのか、それとも反動が出るのか、従来の予想法であれば、判断が微妙な臨戦過程である。

例のごとく、出走馬の急加速力を計算してまとめたものが前ページの表になる。

急加速力をマークして両ボーダーをクリアしている馬は7頭おり、最上位はアーティットだった。叩き2戦目でも高い急加速力を出しているのだから、ここは勝負できるレースだと考えてよさそうだ。ゴールドギア、トゥーフェイス、レヴェッツァら次位グループも高い急加速力を示していたため、評価はAにとどめた。

このレースの朝一オッズの連単複差と断層を示したものが、左ページの表である。

最も連単複差が大きかったのはディアマンミノルだが、急加速力は0・1とそこまで高くないので、評価はヒモ候補止まりとなる。

急加速力最上位のアーティットはというと、連単複差がプラス2。まずまずの上昇度である。オッズ断層には絡んでいないが、それだけで消すような材料にはならない。

ほかのレースで紹介した軸馬ほどではないが、急加速力を示しており、連単複差がプラスなら、まずまず信頼できる。このレースの本命はアーティットで問題ない。

前走で3着に入っていたこともあり、アーティットは最終的に3番人気に支持された。

同馬は、レースではたんたんとしたペースの2番手を追走し、4コーナーで先頭に立つと、そのまま押し切って1着。2着には急加速力2・3と高数値ながら、5（4）ハロンボーダーをクリアできなかったためにC評価となったセファーラジエル、3着には急加速力評価Bのトゥーフェイスが入り、3連

■2023年４月８日・阪神10Ｒ大阪－ハンブルクＣ　朝一オッズ

（太い罫線の部分が断層）

馬連順位	枠番	馬番	馬名	オッズ	単勝	複勝	連単複差
1位	4	5	ククナ	—	3.7(1位)	1.8−2.2(2位)	−1
2位	5	7	インプレス	9.4	4.2(2位)	2.1−2.8(3位)	−1
3位	6	9	アーティット	9.7	6.7(3位)	1.7−2.1(1位)	+2
4位	2	2	マリノアズラ	12.4	7.2(4位)	2.4−3.1(5位)	−1
5位	8	12	セファーラジエル	18.2	10.9(7位)	2.7−3.5(7位)	−4
6位	5	6	トゥーフェイス	18.2	9.8(6位)	2.5−3.2(6位)	0
7位	7	10	ディアマンミノル	28.6	9.8(5位)	2.2−2.9(4位)	+5
8位	3	3	レヴェッツァ	32.4	13.5(8位)	3.3−4.4(8位)	0
9位	6	8	タイセイモナーク	77.7	42.4(10位)	6.5−8.9(10位)	−2
10位	1	1	ゴールドギア	118.9	37.2(9位)	5.8−8.0(9位)	+2
11位	4	4	レザネフォール	153.5	49.5(11位)	6.8−9.3(11位)	0
12位	8	13	マンオブスピリット	187.2	67.3(12位)	8.3−11.4(12位)	0
13位	7	11	シークレットラン	242.4	101.8(13位)	13.3−18.1(13位)	0

■2023年４月８日・阪神10Ｒ大阪－ハンブルクＣの急加速力ランク～オッズ断層

馬番	馬名	急加速力ランク	連単複差	オッズ断層	1～3着
1番	ゴールドギア	B	○	○	
2番	マリノアズラ		×		
3番	レヴェッツァ	B		○	
4番	レザネフォール		×		
5番	ククナ		×		
6番	トゥーフェイス	B		○	3着
7番	インプレス	C			
8番	タイセイモナーク		×	○	
9番	アーティット	A	○		1着
10番	ディアマンミノル		○	○	
11番	シークレットラン	C			
12番	セファーラジエル	C	×		2着
13番	マンオブスピリット				

▼阪神 10 Rの調教欄（左の馬柱とも競馬ブック）

【阪神⑪レースつづき】
10R 調教 ★⑤ククナ躍動感出る★
6F 5F 半哩 3F 1F

①ゴールドギア〔力強い脚捌き〕
20.3 南W良 64.6 50.2 38.2 12.8 ⑦一杯に追う
横和 ■ 札ダ稍 85.1 69.3 54.2 39.7 12.2 ⑥強めに追う
丸山◇小ダ稍 69.1 53.8 39.3 11.7 ⑦馬なり余力
助手18南W重 59.3 42.8 13.8 ⑤馬なり余力
助手22南W良 85.2 70.3 55.2 39.7 12.3 ⑦馬なり余力
コンパスチョン(古オープン)馬なりの外0.1秒先行同入
永野29南W良 84.6 67.8 52.5 37.7 11.4 ⑥一杯に追う
ピッチパーフェクト(三歳1勝)馬なりの外0.7秒先行同入
助手 5 南W良 66.3 51.5 37.5 11.7 ⑤馬なり余力
シゲルタイタン(古オープン)馬なりの内0.1秒先行同入
チップの稽古で馬なり66秒台なら合格点。気配上向き

②マリノアズラ〔活気十分〕
20.11 美坂良 1回 51.7 38.3 25.4 13.1 馬なり余力
助手 ■ 南W良 70.6 54.6 39.7 11.8 ⑧馬なり余力
助手◇南W良 88.0 71.1 55.4 39.8 12.4 ⑦馬なり余力
助手19美坂稍 1回 56.8 41.5 27.3 13.2 馬なり余力
嶋田22南W良 71.3 55.3 40.2 12.4 ⑦馬なり余力
助手26美坂重 1回 58.8 42.5 27.7 13.3 馬なり余力
助手29南W良 67.1 51.2 36.3 11.5 ⑤馬なり余力
バロックダンス(三未勝)馬なりの内0.8秒追走同入
助手 2 南W良 68.6 52.1 37.1 11.3 ⑧一杯に追う
助手 5 美坂良 1回 57.1 41.0 26.9 13.3 馬なり余力
珍しく直前は坂路調整。活気があってリズミカルな動き

③レヴェッツァ〔遅れ心配なし〕
21.7 CW良 79.0 62.9 48.7 36.1 12.1 ⑥強めに追う
助手 ■ CW稍 84.0 67.4 52.3 38.7 11.8 ⑨直強め余力
団野◇CW良 82.6 67.2 52.4 37.2 11.4 ⑧強め余力
助手12CW良 90.2 73.9 58.0 41.9 13.2 ⑨馬なり余力
助手15CW良❼98.3 82.0 66.8 51.9 37.1 11.9 ⑦馬なり余力
助手19栗坂重 1回 56.9 41.1 27.0 13.6 馬なり余力
助手22CW良❼99.7 82.8 66.4 51.5 36.9 12.1 ⑦一杯に追う
ヒンドゥタイムズ(古オープン)一杯の外2.1秒先行0.7秒遅れ
ヒズハイネス(三未勝)一杯の内0.1秒追走同入
助手26栗坂重 1回 57.2 42.2 27.8 14.2 馬なり余力
助手29CW良 83.7 67.6 52.8 37.6 11.4 ⑥一杯に追う
ジェラルディーナ(古オープン)馬なりの内0.4秒追走同入
団野 2 栗坂良 1回 58.5 42.6 28.3 14.2 馬なり余力
団野 5 CW良 83.7 67.9 52.3 37.0 11.3 ⑦一杯に追う
セッション(三歳1勝)馬なりの内1.4秒追走0.6秒遅れ
オープンファイア(三オープン)一杯の内0.8秒追走0.5秒遅れ
3頭併せで遅れたが相手は攻め動く馬。自身は悪くない

④レザネフォール〔この一追いで良化〕
20.11 CW良 81.3 65.7 52.2 38.5 12.4 ⑧一杯に追う
小加 ■ 栗障良 51.1 36.3 12.3 馬なり余力
小加◇CW重 54.0 39.0 12.9 ⑧馬なり余力
19栗坂1回 59.5 44.2 15.1なり 26栗坂1回 55.5 40.7 13.1なり
助手30栗坂良 1回 56.2 41.5 25.9 12.7 馬なり余力
助手 2 栗坂良 1回 52.1 38.0 24.9 12.5 馬なり余力
助手 5 CW良 81.9 66.8 52.0 36.7 11.3 ⑧一杯に追う
ソウルラッシュ(古オープン)一杯の外0.7秒先行0.5秒遅れ
乗り込んで体はできている。ただ、スピードがどうか？

⑤ク ク ナ〔躍動感出る〕
22.5 南W良 80.9 65.3 51.9 38.3 12.0 ⑦馬なり余力
助手 ■ 南W良 85.1 68.5 54.1 39.6 12.9 ⑧強めに追う
助手12美坂良 2回 56.4 41.4 27.1 13.4 馬なり余力
助手16南W良 69.3 53.8 39.1 12.4 ⑧馬なり余力
助手19南W重 74.4 58.0 41.8 12.8 ⑦馬なり余力
助手22南W良 65.7 51.1 37.2 11.6 ⑧馬なり余力
タイトルホルダー(古オープン)末強めの外1.2秒先行0.4秒遅れ
ビターグラッセ(三歳1勝)強めの外0.7秒先行同入
助手26美坂重 1回 56.8 41.9 27.7 13.9 馬なり余力
助手29南W良 82.7 66.7 52.7 37.9 11.7 ⑧G前仕掛け
ミルニュイ(古馬1勝)馬なりの内1.1秒追走0.2秒遅れ
助手 2 美坂良 1回 58.0 42.8 27.9 13.8 馬なり余力
助手 5 南W良 69.0 53.3 38.5 11.8 ⑧馬なり余力
ズブさを見せず、集中力◎。身のこなしも軽い。好気配

⑥トゥーフェイス〔この一追いで良化〕
21.4 南W良 64.8 50.4 37.7 13.0 ⑥一杯に追う
上翔 ■ 南W稍 81.9 67.1 52.5 37.9 11.7 ⑨一杯に追う
助手◇南W稍 85.0 68.7 53.7 38.9 12.1 ⑦G前仕掛け
助手22南W良 83.5 68.3 53.3 38.4 12.3 ④馬なり余力
助手26南W不 87.9 70.9 55.6 40.6 13.0 ⑦馬なり余力
助手29南W良❼99.5 83.4 68.6 53.2 38.1 11.7 ⑦G前仕掛け
ザメイダン(障オープン)馬なりの外0.7秒先行同入
助手 2 南W良 84.6 69.1 53.4 38.3 12.1 ⑨馬なり余力
上翔 5 南W良 82.7 66.9 52.0 37.4 11.3 ⑧馬なり余力
先週の稽古が刺激に。少し負荷は軽いが、動きは合格点

⑦インプレス〔反応ひと息〕
23.1 栗坂稍 1回 51.7 38.0 24.6 12.3 一杯に追う
助手 ■ 栗坂良 1回 52.3 37.8 24.5 12.4 一杯に追う
助手◇栗坂良 1回 51.8 37.3 24.3 12.3 一杯に追う
栗プール 3月17日 18日1周 21日1周 24日2周
栗プール 25日2周 28日2周 31日2周 4月 4日2周
助手12CW良 57.2 40.9 13.2 ⑦馬なり余力
助手16CW良 83.0 67.2 51.7 36.9 11.6 ⑤馬なり余力
エルディアプロ(古馬2勝)末強めの内0.3秒追走0.1秒遅れ
19栗坂1回 61.9 44.1 14.1なり 22栗坂1回 52.7 38.2 12.0強め
助手26栗坂重 1回 58.2 43.0 27.8 13.9 馬なり余力
助手29栗坂良 1回 51.4 37.7 24.8 12.5 一杯に追う
ゲンパチムサシ(古馬1勝)一杯を1秒追走0.2秒先着
助手 2 栗坂良 1回 58.3 42.8 28.1 14.0 馬なり余力
助手 5 栗坂良 1回 51.9 37.6 24.3 12.3 一杯に追う
時計は速いが追われての反応は案外。前走時と同じ感じ

⑧タイセイモナーク〔本調子には今一息〕
19.2 CW良 79.8 64.2 50.8 38.4 12.8 ④一杯に追う
助手 ■ CW良 88.1 72.8 57.5 41.4 12.9 ⑨馬なり余力
助手◇CW良 86.4 70.9 55.5 39.3 11.7 ⑦稍一杯追う
栗プール 3月29日2周 4月 6日2周
助手 2 栗坂良 1回 61.0 44.5 28.9 14.0 馬なり余力
コモドアーズ(三未勝)馬なりを0.8秒追走同入
助手 5 CW良 87.1 71.1 56.2 40.8 12.7 ⑤一杯に追う
やめるような感じで、時計も動きも平凡。とても狙えぬ

⑨アーティット〔動きキビキビ〕
22.5 CW良 80.1 65.2 50.4 35.9 11.5 ⑦一杯に追う
助手 ■ 栗坂良 1回 54.8 39.5 25.9 12.8 馬なり余力
助手◇CW良❼96.9 81.9 68.1 53.5 38.4 11.9 ④馬なり余力
栗プール 3月21日2周 23日2周 31日2周 4月 6日2周
助手16CW良 86.7 70.4 54.9 39.9 12.7 ④馬なり余力
助手19栗坂重 1回 60.0 41.7 27.1 13.5 馬なり余力
22栗坂1回 52.5 38.6 12.5強め 併せ 追走クビ差遅れ
助手26栗坂重 1回 59.7 42.7 28.0 14.0 馬なり余力
岩望30CW良 83.8 68.0 52.4 36.6 11.1 ⑥一杯に追う
レッドラディエンス(古馬2勝)馬なりの内0.5秒追走0.1秒遅れ
ハーパー(三オープン)強めの外0.6秒先行0.2秒先着
助手 2 栗坂良 1回 58.0 41.5 26.6 13.0 末強め追う
助手 5CW良❼98.5 82.2 67.3 52.4 37.3 11.2 ⑥末強め追う
ハーパー(三オープン)馬なりの内0.9秒追走クビ差遅れ
動きキビキビ。体も良く良血馬がようやく本格化した感

⑩ディアマンミノル〔遅れも余裕残し〕
21.5 CW稍 79.9 64.3 50.0 37.3 12.7 ⑧強めに追う
助手 ■ CW良 85.2 68.2 52.7 37.2 11.7 ⑧馬なり余力
荻野◇CW重 84.7 68.3 52.4 36.4 11.5 ⑧一杯に追う
助手22CW良 79.0 64.2 50.4 36.9 12.4 ⑦一杯に追う
メイショウソウゲツ(古馬1勝)一杯の外0.2秒先着
助手29CW良 81.4 65.8 51.2 36.4 11.8 ⑦一杯に追う
メイショウブレゲ(古馬3勝)一杯の外0.5秒先行0.1秒先着
助手 5 CW良 67.3 51.8 37.1 11.9 ⑦馬なり余力
メイショウノブカ(三未勝)馬なりの外1秒追走0.1秒遅れ
ツーエムフリーク(三未勝)一杯の外0.7秒追走0.5秒先着
もう体ができたようで今週ゆったり調整。これで力発揮

⑪シークレットラン〔良化気配なく〕
助手 ■ 南W良 68.6 53.0 38.8 13.2 ⑥G前仕掛け
五雄◇南W良 66.4 51.1 37.3 12.0 ⑥強めに追う
助手26CW重 42.0 11.3 ⑦G前仕掛け
ケイアイメビウス(古馬1勝)馬なりの内1.1秒追走0.2秒遅れ
助手29CW良 86.4 69.8 54.4 38.8 12.3 ⑧馬なり余力
グッデイドリーム(三未勝)馬なりの外0.2秒先行クビ差先着
助手 2 栗坂良 1回 56.8 40.6 26.0 12.5 強めに追う
北友 5 CW良 86.3 70.2 54.9 39.5 12.3 ⑨馬なり余力
以前はもう少し軽快だったが、最近はズブい。良化途上

⑫セファーラジエル〔久々も動き軽快〕
22.11 CW良❼92.4 76.7 63.4 50.6 37.1 12.1 ⑧稍一杯追う
鮫島 ■ 栗坂稍 1回 52.7 38.3 24.8 12.3 一杯に追う
19栗坂1回 60.6 44.2 14.3なり 22栗坂1回 54.1 39.8 12.3なり
助手26栗坂重 1回 56.8 40.7 25.2 12.3 強めに追う
吉隼29CW良❼95.6 79.5 64.9 50.6 36.8 12.4 ⑥一杯に追う
助手 2 栗坂良 1回 57.0 41.3 25.8 12.0 馬なり余力
吉隼 5 CW良 82.5 65.8 50.7 36.1 11.8 ⑧G前仕掛け
例によって稽古は動く。硬さなくアウトラインはできた

⑬マンオブスピリット〔この一追いで上昇〕
19.10 栗坂良 1回 54.4 39.7 25.9 12.8 馬なり余力
北友 ■ CW良 86.1 69.4 53.6 39.0 11.9 ⑦一杯に追う
菱田◇CW良 83.0 67.9 52.6 37.4 11.8 ⑤一杯に追う
助手19栗坂重 2回 56.2 41.1 27.0 13.1 馬なり余力
22栗坂2回 53.2 38.0 12.4なり 併せ 追走同時入線
助手26栗坂重 2回 59.4 43.4 28.3 13.9 馬なり余力
助手29栗坂良 2回 52.6 37.9 24.8 12.6 末強め追う
オーガスタスカイ(古馬1勝)末強めを0.3秒追走同入
助手 2 栗坂良 2回 57.2 41.5 26.8 13.0 馬なり余力
助手 5 栗坂良 2回 52.7 38.4 24.7 12.3 一杯に追う
ヤマニンウルス(三歳1勝)馬なりを0.7秒追走クビ差遅れ
走る3歳にアオられたが時計は合格点。これで上向けば
― 能力表成績欄：斤量の○数字はハンデ戦 ―

1着⑨アーティット　（3番人気）

2着⑫セファーラジエル　（8番人気）

3着⑥トゥーフェイス　（6番人気）

単⑨ 520 円　複⑨ 190 円　⑫ 360 円　⑥ 250 円

馬連⑨－⑫ 3200 円　馬単⑨→⑫ 5380 円

ワイド⑨－⑫ 910 円　⑥－⑨ 940 円　⑥－⑫ 1800 円

3連複⑥⑨⑫ 9230 円　3連単⑨→⑫→⑥ 45940 円

●2023年４月８日・阪神10Ｒ大阪ーハンブルクＣ（４歳上ＯＰ、芝2600m稍重）

馬・枠番	牟米井広甲西本 田満上瀬斐村紙	発走 15:00	阪神 10 Osaka-Hamburg Cup 大阪ーハンブルクカップ（特指）（国際）4歳以上 オープン ハンデ	2600メートル（芝B・外右）	競走成績 阪京中小全全 神都京倉 芝芝芝芝芝ダ 芝右回成績	推定タイム ープン 2600芝 2.37.3 不 2.40.8 前々走	先行警戒 前走	短評・季節
1 1 白	B 関東(63.6)63.3 : : : : : : : : 35.9 ←圏	55 幸 0001	⊗ロードカナロア(短中) 牡8 ゴールドギア 黒鹿 ギンザボナンザ⑤ ゼンノロブロイ(中) 有馬博文 三嶋牧場	伊藤圭(美)0.0.0.1◎ 5-3-4-28 逃0先0差4追4 3800 ・⑭・・・・・・ 中6週0014	000050 000030 000040 1012280 (右)22315	1小⑧2・5 関門橋 15ト8 芼芝A1590丸山58B△ H37.2-35.2⑬⑬⑭⑭外 ディープモン1.1 490 10ｽ13人 小ダ5 68.7 39.8 12.3→○	2小❹2・19小大賞GⅢ16ト14 芺芝B1526丸山⑤B M39.9-38.0⑮⑮⑮⑯奔 ヒンドゥタイ2.9 490 5ｽ16人 小ダ5 69.1 39.3 11.7→○	距離はいいが 00012 2037
2 2 黒	関東(62.8)63.5 △:◎△△◎△ 5.2 ←圏	池添 53 0100	⊗メイショウサムソン(中長) 牝5 マリノアズラ 黒鹿 クラウンイヴ⓪ ブラックタイド(中長) 矢野まり子クラウン日高牧場	小手川(美)1.0.0.1◎ 3-5-2-7 逃1先1差6追0 1500 ・⑥・・・・・・ 中6週0010	000030 100050 000020 001070 (右)2212	5中山⑦12・24グレ3勝16ト6 芸芝内A2344津村55◎ M37.4-36.9⑥⑥④④外 シルブロン0.6 486 12ｽ2人 南W5 69.6 39.3 12.0↗◎	1東⑦2・18ダイヤGⅢ16ト6 芸芝D3299横山武53△ S38.9-36.4⑦⑧⑦⑥外 ミクソロジー0.8 476 12ｽ4人 南W 88.0 39.8 12.4→○	ここなら圏内 0001 0112
3 3 赤	(60.3)61.9 :△:◎: : : 10.7 ←圏	団野 53 0002	⊗ドゥラメンテ(中) 騸5 レヴェッツァ 鹿毛 コンヴィクションⅡ(囲) City Banker(中) 早野誠 ノーザンファーム	斉藤崇(栗)0.0.0.2 3-1-1-8 逃0先0差3追1 1500 ④・・・・・・・ 中7週0010	200030 001010 000010 501180 (右)2007	1小❶1・14壇之3勝16ト9 芺芝A1481団野55 M37.0-35.8⑫⑫⑫⑫奔 ウインピクシ0.8 476 12ｽ12人 CW 83.0 36.6 11.7→○	1阪①2・11但馬3勝13ト4 芋芝内A2007団野58△ S37.9-33.3⑥⑥⑥④中 リューベック0.2 476 11ｽ9人 CW 82.6 37.2 11.4→○	そはうない差い 0001 0003
4 4 青	(―)62.9 : : : : : : : : 46.1 ←圏	石川裕 54 初騎乗	⊗キングカメハメハ(中) 牡6 レザネフォール 黒鹿 ラナンキュラス② スペシャルウィーク(中長) 前田幸貴 ノースヒルズ	池江寿(栗)0.0.0.0 4-2-2-10 逃1先1差4追0 2400 ④・⑨・・・・・ 中5週2001	101031 000120 100020 202082 (右)2214	2小❶2・11オープン11ト4 奀芝3128小牧加57C△ F13.48後38.7⑩⑩⑥⑤外 フォッサマグ0.5 468 7ｽ3人 栗障4 59.3 43.3 13.8→○	2小⑤2・25春麗J 14ト9 奰芝3516小牧加59C F13.66後43.0④③④⑥内 テーオーソク3.6 472 6ｽ7人 CW4 54.0 39.0 12.9→○	障害帰り静観 0001 2104
5 4 青	関東(64.0)65.4 ◎◎▲◎◎:◉ 3.3 ←围	川田 54 初騎乗	⊗キングカメハメハ(中) 牝5 ククナ 黒鹿 クルミナル② ディープインパクト(中長) キャロットF ノーザンファーム	栗田徹(美)0.0.0.0 3-3-4-4 逃0先1差4追1 2500 ・2カ月放牧・・ 中8週0010	000030 000030 000040 101040 (右)1022	5中山④12・11常総3勝16ト5 芺芝内A1486マーカン55○ S38.8-34.3⑨⑪⑩⑩奔 レッドランメ0.1 470 10ｽ2人 南W 85.1 38.2 12.1→○	1東③2・4早春3勝12ト1 芸芝D2254ルメール56○ M38.4-34.1③③③③内 0.1サペラヴィ 470 8ｽ3人 南W 85.1 39.6 12.9→○	54キロなら通用 0113 0112
6 5 黄	関東(64.3)63.9 ▲▲△:▲△▲ 9.0 ←围	松山 55 初騎乗	⊗モーリス(中) 牡5 トゥーフェイス 鹿毛 マスクオフ① ディープインパクト(中長) (有)社台レースホース 社台F	3 新開(美)0.0.0.0 4 5 逃2先 2400 ・ 休養・ 中9 010	000040 100050 000030 001050 (右)0220	1東①1・28白富S(L)10ト6 芋芝D1592Mデムー57△ S37.4-34.6⑦⑧⑧②中 サリエラ0.7 506 3ｽ5人 南W 85.0 38.9 12.1→○	リフレッシュ・放牧 仕上がりまずまず 初戦⑨着 推定馬体510 中9週以上1120	巻き返し十分 0001 0202
7 5 黄	(62.8)61.9 ○○○△○○○ 4.7 ←圏	鮫島駿 56 3103	⊗キズナ(中長) 牡4 インプレス 黒鹿 ベアトリスⅡ(英) Dr Fong(短中) 前田幸治 社台ファーム	佐々晶(栗)0.1.0.0 4-1-0-3 逃0先1差1追3 2400 ⑪・・・・・・・ 中7週0000	300040 001010 000000 201030 (右)3002	5阪⑤11・19尼崎3勝12ト1 芸芝外A2279鮫島駿55▲ S39.5-32.8⑨⑨⑫⑫奔 0.1ストリクトコ 524 3ｽ2人 栗坂 52.3 37.8 12.4→○	1阪②2・12京都記GⅡ13ト11 三芝内A2126鮫島駿56 M36.6-35.4⑫⑫⑬⑨奔 ドウデュース1.7 526 11ｽ8人 栗坂 51.8 37.3 12.3→○	条件転して好て 0001 1000
8 6 緑	B (61.1)59.5 △: : : :△△ 26.3 ←圏	和田竜 53 0204	⊗ルーラーシップ(中) 牡7 タイセイモナーク 鹿毛 アソルータ② ゼンノロブロイ(中) 田中成奉 ノーザンファーム	西村(栗)0.0.0.5 3-5-0-34 逃2先1差5追0 1500 ・⑫・・・・⑰・ 中1週1106	102030 221050 000000 16333322 (右)14025	1東⑦2・18ダイヤGⅢ16ト12 芸芝D3314三浦53B△ S38.4-38.2②②③③内 ミクソロジー2.3 498 13ｽ8人 CW 83.3 38.4 11.7→○	2阪❷3・26御堂3勝18ト17 芸芝外A2316藤懸58B M39.8-36.8⑰⑮⑫⑭奔 ゼッフィーロ2.0 500 10ｽ13人 CW 86.4 39.3 11.7→○	積極策で活路 0003 1008
9 6 緑	(59.9)62.6 △△△△△△△ 7.5 ←围	岩田望 55 初騎乗	⊗ディープインパクト(中長) 牡4 アーティット 鹿毛 アブソリュートレディ(英) Galileo(中長) 金子真人ＨＤ(株)社台ファーム	1 友道(栗)0.0.0.0 3-1 -2 逃1先2差 0 1500 ・・・(・・・ 中4週 000	002130 100010 201040 200020 (右)1132	5中京④9・18木曽2勝11ト1 三芝A2121坂井瑠54▲ S36.5-34.0②②②②内 0.2エイカイマッ 480 4ｽ3人 栗坂 54.8 39.5 12.8→○	2中山④3・5湾岸3勝18ト3 三芝外A2127武豊57△ S37.5-34.5⑪⑪⑨⑥奔 パラジ0.4 488 12ｽ5人 CW 81.9 38.4 11.9→○	格下とれず侮れず 0000 0031
10 7 橙	(65.2)64.6 :△:▲:▲: 12.1 ←圏	藤岡佑 56 初騎乗	⊗オルフェーヴル(中長) 牡6 ディアマンミノル 栗毛 イソノスワロー⓪ デヒア(短中) 吉岡實 村下農場	本田(栗)1.0.0.0 5-1-3-20 逃0先0差5追1 3600 ・4カ月休養・・ 中14上-6月0000	221050 010010 110030 8130200 (右)41211	6阪①12・3チャレGⅢ14ト12 芋芝内B1596荻野極56 H38.7-35.7⑭⑭⑭⑬奔 ソーヴァリア2.1 474 13ｽ11人 CW 84.7 36.4 11.5→○	馬体調整・放牧 仕上がりまずまず 初戦①着 推定馬体474 中9週以上1001	立て直し図り 00014 2025
11 7 橙	(63.7)63.0 : : : : : : : : 45.4 ←圏	北村友 54 初騎乗	ダンカーク(中) 牡7 シークレットラン 鹿毛 カールファターレ① キングカメハメハ(中) 亀井哲也 ノーザンファーム	村山(栗)0.0.0.1 4-5-0-11 逃0先4差5追0 2400 ・・☆⑭・・・・ 中4週0101	010040 000050 000000 0000101 (右)4408	5中山①12・3ステSGⅡ14ト10 奊芝内A3478内田博56 S39.4-37.5③③②③中 シルヴァーソ1.5 514 5ｽ13人 南W5 67.3 37.8 12.1→○	2中山④3・5総武S 16ト14 芺ダ1555松山57 S39.1-38.2⑦⑦⑫⑯中 ホウオウルバ1.9 512 6ｽ10人 南W5 66.4 37.3 12.0→○	多くは望めず 0007 1105
12 8 桃	(63.2)63.9 △△△:△△△ 8.4 ←围	吉田隼 55 1000	⊗キズナ(中長) 牡5 セファーラジエル 鹿毛 ダークサファイア① Out of Place(中) サンデーＲノーザンファーム	2 高柳大(栗)1.0.0.2 3 11 逃1 2500 ・ 休養・ 中 100	002130 210030 101020 5030101 (右)1316	1中京⑩1・29美濃3勝7ト1 三芝B2129福永58▲ S36.9-35.0①①①①内 タガノシュトルーヴ 532 1ｽ3人 栗坂 52.7 38.3 12.3→○	リフレッシュ・放牧 仕上がり良好 初戦②着 推定馬体530 中9週以上0103	折り合い進境 0002 1003
13 8 桃	B (62.3)62.0 : : : : : : : : 35.9 ←圏	藤岡康 55 初騎乗	⊗ルーラーシップ(中) 騸6 マンオブスピリット 鹿毛 サンデースマイルⅡ(英) サンデーサイレンス(中) ホシノレーシングノーザンF	斉藤崇(栗)1.0.0.2 2-1-0-16 逃0先0差2追1 2000 ・3カ月休養・・ 中12週0001	020020 010010 000000 3231160 (右)21010	1中京①1・5万葉S 16ト11 芋芝A3050菱田55 M38.6-36.2⑫⑫⑫⑫中 ミクソロジー1.6 488 16ｽ12人 CW 83.0 37.4 11.8→○	馬体調整・放牧 仕上がり上々 初戦⑤着 推定馬体490 中9週以上1106	恵まれないと 0106 0105

単の配当は4万5940円だった。
休み明け関連についてまとめると、次のようになる。

・休養明けで高い急加速力を記録　↓　休み明けからいきなり狙う
・休養明けでは高い急加速力を記録できず、2戦目で高い急加速力を記録　↓　叩き2戦目での上積みが見込めるので2戦目で狙う
・休養明けで高い急加速力を記録したが、2戦目では急加速力を記録できず　↓　2戦目の反動の恐れがあるので見送る

休養を挟むと調子の把握が難しいというのが、かつての競馬予想の常識だった。
しかし、【追切インサイダー】は違う。休養など、まったく怖くないのである。

距離延長×追切インサイダー＝「短縮優位」に惑わされるな！

休養明けと同様にファンの頭を悩ませるのが、条件替わりである。前走からの距離延長や距離短縮で、取捨に困った経験はあるだろう。

研究熱心なファンなら、距離短縮の成績がやや儲かりやすいことはご存知かもしれない。それはデータにも表れている。

《前走からの距離延長・短縮の成績》
・前走から延長　勝率6・0％　複勝率18・3％　単勝回収率72％　複勝回収率69％
・前走と同距離　勝率8・3％　複勝率24・8％　単勝回収率69％　複勝回収率74％
・前走から短縮　勝率6・9％　複勝率20・7％　単勝回収率75％　複勝回収率77％

最も成績がいいのは、前走と同じ距離を走った馬だが、回収率に関しては、距離短縮、同距離、距離延長の順になっている。

ただし、このデータの一本刀で戦えるほど競馬は甘くない。先ほど示した叩き2戦目のデータと同様に、全体の傾向は見て取れても、表面的な部分しかとらえられないため、本質からはズレてしまいがちだからだ。

適性外だと感じていても、今後の選択肢を広げるために、あえて長い距離を使う馬はよくいる。例えば1200mで実績を残している馬を1600mに使う、もしくは1600mで結果を出した馬を2000mに挑戦させる、といったケースである。

中・長距離戦は大レースが多く、長い距離を使うことができるようになれば、将来的な獲得賞金増加が見込めるし、種牡馬や繁殖に上がったときの価値も見込めるので、距離延長を試す価値があるのだ。

■2023年10月８日・京都２Ｒ

馬番	馬名	追切日	追切コース	5F(4F)	3F(2F)	1F	5F(4F)ボーダー	1Fボーダー	急加速力
10番	スウィープフィート	9月21日	栗東坂	53.7	25.5	12.2	○	○	1.6
12番	サトノアイオライト	9月21日	栗東坂	54.3	25.6	12.4	○	○	1.3
11番	ラガークイン	10月5日	栗東坂	53.4	24.5	12.0	○	○	1.0
4番	ウインディオーネ	9月27日	栗CW	67.8	37.5	11.6	○	○	0.8
8番	エマロア	9月27日	栗東坂	53.8	24.9	12.4	○	○	0.6
9番	ファミリー	9月24日	栗東坂	60.4	25.9	12.6	×	○	1.2
1番	ミヤジテン	10月5日	栗東坂	54.8	25.9	12.9	×	×	0
2番	ニエキヤ	10月4日	栗東坂	55.9	26.2	12.8	×	×	0
5番	ギルティプレジャー	10月5日	栗CW	66.1	38.3	12.1	○	×	0
6番	エヴァンスウィート	10月5日	栗東芝	67.2	38.3	12.5	×	×	0
7番	カンティーク	10月5日	栗CW	―	38.8	11.8	×	○	0
3番	シルバヴール	連闘軽め							0

一方、距離短縮は自身の適性に合わせてくるケースがよくある。クラシックディスタンスでは頭打ちだからマイルに挑戦、もしくはスタミナがないので６ハロンに絞って使う、あるいは前走で距離延長を試したが結果が出なかったので距離を戻す、などなど。

陣営が把握している適性とマッチするパターンが多いため、好走率は上がるのだろう。

じつは、急加速力は距離延長と相性が非常にいい。なぜなら、距離が長くなるほど、ペースが遅くなるので、道中で折り合って、最後の直線でいかに加速するかが、結果を左右するからだ。

そのため、調教で折り合えて急加速力を発揮している馬は、本番でも結果を出すことが多いのである。追切で見せた急加速力は、馬の調子や資質だけでなく、折り合う力も示していると考えていい。

２０２３年10月８日・京都２Ｒ（２歳未勝利、芝１６００ｍ

※馬柱、配当はＰ１５０～１５１）に出走していたスウィープフィートは、デビュー戦（８月13日・小倉）で芝１２００ｍの

■2023年10月８日・京都２Ｒ　朝一オッズ（太い罫線の部分が断層）

馬連順位	枠番	馬番	馬名	オッズ	単勝	複勝	連単複差
1位	6	8	エマロア	―	3.6(2位)	1.3-1.8(1位)	−1
2位	4	4	ウインディオーネ	6.2	6.0(3位)	1.4-1.8(2位)	−1
3位	5	6	エヴァンスウィート	7.3	2.8(1位)	1.4-2.0(3位)	+2
4位	2	2	ニエキヤ	11.1	10.7(5位)	2.0-2.8(4位)	−1
5位	8	11	ラガークイン	14.9	10.2(4位)	2.9-4.3(6位)	0
6位	7	10	スウィープフィート	22.0	12.0(6位)	2.0-2.9(5位)	+1
7位	5	5	ギルティプレジャー	43.4	29.1(7位)	5.4-8.2(8位)	−1
8位	6	7	カンティーク	69.4	33.1(8位)	4.9-7.5(7位)	+1
9位	1	1	ミヤジテン	87.4	79.2(10位)	7.7-11.8(10位)	−2
10位	8	12	サトノアイオライト	103	40.6(9位)	6.4-9.8(9位)	+2
11位	7	9	ファミリー	119	87.4(11位)	8.9-13.7(11位)	0
12位	3	3	シルバヴール	217.7	126.7(12位)	13.8-21.3(12位)	0

■2023年10月８日・京都２Ｒの急加速力ランク～オッズ断層

馬番	馬名	急加速力ランク	連単複差	オッズ断層	1～3着
1番	ミヤジテン		×		
2番	ニエキヤ		×	○	
3番	シルバヴール			○	
4番	ウインディオーネ	C	×		2着
5番	ギルティプレジャー			○	
6番	エヴァンスウィート		○	○	
7番	カンティーク		○	○	
8番	エマロア	C	×		
9番	ファミリー	C		○	
10番	スウィープフィート	S	○	○	1着
11番	ラガークイン	B			3着
12番	サトノアイオライト	B	○		

▼京都2Rの調教欄（左の馬柱とも競馬ブック）

2R 調教 ★⑪ラガー機敏な動き★

6F 5F 半哩 3F 1F

①ミヤジテン〔力強さに欠け〕
23.8 栗坂重 1回 52.9 39.0 25.6 13.2 強めに追う
富田◇栗坂良 1回 55.6 41.4 27.0 13.3 馬なり余力
助手29栗坂良 2回 57.3 41.6 26.8 12.9 馬なり余力
助手5栗坂良 1回 54.8 39.8 25.9 12.9 馬なり余力
休み明けを叩いたが、力強さに欠ける動きで良化は疑問

②ニエキヤ〔好気配保つ〕
23.8 栗坂良 1回 54.4 39.8 26.1 12.9 馬なり余力
河田■栗坂良 1回 55.6 39.6 25.2 12.3 一杯に追う
助手28CW良 85.6 69.4 54.3 38.9 12.3 ⑧馬なり余力
ルソルティール(古馬1勝)一杯の外0.6秒先行0.2秒先着
助手4栗坂稍 1回 55.9 40.3 26.2 12.8 馬なり余力
小柄な馬で間隔短いが、動き良好。好気配を保っている

③シルバヴール〔連闘のため中間軽め〕
助手◇栗坂良 1回 53.5 39.0 25.7 13.2 馬なり余力

④ウインディオーネ〔気合乗り上々〕
23.7 CW良 83.7 67.4 52.4 36.7 11.4 ⑦馬なり余力
助手■CW良 83.0 67.7 54.0 39.4 12.7 ⑦一杯に追う
助手17栗坂良 1回 58.3 42.9 27.8 13.8 馬なり余力
助手21CW良 85.5 69.6 54.1 39.1 12.5 ⑥馬なり余力
クリノローレライ(新馬)馬なりの外0.1秒先行0.1秒先着
助手24栗坂良 1回 58.0 43.1 27.9 13.9 馬なり余力
松山27CW良 84.0 67.8 52.8 37.5 11.6 ⑥稍一杯追う
ウインルーティン(古馬1勝)末強めの内0.3秒追走0.2秒先着
助手30CW良 74.5 58.4 42.9 13.9 ⑤馬なり余力
クリノローレライ(新馬)馬なりの外0.1秒追走クビ差先着
トウカイレイナ(新馬)強めの外0.1秒先行クビ差先着
調師5CW良 83.8 68.5 53.9 38.9 12.0 ⑤馬なり余力
トウカイレイナ(新馬)馬なりの内0.3秒追走同入
気合乗りがいいし、動きも素軽い。態勢は整っている

⑤ギルティプレジャー〔格上馬に互角入線〕
23.7 CW良 85.6 69.1 54.6 39.5 12.3 ⑥強めに追う
岩望◇栗芝良 76.9 62.0 47.9 35.2 11.7 ⑦直強め余力
助手24栗坂良 1回 61.7 44.3 28.7 14.0 馬なり余力
助手28CW良 85.0 68.4 52.9 38.0 12.6 ⑧馬なり余力
レッドバルデス(古馬1勝)一杯の外0.5秒先行0.6秒先着
助手1栗坂重 1回 59.9 43.0 27.9 13.8 馬なり余力
今村5CW良 81.2 66.1 52.7 38.3 12.1 ⑧一杯に追う
スカパラダイス(古馬1勝)一杯の外0.8秒追走同入
古1勝馬と互角に動いたし、時計も及第点。デキはいい

⑥エヴァンスウィート〔フットワーク軽快〕
23.7 栗芝良 80.5 65.0 50.1 36.5 11.2 ⑦一杯に追う
助手■栗坂良 1回 53.8 40.0 26.8 13.2 馬なり余力
助手5栗芝稍 83.4 67.2 51.7 38.3 12.5 ⑥馬なり余力
マンデヴィラ(古馬1勝)馬なりの外0.6秒先行0.4秒先着
ヒシグランディヴァ(新馬)強めの外0.9秒先行0.4秒先着
軽快な走りで、楽々と先着。中1週でも疲れは皆無

⑦カンティーク〔遅れも良化中〕
23.8 CW稍 86.2 69.6 53.8 38.1 12.2 ⑧一杯に追う
助手◇CW良 40.2 11.7 ⑦馬なり余力
助手5CW良 54.8 38.8 11.8 ⑥馬なり余力
アウフヘーベン(古馬1勝)馬なりの内0.1秒追走0.1秒遅れ
遅れたが余力残しだし、身のこなしも軽い。気配上向き

⑧エマロア〔動きスムーズ〕
23.7 栗坂良 1回 50.7 36.7 23.7 11.9 末強め追う
助手■栗坂良 1回 52.6 37.2 24.0 11.9 末強め追う
助手27栗坂良 1回 53.8 39.3 24.9 12.4 馬なり余力
助手5栗坂良 1回 52.1 37.1 24.0 12.1 馬なり余力
いつも通りの軽快な動きでスムーズに登坂。好調キープ

⑨ファミリー〔力感乏しく〕
23.5 CW良 82.2 66.7 52.2 38.0 12.2 ⑤一杯に追う
助手◇栗坂良 1回 52.2 38.4 24.9 12.5 一杯に追う
調師18栗坂稍 1回 59.0 43.5 28.7 13.8 馬なり余力
河田21CW良 84.9 69.2 53.6 37.8 11.7 ⑧馬なり余力
シゲルイワイザケ(古馬1勝)馬なりの外0.1秒先行クビ差先着
センカラット(新馬)一杯の外0.2秒追走0.4秒先着
24栗坂1回 60.4 42.0 12.6なり 併せ 0.2秒遅れ
27栗坂1回 54.6 38.7 12.3一杯 2栗坂1回 57.2 41.1 13.0なり
調師5CW良 68.5 52.6 37.3 11.8 ⑦稍一杯追う
クリスアーサー(二勝)馬なりの外0.9秒先行0.4秒遅れ
馬体、動きともに力強さが感じられない。パワー欲しい

⑩スウィープフィート〔シャープな脚捌き〕
23.7 栗坂良 1回 52.1 38.2 25.1 12.8 馬なり余力
助手◇栗芝良 65.8 50.3 35.9 11.3 ⑦馬なり余力
18栗坂1回 59.0 43.2 13.5なり 21栗坂1回 53.7 39.5 12.2なり
27栗坂1回 53.8 39.3 12.6末強 併せ 追走0.1秒先着
助手2栗坂良 1回 59.2 44.1 28.8 14.5 馬なり余力
助手5栗坂良 1回 53.3 38.5 24.6 12.0 末強め追う
シャープな脚捌きでスイスイと駆け上がった。好気配

⑪ラガークイン〔動きキビキビ〕
23.8 栗坂稍 1回 53.0 38.7 26.0 13.4 強めに追う
大保◇栗坂良 1回 53.4 38.4 24.3 12.3 馬なり余力
22栗坂1回 51.1 36.9 12.0なり 28栗坂1回 53.0 38.5 12.4なり
大保5栗坂良 1回 53.4 39.1 24.5 12.0 馬なり余力
22日に好時計。5日はキビキビ動いて、デキは上向き

⑫サトノアイオライト〔鋭さひと息〕
23.7 栗坂良 1回 53.6 38.9 25.4 12.6 馬なり余力
坂瑠◇栗坂良 1回 53.6 38.9 25.4 12.6 馬なり余力
1栗坂1回 54.0 38.8 13.1なり 併せ 追走クビ差遅れ
助手6CW良 84.8 69.6 54.6 39.7 13.0 ⑧一杯に追う
ワーキングアセット(新馬)強めの外0.5秒先行1秒遅れ
ホーギー(二勝)一杯の外1.2秒先行0.6秒遅れ
13栗坂1回 55.7 39.3 12.8なり 21栗坂1回 54.3 40.4 12.4なり
川又27CW良 82.7 67.6 52.5 37.9 12.6 ⑧一杯に追う
テイクザクラウン(二勝)馬なりの内0.1秒追走クビ差遅れ
大保5栗坂良 1回 54.9 39.7 25.8 13.2 馬なり余力
中間の併せ馬は遅ればかりで、5日は鋭さがひと息

京都1600㍍(芝・内)争覇圏は3㌖標で先頭から5馬身程度。枠の内外は関係ない。

1着⑩スウィ—プフィート（6番人気）

2着④ウインディオーネ（2番人気）

3着⑪ラガークイン（5番人気）

単⑩ 1760 円　複⑩ 400 円　④ 160 円　⑪ 260 円

馬連④－⑩ 3500 円　馬単⑩→④ 8170 円

ワイド④－⑩ 1140 円　⑩－⑪ 1680 円　④－⑪ 780 円

3連複④⑩⑪ 8410 円　3連単⑩→④→⑪ 62320 円

●2023年10月８日・京都２Ｒ(２歳未勝利、芝1600m良)

発走 10:20 馬・枠番 / 牟田 米満 井上 広瀬 甲斐 西村 本紙		京都 2	2歳未勝利 (指定)牝馬	1600メートル (芝A・内右) レコード 1.32.3 キーアイル 5 浜中 2013.11.2	推定タイム 未勝利 1600メートル芝 良 1.34.2 重不 1.36.2		主力対等
馬・枠番	予想印・推定オッズ	斤量・騎手	馬名・血統	調教師・成績	前々走	前走	距離成績
1 1 白	(46.2)47.9 ：：：◎：：： 30.0 ←逃	富田 55 0001	デクラレーションオブウォ㊥ 小鹿牝2鹿毛 ミヤジテン ミニョンレーヌ⓪ 曽我司 ディープインパクト㊥長 高村伸	川村㊞0.0.0.0 0-0-0-2 逃0先0差0追0 0 ・・・・・⑦・・	3阪⑤6・17新馬13ト11 亖ダ1167永島52 M37.9-38.8 ⑬⑨⑨外 サトノフェニ3.4 464 13ト10人気	4阪⑤9・18牝未勝10ト7 兲芝外A1345富田55 M35.4-35.2 ⑥⑥⑩内 フルレゾン1.2 470 3ト9人気	見せ場作れず 0001
2 2 黒	(──)54.0 ○○▲△▲▲▲ 5.7 ←先	鮫島駿 55 0100	㊫キタサンブラック㊥ 牝2鹿毛 ニエキヤ サミター㊣ サンデーR ロックオブジブラルタ㊥ ノーザ	清水久㊞0.0.0.0 0-1-0-0 逃0先0差1追0 0 ・・・・②・・・	兄ダノンチェイサー③ 姉アクニディ⓪ 姉ミエリ① 兄ディエルメス⓪	4阪②9・10牝新馬11ト2 兲芝外A1352鮫島駿55△ S36.9-33.6 ③③④内 ビーグラッド0.4 410 10ト2人気	初戦で力示し 0100
3 3 赤	(──)48.0 ：：：：：：： ☆ ←差	藤懸 55 0001	㊫シルバーステート㊥ 牝2鹿毛 シルバヴール バイオダイナミック⓪ 杉山忠国 オルフェーヴル㊥長 明治牧場	高橋忠㊞0.0.0.0 0-0-0-1 逃0先0差0追0 0 ・・・・・・・⑦	初仔 近親キャスパリーグ② 近親ダンツシュアー④ 近親リアルキング④	4阪⑨10・1新馬9ト7 亖芝内B2042藤懸55 S37.3-37.2②②②②中 カズゴルティ2.1 376 9ト6人気	大幅良化は？ 0000
4 4 青	(53.9)55.1 △△△○△○○ 4.8 ←先	松山 55 初騎乗	㊫シルバーステート㊥ 鹿牝2黒鹿 ウインディオーネ ウインアルテミス⓪ ㈱ウイン Arch㊥ コスモヴューファーム	長谷川㊞0.0.0.0 0-2-0-0 逃0先2差0追0 0 ・・・・・放牧・・	3帖④7・9牝新馬10ト2 兲芝A1380和田竜55C△ S38.4-34.8 ④③③外 ショウナンマ0.1 442 6ト3人気	2新④8・6未勝利11ト2 兲芝外A1344川田55C○ S36.3-34.0 ⑤④④内 ニシノコイゴ0.2 448 2ト1人気	久々も力上位 0200
5 5 黄	(52.2)51.9 △△：：：：： 14.7 ←差	岩田望 55 0002	ダークエンジェル㊥ 牝2鹿毛 ギルティプレジャー パテントジョイ㊣ ゴドルフィン Pivotal㊥ ダーレーJF	寺島㊞0.0.0.0 0-0-0-2 逃0先0差0追0 0 ⑤・・・④・・・	3小①8・12牝新馬15ト5 亖芝A1096岩田望55◎ H34.1-35.5 ③②②内 セイウンデセ0.5 444 5ト3人気	4阪②9・10未勝利7ト4 兲芝外A1362岩田望55△ S37.0-33.6 ③④④中 コートリーパ0.3 448 4ト5人気	速い脚欠く感 0001
6	(52.5)53.4 ▲△◎△◎△△ 3.6 ←差	坂井瑠 55 0110	㊫スワーヴリチャード㊥ 鹿牝2鹿毛 エヴァンスウィート ハルーワスウィート⑤ 佐々木主 Machiavellian㊥ ノーザンF	友道㊞0.0.0.0 0-1-1-0 逃0先0差0追1 0 ・・・・・・・②・	3帖⑦7・22新馬8ト3 兲芝B1379坂井瑠55○ S37.4-36.0 ④④③大外 ルクスノア0.9 428 1ト1人気	4阪⑦9・24未勝利9ト2 兲芝外B1353坂井瑠55▲ S36.4-33.9 ⑧⑧⑥中 ナムラエイハ0.6 432 10ト1人気	順調上位争い 0110
7 6 緑	(──)50.7 ：：：：：：： 24.7 ←先	幸 55 初騎乗	㊫ヴィクトワールピサ㊥長 牝2鹿毛 カンティーク ヴェントス① ㈱ノースヒルズ ウォーエンブレム㊥ ノースヒル	高橋亮㊞0.0.0.0 0-0-0-1 逃0先0差0追0 0 ・・・・・・④・・	姉スカーレットカラー③ 兄ウーゴ 姉イリマ 兄フィニッシュアップ⓪	4阪③9・16新馬8ト4 兲芝外A1359岩田望55○ S36.7-35.5 ②③②外 デルシエロ1.4 424 5ト4人気	センスいいが 0001
8	(51.0)52.9 ◎◎○△○◎◉ 2.5 ←逃	和田竜 55 0101	㊫ロードカナロア㊥ 牝2鹿毛 エマロア エマノン④ 丸山担 ハーツクライ㊥長 ノーザンF	平田㊞0.0.0.0 0-1-0-1 逃1先0差0追0 0 ・・・・・・②・・	3帖⑧7・23新馬11ト5 亖芝B2058和田竜55○ S38.4-35.6⑦⑥⑦⑦中 マテンロウゴ0.5 492 3ト3人気	4阪⑤9・18牝未勝10ト2 兲芝外A1335和田竜55◎ M34.5-34.9 ①①①大内 フルレゾン0.2 488 5ト4人気	前走相手悪く 0100
9 7 橙	(──)49.0 ：：：：：：： ☆ ←差	★河原田 51 初騎乗	㊫ダイワメジャー㊥ 牝2鹿毛 ファミリー トーセンハーディ㊣ 岡浩二 Compton Place㊥ 村上欽哉	渡辺㊞0.0.0.0 0-0-0-1 逃0先0差0追0 0 ・4カ月休養・・	3阪③6・10新馬10ト6 兲芝外B1385幸55 S37.4-35.7 ③③③外 ヒヒーン1.9 418 6ト8人気	リフレッシュ・放牧 馬体良化 初戦⑥着 推定馬体434 中9週以上0000	一走様子見て 0001
10	(──)53.2 ：：：：△△△ 21.2 ←先	▲永島 52 0010	㊫スワーヴリチャード㊥ 牝2鹿毛 スウィープフィート ビジュートウショウ⓪ ㈱YGG ディープスカイ㊥ 聖心台牧場	庄野㊞0.0.0.0 0-0-1-0 逃0先0差1追0 0 ③・・・・・・・	兄ライオ㊣ 兄ビジューブリランテ 姉マキバジョオー⓪ 姉シルバージュエリー	3小②8・13新馬12ト3 亖芝A1099永島52△ M34.8-35.1 ⑥④②外 パッシングシ0.8 454 11ト3人気	レース開くも有力 0000
11 8 桃	(──)53.0 △△△▲△△△ 13.4 ←逃	▲大久保 52 0010	㊫リアルインパクト㊥ 牝2黒鹿 ラガークイン ウォークロニクル① 奥村訓彦 ウォーエンブレム㊥ ノーザンF	大久保㊞0.0.0.0 0-0-1-0 逃0先0差1追0 0 ・・・・・・・・	兄クロニクルノヴァ 姉マテンロウカノン	4阪②9・10牝新馬11ト3 兲芝外A1355大久保52▲ S37.3-33.5 ⑦⑥⑦外 ビーグラッド0.7 396 8ト3人気	初戦伸び良く 0010
12	(──)46.7 ：△：：：：： 23.1 ←差	武豊 55 初騎乗	㊫リアルインパクト㊥ 鹿牝2黒鹿 サトノアイオライト シルバーバレットムー㊣ 里見治 Vindication㊥ ノーザンF	吉村㊞0.0.0.0 0-0-0-1 逃0先0差0追0 0 ・3カ月休養・・	3帖④7・9牝新馬10ト8 兲芝A1396坂井瑠55 S38.3-36.5 ③③③大外 ショウナンマ1.7 446 5ト5人気	馬体調整・放牧 仕上がり上々 初戦⑧着 推定馬体450 中9週以上0000	叩いてからか 0001

1
2
3

レースを使って3着に入っていた。そして馬券圏内に入った1200m戦ではなく、次走はあえてマイル戦に挑戦してきた。

一本調子なスピードでも押し切れる小倉芝1200mと、道中の折り合いが必要な京都芝1600mでは、求められる適性は大きく違ってくる。このレースには1600mで2～3着に入線している馬が5頭もいたため、新馬戦3着の実績はあっても、スウィープフィートの評価は低かった。

しかし、追切での急加速力を計算してみると、スウィープフィートの1・6がズバ抜けている。5(4)ハロンボーダーも、1ハロンボーダーもクリアしているので、S評価の軸馬候補である(P148の表)。急加速力を示しているということは、折り合う力を持っている可能性がある。距離延長だから不安なのではなく、距離延長で人気薄だからこそ、買えるのである。

朝一オッズを確認すると、極端な連単複差のある馬はいなかったが、スウィープフィートはプラス1で上昇度がある(P149の表)。オッズ断層にも隣接しているため、オッズ分析の面でもなんの問題もなかった。

ならば、迷わず人気薄のスウィープフィートから勝負である。朝一単勝30倍以下(1・0～30倍)の馬が7頭しかいないので、レースの波乱度は低め。できれば、スウィープフィートから相手を絞って勝負したい。

有力な相手候補は、急加速力1・3のサトノアイオライト、1・0のラガークイン、0・8のウインディオーネあたりだろう。

レースは少し想定外の流れになった。2歳戦で12頭立ての少頭数ゆえにスローペースで流れるかと思いきや、前半1000m58秒7の締まったペースで流れたのである。スタミナが問われそうな距離延長馬にとっては不利な流れだが、追切で急加速力を示していたスウィープフィートには問題がなかった。前とは離れず中団をキープすると、直線ではメンバー中最速の脚を使って先頭でゴールイン。距離延長を難なく克服したのである。

2着に入ったのは急加速力0・8のウインディオーネ、3着は急加速力1・0のラガークイン。S評価の軸馬から、有力ヒモ候補に流すだけで、3連単6万2320円があっさりと的中する。

競馬ファンは、ついついデータに頼ってしまいがちである。しかし、データは過去の結果の積み重ねにすぎない。追切やオッズはレース直前の「今」を表すものである。どちらに重きを置くべきかは、いうまでもないだろう。

ダート替わり×追切インサイダー＝適性も急加速力で見抜ける

距離延長以上に難しいのが「ダート替わり」だ。

芝で好成績を残していたのに初のダート挑戦でサッパリという馬もいるし、芝ではシンガリ続きだったのにダートになって激変という馬もいる。

初ダートの馬を狙う際には、血統を参考にする人が多いと思う。最近だと、ドレフォン、キズナ、ロードカナロア、ヘニーヒューズ、シニスターミニスターあたりのダート替わりに注目している人が多いのではないだろうか。

父も母も明らかなダート血統であれば、確かにダート替わりは狙い目かもしれない。しかし、バリバリのダート血統の配合の馬は、たいてい初手からダートを使われるものだ。

芝からダートに矛先を変えるのは、片方が芝血統・片方がダート血統という馬や、芝血統だがレースをしてみるとスピード不足だった馬などが多い。血統を見ても、適性が読みづらいケースは多くある。血統は一筋縄ではいかないのだ。

馬体や走法からダート適性を見抜くという人もいるかもしれないが、たとえダート適性があったとしても、そのレースで結果を出せるかどうかはわからない。いくら適性があっても、ほかの出走馬よりも能力が劣っていると、負ける危険性がある。

そこで、急加速力である。

適性うんぬんは脇においても、急加速力上位ならば、出走メンバーのなかでは能力上位だと判断できる。競馬の着順を左右するのはまずは能力。能力が拮抗しているときに初めて、適性は問われるのだ。

また、ダートではパワーが必要とされる。急坂の坂路コースで高い急加速力を示している馬はパワーを兼ね備えていることが多いので、力の必要なダートにも適性があるケースも多い。

坂路の急加速力ですべての馬のダート適性を見抜けるわけではないが、血統、馬体、走法と同様に、ダート適性を判別する材料にはなる。

ちなみに、坂路よりもパワーを必要としないトラックコースでは、ダート適性を測ることはできない。

２０２３年10月14日・京都11Ｒ太秦Ｓ（オープン、ダート１８００ｍ※馬柱、配当はＰ１５６～１５

■2023年10月14日・京都11R太秦S

馬番	馬名	追切日	追切コース	5F(4F)	3F(2F)	1F	5F(4F)ボーダー	1Fボーダー	急加速力
3番	ヴィクティファルス	9月27日	栗東坂	54.3	24.9	12.0	○	○	1.4
4番	タイセイドレフォン	10月5日	栗CW	68.2	38.3	11.5	○	○	1.3
10番	エナハツホ	10月11日	栗CW	67.3	37.4	11.5	○	○	0.9
2番	リリーミニスター	9月27日	栗東P	65.6	38.0	12.0	○	○	0.8
6番	ガンダルフ	9月27日	美浦坂	52.8	25.5	12.7	○	○	0.7
12番	キタノリューオー	10月11日	美浦W	67.0	38.1	12.1	○	○	0.3
11番	ディアセオリー	10月8日	美浦坂	56.3	26.5	12.2	×	○	2.7
9番	ロードエクレール	10月1日	美浦坂	56.1	27.0	12.9	×	○	1.8
1番	メイクアリープ	10月2日	栗CW	68.6	38.0	11.7	×	○	0.9
5番	カフジオクタゴン	10月11日	栗東坂	54.5	25.0	12.5	×	○	0.5
7番	マリオロード	10月12日	栗東坂	53.3	26.3	12.8	○	×	0
8番	ジャズブルース	10月11日	栗東坂	53.8	26.0	13.5	○	×	0

7）には、5歳にして初めてダートに挑戦する馬がいた。ヴィクティファルスである。

3歳時にはスプリングSを勝った重賞ホースだが、その後は芝のレースで頭打ち。そこで目先を変えてダートに挑んできたわけだ。初ダートと凡走続きであることに加えて、血統面でも父は芝の中長距離を得意とするハーツクライ、母の父はヨーロッパの芝血統ガリレオということもあり、評価は低かった。

しかし、ヴィクティファルスはメンバー中で最高の急加速力1・4をマークしていた（上の表）。記録したのはパワーを要する坂路コース。さらに9月27日以降の追切でも、10月2日に栗東坂路で急加速力1・3を出している。

10月5日の追切では急加加速力こそゼロだったが、51秒5－24秒3－12秒4と、1ハロンボーダーや5（4）ハロンボーダーを上回る好時計を記録。同馬が制したスプリングSも力のいる重馬場だった。これはダートをこなせる可能性があるとみていい。

そこで朝一オッズを確認してみると、連単複差はメンバーのなかで最も高いプラス4。さらにオッズ断層のサポートまであ

▼京都 11 Rの調教欄（左の馬柱とも競馬ブック）

①メイクアリーブ〔月曜追いで仕上る〕
22.2 CW良 81.3 66.7 52.5 38.3 12.9 ⑧一杯に追う
幸 ■CW良 85.2 69.4 54.1 38.2 11.8 ⑥馬なり余力
- - - - -
助手21CW良 75.4 60.1 43.9 14.1 ⑧馬なり余力
助手27CW良 85.2 69.8 55.2 39.5 12.7 ⑨馬なり余力
幸 2 CW良 84.6 68.6 53.0 38.0 11.7 ⑧馬なり余力
助手 9 CW重 83.5 68.5 54.1 39.1 12.3 ⑨直一杯追う
牡馬だがそんなに乗り込み量は必要としない馬。この馬なりには動いている。アウトラインもできている。

②リリーミニスター〔尻尾振る〕
23.5 栗P良 77.7 62.1 48.7 36.9 11.8 ⑧一杯に追う
助手 ■栗P良 78.2 62.5 49.1 37.0 11.8 ⑦稍一杯追う
- - - - -
助手27栗P良 82.7 65.6 51.0 38.0 12.0 ⑧馬なり余力
助手 2 栗P良 70.3 54.5 39.9 12.1 ⑨馬なり余力
助手 6 栗P良 82.7 66.2 51.6 38.2 12.3 ⑧強めに追う
助手11栗P良 78.6 62.9 49.8 37.6 12.0 ⑦叩き一杯
ムチが入ると尻尾を振っていた。いつものように集中力を欠く感じ。馬体は太くはないが……。

③ヴィクティファルス〔先週強い稽古消化〕
23.5 栗坂良 1回 51.1 37.2 24.4 12.5 一杯に追う
池添 ■栗坂良 1回 53.8 38.4 24.7 12.3 馬なり余力
調師◇栗坂良 1回 54.8 38.7 24.8 12.5 馬なり余力
- - - - -
24栗坂1回 57.2 41.5 13.2なり 27栗坂1回 54.3 39.0 12.0なり
調師 2 栗坂良 1回 54.4 39.8 25.8 12.5 馬なり余力
調師 5 栗坂良 1回 51.5 37.1 24.3 12.4 馬なり余力
助手 9 CW重 44.9 12.3 ⑨馬なり余力
調師12栗坂良 1回 60.9 44.1 28.6 13.9 馬なり余力
1週前に坂路で51秒5の好時計をマーク。当週は軽めだったが、力強い脚捌きで馬体も回復してきた感じ。

④タイセイドレフォン〔遅れも実戦タイプ〕
21.9 CW良 81.8 65.3 51.6 39.0 13.0 ⑨強めに追う
幸 ■CW良 86.1 70.4 54.8 38.7 11.6 ⑤一杯に追う
団野◇CW良 84.2 67.7 52.5 37.2 11.7 ⑧一杯に追う
- - - - -
助手17CW良 75.5 59.7 43.6 14.5 ⑦馬なり余力
助手21CW良 87.7 73.3 57.9 41.5 12.2 ⑨馬なり余力
フルドライヴ(二勝)馬なりの外2.1秒先行0.1秒先着
助手27CW良 84.6 69.3 53.8 38.2 12.0 ⑧叩き一杯
プッシュオン(古馬2勝)直強めの外0.8秒先行0.6秒遅れ
助手 1 CW重 59.9 43.6 14.0 ⑦馬なり余力
団野 5 CW良 83.8 68.2 53.2 38.3 11.5 ⑦馬なり余力
スズカダブル(古馬1勝)一杯の外同入
助手 9 CW重 89.4 74.3 59.0 42.8 13.5 ⑧馬なり余力
団野11CW良 84.5 69.2 53.8 38.1 11.8 ⑦一杯に追う
モアリジット(二歳1勝)一杯の内0.6秒追走0.5秒遅れ
もともとズブいタイプなので、攻めは動かない。今週も遅れてしまうが、この馬はこれでいい。悪くはない。

⑤カフジオクタゴン〔好調持続〕
22.1 栗坂良 1回 51.4 37.6 25.0 12.6 叩き一杯
ホー ■栗坂良 1回 53.1 38.7 25.0 12.4 馬なり余力
助手◇栗坂良 1回 53.2 38.1 24.7 12.2 末強め追う
- - - - -
助手 9 栗坂重 1回 62.7 45.1 29.0 14.3 馬なり余力
助手11栗坂良 1回 54.5 38.9 25.0 12.5 一杯に追う
前回は中間にビシビシとハードに追って、当週は余力残しの調整。今回は中1週でも一杯に追ってきた。ズブさがあるのは問題ないし、大型馬でも動きはしっかり。

⑥ガンダルフ〔力強い脚捌き〕
20.11 美坂稍 1回 51.8 37.7 24.7 12.4 馬なり余力
助手 ■美W稍 68.4 52.0 37.0 11.4 ⑥馬なり余力
助手◇美W良 67.4 51.8 37.3 11.6 ⑤馬なり余力
- - - - -
助手21美W稍 68.5 53.7 39.0 12.0 ④馬なり余力
レッドロスタム(古馬1勝)馬なりの内1.1秒追走0.2秒遅れ
助手24美W稍 74.7 57.9 41.5 12.7 ④馬なり余力
ダノンザタイガー(古馬3勝)馬なりの外0.2秒追走同入
27美坂 52.8 38.9 12.7一杯 併せ 追走同時入線
助手 1 美坂良 1回 58.5 42.6 28.1 14.2 馬なり余力
助手 5 美坂稍 1回 52.5 38.6 25.9 13.4 一杯に追う
アップトゥミー(古馬2勝)馬なりに0.2秒先行同入
8美坂1回 57.5 42.5 14.3なり 併せ 先行同時入線
助手11美坂稍 1回 54.1 39.0 25.3 12.6 馬なり余力
フォーグッド(古馬1勝)強めに0.3秒先行同入
中間は少しモタついていたが、直前は楽な手応えでしっかり動けていた。パワフルな脚捌きで気配上向き。

⑦マリオロード〔余裕ある動き〕
23.3 栗坂良 1回 53.6 38.4 25.2 12.4 馬なり余力
助手 ■栗坂良 1回 53.6 38.4 25.2 12.4 馬なり余力
助手◇栗坂良 1回 56.1 40.7 26.3 13.0 馬なり余力
- - - - -
助手28栗坂良 1回 58.8 43.5 29.2 14.6 馬なり余力
助手 5 栗坂良 1回 57.1 42.6 28.2 13.7 馬なり余力
助手12栗坂良 1回 53.3 39.6 26.3 12.8 馬なり余力
いつも通り馬なりの調整。ひと叩きされてグンと上向いた感じはないが、肌艶が良く、気分良さそうに登坂。

⑧ジャズブルース〔やや頭が高く〕
23.4 栗坂良 1回 52.3 38.4 24.8 12.5 馬なり余力
助手 ■CW良 84.0 67.9 53.3 38.6 12.2 ⑨一杯に追う
助手◇CW良 81.1 66.0 52.0 38.1 12.8 ⑧一杯に追う
- - - - -
助手 2 栗坂良 1回 54.1 39.1 25.9 13.0 末強め追う
助手 6 CW良 85.9 69.1 53.9 39.5 12.7 ⑨一杯に追う
10栗坂1回 58.5 42.1 13.6なり 14栗坂1回 54.6 39.4 12.7なり
21栗坂1回 54.4 39.7 12.6なり 24栗坂1回 56.1 40.3 13.0なり
助手27CW良 84.2 69.8 55.3 40.1 13.5 ⑨一杯に追う
助手 2 栗坂良 1回 56.0 40.4 26.3 13.1 馬なり余力
角河 5 CW良 85.2 68.9 54.2 39.1 12.1 ⑧一杯に追う
助手 8 栗坂良 1回 59.9 43.9 29.0 14.2 馬なり余力
助手11栗坂良 1回 53.8 39.5 26.0 13.5 一杯に追う
休み明けになるが、中間から馬っぷりは目立っている。ただ、追い出してからは頭が高く、伸びは目立たず。

⑨ロードエクレール〔追って伸び上々〕
23.3 美坂良 1回 52.2 37.7 24.5 11.8 末一杯追う
石裕 ■美坂稍 1回 54.8 40.3 26.9 13.2 馬なり余力
助手◇美P良 71.6 56.0 40.7 12.3 ⑤馬なり余力
- - - - -
助手31美P良 56.0 41.0 13.1 ⑧馬なり余力
助手 3 美P良 57.9 43.3 13.8 ⑥馬なり余力
助手 7 美P良 72.2 56.6 42.7 12.0 ⑦強めに追う
アウグスト(古馬2勝)直強めの外0.8秒先行0.1秒遅れ
トゥルース(古馬1勝)末強めの内0.4秒追走0.1秒遅れ
助手10美P良 71.7 55.9 41.2 13.1 ⑦馬なり余力
横琉13美P良 66.2 51.7 37.5 11.7 ⑥強めに追う
助手21美P良 73.4 56.8 42.2 13.1 ⑦馬なり余力
助手24美P良 71.2 55.5 40.5 13.2 ⑥馬なり余力
27美坂 54.2 39.0 12.5なり 併せ 先行0.2秒先着
助手 1 美坂良 1回 56.1 40.4 27.0 12.9 馬なり余力
助手 5 美坂稍 1回 53.6 38.6 25.6 12.6 一杯に追う
スキャッターシード(古馬2勝)一杯を0.8秒追走0.2秒先着
バクシン(古馬2勝)一杯を1.5秒追走0.8秒先着
助手 8 美坂良 1回 59.7 43.7 28.7 13.3 馬なり余力
助手11美坂稍 1回 52.9 39.4 25.7 12.7 強めに追う
稽古の動きにムラのある馬だが、先週、今週と追ってからの伸びが目立つ。この雰囲気なら一変があるかも。

⑩エナハツホ〔仕上がり良好〕
23.2 CW良 81.1 65.2 50.5 36.7 11.9 ⑧馬なり余力
助手 ■CW良 68.2 52.7 37.5 11.5 ⑦強めに追う
小崎◇CW良 7F 98.0 81.6 66.2 52.0 37.2 11.7 ⑧強めに追う
- - - - -
助手26栗坂良 54.1 39.1 25.3 12.6 馬なり余力
助手30CW良 84.2 68.3 53.5 38.4 11.9 ⑧直一杯追う
助手 4 CW稍 84.0 67.0 52.1 37.2 11.7 ⑦一杯に追う
助手 8 栗坂良 2回 52.8 38.1 24.4 12.1 叩き一杯
藤懸11CW良 7F 99.1 82.4 67.3 52.6 37.4 11.5 ⑧一杯に追う
特に目立ったパフォーマンスではなかったが。馬体はキチッと仕上がった。自身の力は発揮できそう。

⑪ディアセオリー〔脚取り確か〕
19.7 美坂稍 2回 52.8 38.3 24.8 12.5 末強め追う
助手 ■美W良 82.9 67.4 52.3 37.2 11.3 ⑤G前仕掛け
助手◇美W良 69.1 53.5 38.7 12.3 ⑥馬なり余力
- - - - -
助手18美W良 56.0 40.2 12.3 ⑤馬なり余力
助手21美W稍 68.3 53.2 38.3 12.0 ⑥一杯に追う
メテオダヴリル(古馬1勝)一杯の外0.3秒先行0.2秒遅れ
助手24美W稍 56.3 40.6 12.3 ⑧馬なり余力
27美坂 54.3 39.5 12.8末一 併せ 追走0.2秒遅れ
助手 2 美坂稍 1回 57.8 42.5 27.1 12.7 馬なり余力
助手 5 美坂稍 2回 54.8 39.6 26.4 13.3 馬なり余力
ヴァルツァーシャル(古オープン)強めに1.3秒先行同入
ワープスピード(古馬3勝)一杯に0.5秒先行0.2秒先着
助手 8 美坂良 2回 56.3 41.2 26.5 12.2 馬なり余力
助手11美坂稍 2回 54.1 39.8 25.6 12.3 馬なり余力
間隔が開いた分、乗り込み当初は少しモタモタしていたが、徐々に反応は良くなってきた。まずまずのデキ。

⑫キタノリューオー〔乗り込むも平凡〕
22.7 美W稍 80.9 64.7 50.6 37.0 12.1 ⑤強めに追う
丸山 ■美W稍 84.4 69.2 54.4 39.3 11.8 ③馬なり余力
丸山◇函ダ良 71.9 56.5 41.6 13.0 ⑥馬なり余力
- - - - -
助手18美W良 70.6 54.6 40.0 13.3 ④馬なり余力
助手21美W稍 69.1 53.8 39.5 12.8 ⑦馬なり余力
助手24美W稍 71.8 55.8 40.9 13.6 ⑤馬なり余力
助手27美W良 67.1 52.3 38.0 12.1 ④馬なり余力
キャントウェイト(二歳1勝)馬なりの外0.5秒先行0.2秒遅れ
助手 5 美W稍 82.2 65.8 51.3 37.3 12.1 ④強めに追う
ヤマタケボヌール(新馬)強めの内0.9秒追走0.4秒遅れ
助手11美W稍 83.5 67.0 52.3 38.1 12.1 ③一杯に追う
先週、今週とモタつきが目立つ。本来はもう少し機敏に動ける馬。太め感はないが、今回は割引が必要かも。

1着③ヴィクティファルス（7番人気）

2着④タイセイドレフォン（2番人気）

3着⑫キタノリューオー（10番人気）

単③ 2890円 複③ 720円 ④ 210円 ⑫ 1030円

馬連③－④ 7850円 馬単③→④ 20100円

ワイド③－④ 1960円 ③－⑫ 13220円 ④－⑫ 2050円

3連複③④⑫ 96730円 3連単③→④→⑫ 579090円

●2023年10月14日・京都11R太秦S
（３歳上ＯＰ、ダ1800m良）

発走 15:35	京都 11	Uzumasa Stakes 太秦ステークス (特指)(国際) 3歳以上 オープン 別定	180 イム 1800㍍ダ (ダ .51.0 .51.0		主力対等

馬番 枠番	牽米井広甲西本 田満上瀬斐村紙 レイティング(前走) 単オッズ・展開予想	重量 騎手 騎手成績	父 距離適性 性年齢 馬名 母 毛色 母の父 馬主 生産者	厩舎 ダ巧拙 ダ重 成績トータル 1.2着展開 賞金 ☆は出馬投票での除外 ローテー成績	競走成績 京阪中小全全 都神京倉 ダダダダ芝ダ ダ右回成績	前々走 (□は降着前の入線順位)。2行目＝距離、コース、タイム。3行目＝ペース、前後半3Fタイム、通過順(○は不着馬及びタイム差、馬体重、枠順、人気順。5行目＝追競走成績欄の縦太罫は2カ月半以上の休養、待機。	前走	短評 重賞成績 季節成績 9～11月
1 1 白	(64.6)66.7 ◎◎◎○◎◎◉ 2.0 ←囲	57 幸 4310	シニスターミニスター(中) 牡4 **メイクアリープ** スペシャルクイン④ 栗毛 スペシャルウィーク(中長) 福島 宮川純造 富田牧場	大根田(栗) 1.1.0.0 4-4-1-0 逃2先3差3追0 2400 ・3カ月休養・・ 中12週0 0 0 0	1 1 1 1 0 4 0 3 1 0 0 4 0 0 1 0 0 1 0 0 0 0 0 0 (右)3 3 0 0	3中京⑥7・16名鉄杯(L)15ト2 天ダ1518 幸 57◎ M37.2-37.2④④④③中 アーテルアス0.1480 14ｹ 1人 CW 85.2 38.2 11.8→○	馬体調整・放牧 仕上がりまずまず 初戦③着 推定馬体484 中9週以上1 1 0 0	まだ底見せず 0000 1100
2 2 黒	(60.7)63.0 ：：△：：：： 13.5 ←団	57 岩田望 初騎乗	シニスターミニスター(中) 騸6 **リリーミニスター** シーヴァージア⓪ 芦毛 クロフネ(中) 土井孝夫 高橋ファーム	緒方(栗) 3.2.0.7 4-4-4-27 逃1先7差0追0 2400 ・3カ月半休養・ 中14上-6月0 0 0 1	0 1 0 1 0 4 0 3 1 0 0 4 0 2 2 0 0 4 4 8 9 3 0 27 (右)4 3 2 15	2福❶7・1鶴ヶ3勝13ト1 毛ダ1437石川裕58C▲ M36.2-37.0①①①①内 0.2カズプレスト480 3ｹ 5人 栗P 78.2 37.0 11.8→○	リフレッシュ・放牧 仕上がり良好 初戦④着 推定馬体484 中9週以上0 1 0 6	即通用は疑問 0000 02111
3 3 赤	(62.8)62.6 ：：：：△△： 20.4 ←囲	58 池添 1007	㊋ハーツクライ(中長) 騸5 **ヴィクティファルス** ヴィルジニア③ 鹿毛 Galileo(中長) ㈱G1レーシング ノーザンF	池添学(栗) 0.0.0.0 2-1…-11 逃0先0差…0 3850 ・⑦・・・・・ 中6週0 0 0 1	0 0 0 0 2 0 0 0 0 0 1 0 0 0 0 0 0 0 0 0 0 0 11 0 (右)0 0 0 0	2東⑦5・13京王杯GII18ト18 舌芝B1219石川裕57B S35.2-35.0 ③③内 レッドモンレ1.6474 3ｹ 17人 栗坂 53.2 37.8 12.2→○	3小⑥8・27小日経12ト7 天芝A1471荻野極58△ H35.8-36.5④④⑧⑦中 カントル1.2 470 3ｹ 8人 栗坂 54.8 38.7 12.5↗○	目先を替えて 1108 1003
4 4 青	(67.6)68.8 ○○○◎○○○ 3.3 ←囲	58 団野 0001	ドレフォン(短) 牡4 **タイセイドレフォン** デイトユアドリーム④ 鹿毛 トワイニング(短中) 田中成奉 ノーザンファーム	西村(栗) 0.0.0.2 4…6 逃1… 3500 ・…休養・・ 中14上-6月0 0 0 1	1 1 1 1 0 4 0 1 1 0 0 3 0 0 0 0 0 0 1 1 1 0 1 5 (右)3 1 0 2	1京⑨5・20平安S GIII16ト4 天ダ2004 団 野57△ M37.3-39.6③③④④中 グロリアムン0.6498 10ｹ 6人 CW 84.2 37.2 11.7→○	リフレッシュ・放牧 仕上がり良好 初戦⑥着 推定馬体506 中9週以上1 1 0 2	力上位 久々でも 0103 1103
5 5 黄	B (70.2)70.0 ▲△▲△▲▲▲ 5.6 ←圏	58 坂井瑠 2214	㊋モーリス(中) 牡4 **カフジオクタゴン** メジロマリアン③ 芦毛 メジロベイリー(中) 中京 加藤守 レイクヴィラファーム	矢作(栗) 0.0.0.4 4-2-2-8 逃0先1差5追0 3500 ・・・・・・⑤・ 中1週1 1 0 0	0 2 1 0 0 4 0 2 0 0 0 2 0 0 0 0 0 2 1 2 0 0 0 8 (右)2 2 2 6	1札❻8・6エルS GIII14ト6 毛ダ1435 池 添58 M36.3-36.6⑤⑥⑦⑤中 セキフウ0.7 550 10ｹ 9人 函W68.8 38.5 12.3→○	4阪⑧9・30シリウGIII14ト5 三ダ2054坂井瑠57B△ M37.8-37.6⑨⑩⑨⑧中 ハギノアレグ1.0550 9ｹ 6人 栗坂 53.2 38.1 12.2→○	流れ変われば身り 1026 1112
6 5	関東(65.5)65.7 △▲△：△△△ 15.6 ←圏	57 西村淳 初騎乗	㊋キングカメハメハ(中) 牡5 **ガンダルフ** アメリ③ 鹿毛 Distorted Humor(中) サンデーR ノーザンファーム	国枝(美) 1.1.0.0 4-6-0-7 逃0先2差8追0 2400 ・⑩・・・・・☆ 中6週1 1 0 1	0 0 0 0 3 1 0 0 0 0 3 3 0 0 0 0 0 0 0 0 0 0 3 4 (右)1 1 0 1	3東❶6・3アハル16ト2 天ダ1345 レーン58△ M35.7-35.5 ⑪⑩⑩内 タイセイサム0.7482 4ｹ 1人 美W68.4 37.0 11.4→○	3新⑤8・26BSN(L)13ト10 天ダ1532 三 浦56△ M37.7-38.3⑨⑩⑨⑧外 アイコンテー2.4484 13ｹ 4人 美W67.4 37.3 11.6→○	まだ見限れず 0000 0202
7 6 緑	B (62.7)64.1 △△△：：★△ 16.8 ←圏	57 武豊 初騎乗	㊋キタサンブラック(中) 牡4 **マリオロード** ヤマトマリオン⑥ 鹿毛 オペラハウス(長) サン 坂東牧場	安達(栗) 1.1.0.0 4-1-1-10 逃0先3差1追1 2400 ・・・・⑦・・・ 中3週1 0 0 1	0 1 2 0 0 4 0 0 1 0 0 1 0 0 1 0 0 1 0 2 4 0 2 8 (右)2 0 0 3	2東④4・30ブリS(L)16ト6 三ダ2110大 野54C M37.2-37.7②②③④内 ディクテオン1.0492 10ｹ 6人 栗坂 55.8 40.8 13.9→○	4中④9・17ラジ日16ト7 天ダ1531松 岡57B M37.5-38.6⑦⑦④④外 ウィリアムバ0.9484 9ｹ 12人 栗坂 56.1 40.7 13.0→○	叩いた効果で 0000 2103
8 6	(63.8)64.3 ：：：：：：： ☆ ←囲	57 角田河 1000	㊋オウケンブルースリ(中長) 牡4 **ジャズブルース** ジュピターズジャズ⓪ 青鹿 サンデーサイレンス(中) 福島 ㈲シルクレーシング 坂東牧場	吉村(栗) 0.0.0.2 4-0-1-10 逃0先4差0追0 2400 ・4カ月休養・・ 中14上-6月0 0 0 0	0 0 0 1 1 3 0 0 0 0 0 0 0 0 0 0 1 0 0 2 1 1 4 6 (右)2 0 0 4	3阪❹6・11三宮S 15ト10 天ダ1516 団 野55 M37.1-37.8⑤⑤④⑤中 キングズソー1.7462 10ｹ 11人 CW 81.1 38.1 12.8→○	馬体調整・放牧 仕上がり上々 初戦⑤着 推定馬体470 中9週以上1 0 1 2	いきなりとは 0001 2011
9 7 橙	関東(67.1)65.7 △★：：：：△ 13.0 ←圏	57 和田竜 初騎乗	㊋ロードカナロア(短中) 牡5 **ロードエクレール** タッチアス⓪ 鹿毛 Mineshaft(中) ロードHC 大柳ファーム	斎藤誠(美) 0.0.0.2 4-1-2-12 逃4先1差0追0 2400 ・・・・☆・・☆ 中12週0 0 0 0	0 0 0 0 0 4 0 0 0 0 0 1 0 0 0 0 0 2 1 1 1 0 3 9 (右)2 1 2 8	3中京⑥7・16名鉄杯(L)15ト13 天ダ1562岩田望57C△ M36.3-42.2②②①①内 アーテルアス4.5470 7ｹ 5人 美P71.6 40.7 12.3→○	3カ月休養 推定馬体476 馬体調整・放牧 乗り込み熱心 9上1 1 1 4 初戦⑤	すんなりなら 0002 1004
10 7	(62.7)64.0 ：：：△△：： ☆ ←逃	55 藤懸 2011	トビーズコーナー(中) 牝4 **エナハッツホ** タイセイゴディス⓪ 栗毛 ステイゴールド(中長) 宮原廣伸 大狩部牧場	吉田(栗) 1.0.0.1 4-0-2-7 逃0先1差2追1 2400 ・3カ月半休養・ 中13週0 0 0 0	0 3 0 0 0 4 0 0 0 0 0 0 0 1 0 0 0 2 0 2 3 0 0 7 (右)3 0 2 2	川崎③7・5スパーJIII 9ト6 天ダ1424 小 崎55△ S38.3-39.0⑥⑥④⑦外 レディバグ1.1 452 6ｹ 6人 CW 81.6 37.2 11.7→	リフレッシュ・放牧 仕上がり良好 初戦①着 推定馬体452 中9週以上0 0 1 1	仕上がいいり 0001 0012
11 8 桃	B 関東(65.6)65.8 ：：：△：：： 43.9 ←圏	57 藤岡佑 0001	㊋サムライハート(中) 牡6 **ディアセオリー** サイレントベッド⓪ 鹿毛 ソウルオブザマター(中) ディアレストク ディアレストク	高木登(美) 0.0.0.1 4-2-5-23 逃0先3差2追1 2400 ・・・・・・・☆ 中12週0 0 0 2	0 0 0 0 2 2 0 0 0 0 2 0 0 0 0 0 3 2 0 1 2 0 15 8 (右)1 0 1 4	3中京⑥7・16名鉄杯(L)15ト11 天ダ1551酒井学57B M37.4-40.4⑤⑤⑤④外 アーテルアス3.4496 15ｹ 11人 美W69.1 38.7 12.3→○	3カ月休養 推定馬体500 リフレッシュ・放牧 仕上がりまずまず 9上0 0 1 8 初戦①	前走負け過ぎ 0002 0126
12 8	関東(64.2)65.4 ：：：▲：：： 49.8 ←逃	57 松若 0001	㊋ジョーカプチーノ(短中) 牡5 **キタノリューオー** モリトオウカ⓪ 鹿毛 ブライアンズタイム(中長) 北所直人 見上牧場	萱野(美) 0.0.0.3 4…13 逃0… 2400 ・…休養・ 中14上-6月0 0 0 2	0 0 0 0 0 4 0 0 0 0 0 2 0 0 0 0 0 2 0 1 0 0 1 12 (右)2 1 1 8	1函⑥6・25大沼S(L)13ト6 毛ダ1442 丸 山57 M38.0-36.9⑩⑩⑩⑦外 ペプチドナイ1.1466 13ｹ 11人 函ダ71.9 41.6 13.0→○	馬体調整・放牧 乗り込み入念 初戦⑥着 推定馬体470 中9週以上1 0 0 4	展開ぬらと 0001 2112

■2023年10月14日・京都11R太秦S　朝一オッズ（太い罫線の部分が断層）

馬連順位	枠番	馬番	馬名	オッズ	単勝	複勝	連単複差
1位	1	1	メイクアリープ	―	2.9(1位)	1.1-1.1(1位)	0
2位	4	4	タイセイドレフォン	4.8	4.3(2位)	1.6-3.3(3位)	-1
3位	5	5	カフジオクタゴン	7.4	6.3(4位)	1.8-3.7(4位)	-2
4位	5	6	ガンダルフ	7.9	4.4(3位)	1.6-3.2(2位)	+3
5位	6	7	マリオロード	15.5	13.1(5位)	2.8-6.3(5位)	0
6位	7	10	エナハツホ	21.4	24.0(6位)	3.7-8.7(6位)	0
7位	7	9	ロードエクレール	21.6	25.7(8位)	4.5-10.5(9位)	-3
8位	2	2	リリーミニスター	23.1	27.9(9位)	4.2-9.9(8位)	-1
9位	3	3	ヴィクティファルス	25.3	24.7(7位)	3.8-8.9(7位)	+4
10位	8	12	キタノリューオー	52.1	39.8(11位)	5.2-12.5(10位)	-1
11位	6	8	ジャズブルース	64.9	35.8(10位)	5.9-14.2(11位)	+1
12位	8	11	ディアセオリー	97.5	67.4(12位)	8.7-21.0(12位)	0

■2023年10月14日・京都11R太秦Sの急加速力ランク～オッズ断層

馬番	馬名	急加速力ランク	連単複差	オッズ断層	1～3着
1番	メイクアリープ	C			
2番	リリーミニスター	C	×		
3番	ヴィクティファルス	A	○	○	1着
4番	タイセイドレフォン	B	×	○	2着
5番	カフジオクタゴン		×	○	
6番	ガンダルフ	C	○	○	
7番	マリオロード			○	
8番	ジャズブルース		○	○	
9番	ロードエクレール	C	×		
10番	エナハツホ	C			
11番	ディアセオリー	C		○	
12番	キタノリューオー	C	×	○	3着

る（右の表）。

一方、これに続く急加速力1・3をマークしたタイセイドレフォンの連単複差はマイナス1。オッズ分析から判断しても、このレースの軸馬はヴィクティファルスとなる。

朝一単勝30倍以下（1・0〜30倍）の馬は全部で9頭。12頭立てで9頭もいるのだから波乱含みとみていい。急加速力が高く有力ヒモ候補のタイセイドレフォンを含め、馬券は手広く流すのが正解だ。

レースはやや想定外の幕開けとなった。初めてのダートスタートということもあってか、ヴィクティファルスがゲートで躓いて中団になってしまったのだ。しかし勝負どころで絶好の手ごたえで上がっていくと、4コーナーで2番手に並び、直線で抜け出して先頭。そのままゴール板を駆け抜けた。

2着は高い急加速力を示したタイセイドレフォン、3着には両ボーダーラインを突破していたキタノリューオーが入線。ヴィクティファルスが単勝28・9倍の7番人気という低評価だったことに加えて、キタノリューオーが10番人気とノーマークであったため、3連単は57万9090円もついた。

このように、坂路で記録された高い急加速力は、ダート適性を判断する一材料になる。

あからさまなダート血統のダート替わりは過剰人気することも多いため、ヴィクティファルスのような、芝血統なのにダート適性がある馬を見つけられるとオイシイ思いができる。

初出走×追切インサイダー＝好走率は低いが……能力上位馬なら走る！

新馬戦で【追切インサイダー】が有効だということは、第2章で説明させていただいた。それと同様に、

■2023年４月16日・福島１Ｒ

馬番	馬名	追切日	追切コース	5F(4F)	3F(2F)	1F	5F(4F)ボーダー	1Fボーダー	急加速力
6番	ユウナイス	3月29日	栗東坂	53.4	24.6	11.9	○	○	1.3
11番	レアジーニアス	4月5日	美浦W	67.6	38.0	11.5	○	○	1.2
7番	ネモフィラ	3月30日	美浦P	68.4	38.0	11.9	○	○	1.0
13番	ニシノレールガン	4月12日	美浦坂	54.0	25.1	12.4	○	○	0.8
9番	ジュゲム	4月12日	美浦W	67.9	37.7	11.9	○	○	0.4
15番	クリノビッグママ	4月12日	美浦坂	55.8	26.1	12.6	×	○	1.4
4番	ベリーベリーベリー	4月5日	美浦W	70.0	38.6	11.7	×	○	1.2
1番	ヴァイストウショウ	4月5日	美浦W	69.9	38.3	11.8	×	○	0.9
2番	ジュレップスター	4月5日	美浦坂	56.4	26.0	13.0	×	○	0.5
3番	レットイットゴー	4月12日	栗東坂	58.0	28.3	14.1	×	×	0
5番	メイショウリリアム	4月11日	栗CW	ー	40.0	12.4	×	○	0
8番	アイアムカチマショ	4月12日	美浦W	ー	45.1	11.2	×	○	0
10番	アラタマシップ	4月12日	栗東坂	57.8	27.7	13.3	×	×	0
12番	ワタシハマジョ	4月12日	美浦W	ー	38.5	11.6	×	○	0
14番	チイサナメダル	4月12日	美浦坂	60.0	30.1	15.2	×	×	0
16番	ジョリーパーマー	4月13日	美浦W	70.3	40.1	12.9	×	×	0

未勝利戦に出走してくる初出走馬の判断にも役立つ。

一般的に、未出走馬が好走する確率は非常に低い。その数値は、芝のレースで勝率が４・０％、ダートでは２・６％にとどまる。それほどまでに既走馬の壁は高いのだろう。読者のなかには「初出走馬は無条件で消し」と決めている人もいると思う。

しかし、無条件で消してしまうのはもったいない。未出走馬は人気の盲点になりやすいので、好走する能力のある馬を見つけられればウマ味がある。

そして何度も繰り返すが、高い急加速力を示した馬は、調子の良さだけでなく、資質の高さも持っている。つまり、初出走馬が既走馬相手に通用するかを判断するのに打ってつけなのだ。

２０２３年４月16日・福島１Ｒ（３歳未勝利、ダート１１５０ｍ※馬柱、配当はＰ１６２～１６３）。ここに初出走で挑んできたのがユウナイスだ。

同馬の父はプリサイスエンド、生産者はＪＲＡでは

■2023年４月16日・福島１R　朝一オッズ（太い罫線の部分が断層）

馬連順位	枠番	馬番	馬名	オッズ	単勝	複勝	連単複差
1位	6	12	ワタシハマジョ	―	2.7(1位)	1.2-1.6(1位)	0
2位	2	4	ベリーベリーベリー	5.0	3.9(2位)	1.3-1.9(2位)	0
3位	6	11	レアジーニアス	6.1	6.3(4位)	1.5-2.2(4位)	-2
4位	3	6	ユウナイス	9.5	4.9(3位)	1.5-2.2(3位)	+2
5位	4	8	アイアムカチマショ	20.5	11.0(5位)	2.8-4.5(5位)	0
6位	4	7	ネモフィラ	40.2	34.9(6位)	4.9-8.2(6位)	0
7位	8	15	クリノビッグママ	41.2	39.3(8位)	5.9-9.9(7位)	-1
8位	7	13	ニシノレールガン	49.5	35.4(7位)	6.6-11.2(8位)	+1
9位	3	5	メイショウリリアム	74.3	60.3(11位)	9.8-16.8(11位)	-4
10位	1	1	ヴァイストウショウ	80.1	39.9(9位)	7.1-11.9(9位)	+2
11位	2	3	レットイットゴー	88.1	59.7(10位)	8.3-14.1(10位)	+2
12位	5	9	ジュゲム	130.3	64.9(12位)	10.0-17.0(12位)	0
13位	1	2	ジュレップスター	150.1	88.5(13位)	13.8-23.7(13位)	0
14位	7	14	チイサナメダル	479.5	110.8(14位)	23.3-40.2(14位)	0
15位	5	10	アラタマシップ	555.7	190.9(16位)	28.9-49.9(16位)	-2
16位	8	16	ジョリーパーマー	555.7	166.9(15位)	25.7-44.2(15位)	+2

■2023年４月16日・福島１Rの急加速力ランク～オッズ断層

馬番	馬名	急加速力ランク	連単複差	オッズ断層	1～3着
1番	ヴァイストウショウ		○		
2番	ジュレップスター			○	
3番	レットイットゴー		○		
4番	ベリーベリーベリー	C			2着
5番	メイショウリリアム		×	○	
6番	ユウナイス	A	○	○	1着
7番	ネモフィラ	C		○	
8番	アイアムカチマショ			○	
9番	ジュゲム	C			
10番	アラタマシップ		×		
11番	レアジーニアス	B	×	○	
12番	ワタシハマジョ				
13番	ニシノレールガン	C	○	○	
14番	チイサナメダル			○	
15番	クリノビッグママ	C	×		3着
16番	ジョリーパーマー		○		

▼福島1Rの調教欄（左の馬柱とも競馬ブック）

1R調教 ★[2]ジュレップスター好調教★

6F 5F 半哩 3F 1F

[1]ヴァイストウショウ〔乗り込むも平凡〕
助手 8南W良 71.8 55.0 39.6 12.9 [2]強めに追う
ソリッドステート(三未勝)馬なりの内0.1秒先行同入
助手15南W良 68.6 52.1 37.6 12.3 [3]強めに追う
ソリッドステート(三未勝)馬なりの内0.4秒追走0.6秒遅れ
助手22南W良 83.3 67.6 52.9 39.1 13.6 [6]一杯に追う
ソリッドステート(三未勝)一杯の内0.1秒追走1秒遅れ
ミズカガミ(三未勝)馬なりの外0.7秒追走1秒遅れ
助手29南W良 68.6 52.5 37.3 11.7 [5]一杯に追う
ミズカガミ(三未勝)一杯の内0.9秒先行0.4秒先着
助手 5南W良 69.9 53.0 38.3 11.8 [3]一杯に追う
ジュゲム(三未勝)馬なりの内0.1秒先行1秒先着
助手12南W良 67.9 52.4 37.8 12.2 [8]一杯に追う
グランフォーブル(三歳1勝)馬なりの内1.8秒先行同入
ビシビシ鍛えているものの、なかなか鋭さが出てこない

[2]ジュレップスター〔動きだけは文句無〕
23.2ヽ美坂良 1回 53.9 39.7 26.1 13.4 馬なり余力
助手◇美坂良 1回 55.3 40.4 26.6 13.3 末強め追う
22美坂1回 55.5 40.6 13.4なり 併せ 先行同時入線
助手29美坂良 1回 56.0 41.7 27.4 13.7 馬なり余力
秋穂 5美坂良 1回 56.4 40.5 26.0 13.0 馬なり余力
ケイツークローン(三未勝)馬なりに0.7秒先行同入
メトロフィルム(三未勝)馬なりを0.1秒追走同入
助手12美坂良 1回 55.4 41.4 27.5 13.6 馬なり余力
アンナプルナ(三未勝)馬なりに1.3秒先行同入
前向きな性格で調教の動きは文句なし。実戦に生きれば

[3]レットイットゴー〔気配冴えず〕
22.11ヽ栗坂良 1回 53.5 39.0 25.9 13.3 一杯に追う
助手◇栗坂良 1回 55.3 41.0 27.0 13.3 馬なり余力
助手 2CW良 89.0 73.3 57.5 41.9 14.7 [8]稍一杯追う
サンテックス(三歳1勝)馬なりの内1.5秒追走0.2秒先着
カーフィラ(三未勝)一杯の外0.1秒先行0.8秒先着
助手 5栗坂良 1回 54.2 40.4 27.3 14.3 一杯に追う
アラタマシップ(三未勝)馬なりを0.1秒追走0.5秒遅れ
助手 9CW稍 57.9 42.0 13.7 [7]馬なり余力
カーフィラ(三未勝)馬なりの外0.1秒追走同入
助手12栗坂良 1回 58.0 42.8 28.3 14.1 馬なり余力
今週は軽めだが、まだ力強さがない。良化気配は窺えず

[4]ベリーベリーベリー〔追走遅れ不安なし〕
22.9ヽ南W稍 69.7 53.8 39.3 12.4 [8]一杯に追う
助手■北C良 15.6 ゲートなり
29美坂1回 56.5 42.2 13.4なり 併せ 先行同時入線
小美 2南W良 54.1 38.6 11.7 [8]馬なり余力
ラストグリン(三未勝)馬なりの外0.1秒先行同入
マルティウス(古馬1勝)馬なりの内0.4秒追走同入
小美 5南W良 70.0 54.2 38.6 11.7 [8]G前仕掛け
タッカーシルバー(古馬2勝)馬なりの内0.4秒追走0.2秒遅れ
ラストグリン(三未勝)強めの外0.6秒先行同入
小美12南W良 85.0 68.3 52.8 37.8 11.8 [7]強めに追う
トモジャミ(三歳1勝)馬なりの内0.9秒追走0.2秒遅れ
マルティウス(古馬1勝)馬なりの内0.6秒追走0.1秒遅れ
同厩馬2頭を追走して負荷十分。再仕上げだが、整った

[5]メイショウリリアム〔あまり変わり身無〕
23.2ヽCW良 84.6 68.5 52.9 38.1 11.8 [8]馬なり余力
助手◇CW良 53.9 37.9 11.7 [8]馬なり余力
太宰31CW良 53.8 37.5 11.9 [7]馬なり余力
エフボマ(三未勝)馬なりの外0.3秒追走同入
助手 4CW良 38.1 11.8 [8]馬なり余力
太宰 7CW良 83.5 68.0 52.8 37.8 12.2 [5]馬なり余力
スミ(古馬3勝)強めの内1.6秒追走同入
助手11CW良 55.9 40.0 12.4 [6]馬なり余力
角和14栗E良 13.4 ゲートなり
動きは悪くないが立て直されても大きな変化は見られず

[6]ユウナイス〔水準の素質あり〕
栗プール 3月17日 23日
16栗坂1回 55.7 41.0 13.7なり 19栗坂1回 58.3 42.8 13.5なり
22栗坂1回 54.2 39.1 12.8なり 併せ 先行同時入線
助手26栗坂重 1回 59.8 43.2 28.1 13.4 馬なり余力
29栗坂1回 53.4 38.2 11.9強め 併せ 追走0.2秒先着
助手 2栗坂良 1回 57.8 41.8 27.2 13.4 馬なり余力
松本 5栗坂良 1回 51.0 37.2 24.4 12.4 末強め追う
クインズジュピタ(古馬2勝)馬なりを0.5秒追走同入
助手 9栗坂稍 1回 59.4 43.9 29.0 14.3 馬なり余力
松本12栗坂良 1回 50.4 38.5 25.2 12.3 強めに追う
ひと追い毎に上向き今週は余力残して50秒4。脚力あり

[7]ネモフィラ〔細いが動き良く〕
23.3ヽ南W良 57.2 41.4 12.8 [4]馬なり余力
見習◇南W良 57.2 41.4 12.8 [4]馬なり余力
助手22南P良 75.6 59.0 43.7 13.4 [7]馬なり余力
助手30南P良 66.5 51.3 37.9 11.8 [6]直強め追う
シンコッチョウ(三未勝)末強めの外同入
助手 2美坂良 1回 62.7 44.6 29.0 14.8 馬なり余力
助手 5南P良 68.4 52.2 38.0 11.9 [7]馬なり余力
シンコッチョウ(三未勝)一杯の外0.2秒遅れ
助手12南W良 68.6 52.4 38.0 12.0 [3]馬なり余力
相変わらず体は華奢だが、南Wでも楽に動けたのは進歩

[8]アイアムカチマショ〔チークピーシズ着〕
助手26美坂良 1回 57.7 44.0 30.1 16.1 馬なり余力
* 9美坂1回 55.2 40.8 13.2なり 併せ 追走同時入線
16美坂1回 53.3 39.0 13.6なり 併せ 先行0.2秒先着
22美坂1回 54.0 39.9 13.7一杯 併せ 追走0.4秒遅れ
助手31南W良 51.5 36.4 12.0 [5]馬なり余力
*助手12南W良 45.1 11.2 [7]馬なり余力
直前にチークP試着。危うい気性だが、スピード秘める

[9]ジュゲム〔ジリッぽさ目立つ〕
助手22美坂良 2回 54.0 40.5 27.3 14.0 馬なり余力
*助手 5南W良 70.8 54.1 39.4 12.6 [4]馬なり余力
ヴァイストウショウ(三未勝)一杯の外0.1秒追走1秒遅れ
助手 9南W稍 85.7 69.1 54.0 39.7 12.5 [7]馬なり余力
助手12南W良 67.9 52.2 37.7 11.9 [7]強めに追う
速い脚に欠ける。本数も不足気味で、使いながらの印象

[10]アラタマシップ〔力強さに欠け〕
22.12ヽ栗坂良 1回 57.1 41.4 27.0 13.8 一杯に追う
川端◇栗B良 87.7 71.6 57.5 43.2 12.7 [8]強めに追う
川端29栗坂良 1回 53.8 39.8 26.5 13.6 一杯に追う
川端 2CW良 89.5 73.5 58.2 42.8 13.1 [8]馬なり余力
コアウッド(三未勝)叩一杯の外0.5秒先行0.4秒先着
川端 5栗坂良 1回 53.8 39.8 26.8 13.8 馬なり余力
レットイットゴー(三未勝)一杯に0.1秒先行0.5秒先着
川端12栗坂良 1回 57.8 42.2 27.7 13.3 馬なり余力
まだパワー不足の印象。立て直したが大幅な良化は？

[11]レアジーニアス〔気合乗る〕
22.11ヽ美坂良 1回 52.0 39.0 26.3 13.5 馬なり余力
江照■南B良 72.3 56.0 41.0 12.9 [3]馬なり余力
江照◇美坂良 1回 54.5 39.6 26.3 13.3 馬なり余力
24美坂1回 59.8 44.3 15.6なり 30美坂1回 53.9 39.3 12.8強め
原和 5南W良 83.6 67.6 52.6 38.0 11.5 [5]馬なり余力
原和12美坂良 1回 54.6 40.8 27.0 13.5 馬なり余力
ルージュセイレーン(三未勝)強めを0.5秒追走同入
少し硬めの捌きだが、気持ちが乗っており、動きは上々

[12]ワタシハマジョ〔デキ安定〕
22.10ヽ南W稍 67.1 52.2 38.4 12.3 [4]強めに追う
助手◇南W良 52.2 38.5 12.0 [3]直強め追う
助手12南W良 53.0 38.5 11.6 [3]馬なり余力
タリア(三未勝)馬なりの外0.6秒先行同入
中1週でラスト重点。気難しい面は出しておらず、好調

[13]ニシノレールガン〔あまり変わり身無〕
23.2ヽ美坂良 1回 54.0 38.7 24.9 12.5 馬なり余力
武藤◇美坂良 1回 54.8 40.1 26.0 12.8 馬なり余力
助手 9美坂稍 1回 61.2 44.3 28.9 13.9 馬なり余力
佐翔12美坂良 1回 54.0 38.7 25.1 12.4 強めに追う
メルティーショコラ(三未勝)馬なりを0.2秒追走同入
チークP着。スピードはあるが、一本調子な面は拭えず

[14]チイサナメダル〔力強さに欠け〕
22美坂2回 60.2 43.9 14.1なり 29美坂 64.2 46.7 15.5一杯
助手 5美坂良 60.1 45.0 30.8 16.5 一杯に追う
エスシーヴィオラ(古馬3勝)馬なりに0.8秒先行0.6秒遅れ
土田12美坂良 2回 60.0 44.6 30.1 15.2 一杯に追う
トーセンクライスト(古馬1勝)馬なりを0.2秒追走0.2秒遅れ
かなり小柄で非力。15―15を切るのにも苦労しており

[15]クリノビッグママ〔口向きの悪さ見せ〕
23.1ヽ美坂良 1回 53.8 39.0 25.3 12.4 末一杯追う
黛◇小ダ稍 57.6 41.5 13.1 [5]馬なり余力
助手 6美坂良 1回 56.1 40.8 26.7 13.0 馬なり余力
助手 9美坂稍 1回 58.2 42.5 28.0 14.1 馬なり余力
助手12美坂良 1回 55.8 40.6 26.1 12.6 末強め追う
ノアバラード(三未勝)末強めを0.7秒追走0.2秒先着
右にモタれて、接触しそうになる。華奢でハミに頼り…

[16]ジョリーパーマー〔スピード乗らず〕
23.1ヽ南W稍 85.3 68.5 53.8 39.4 12.8 [3]強めに追う
助手◇美坂良 1回 59.1 43.8 29.4 14.7 馬なり余力
助手 9南W稍 70.4 55.3 41.5 15.0 [5]馬なり余力
木育13南W稍 70.3 54.7 40.1 12.9 [6]強めに追う
ギアが上がらず、モタモタした走り。大きく変わらない

4月30日 京都
天皇賞 (春)

1着⑥ユウナイス （3番人気）

2着④ベリーベリーベリー （2番人気）

3着⑮クリノビッグママ （7番人気）

単⑥ 460円 複⑥ 200円 ④ 170円 ⑮ 640円

馬連④－⑥ 1200円 馬単⑥→④ 2430円

ワイド④－⑥ 490円 ⑥－⑮ 2430円 ④－⑮ 2000円

3連複④⑥⑮ 14790円 3連単⑥→④→⑮ 42900円

●2023年４月16日・福島１Ｒ（３歳未勝利、ダ1150m稍重）

発走 9:50		福島 7	３歳未勝利 1150メートル（ダ・右）（指定 牝馬）		ード 1.06.1 ングプリンス 7 三浦 2020.7.12	推定タイム 未勝利 1150㍍ダ 良 1.09.5 重不 1.08.4	順当
馬・枠・番	吉平松唐安林本 岡本永島中茂紙				前々走	前走	距離成績
1 1 白	：：：：：：：： 45.2 ←差	★古川奈 50 初騎乗	アメリカンペイトリオット中 牝3鹿 **ヴァイストウショウ** ワイズトウショウ⓪ トウショウ キングヘイロー中 坂戸節子	土田美 0.0.0.0 0-0-0-0 連0先0差0追0 0 ・・・・・・・・・	距離・重ダ適性 父 中距離型 重○ダ◎ 母の父中距離型 重○ダ○ 5月2日生	兄ゼットフォルトゥナ⓪ 姉チュラクィーン(公) 姉キタノトウコ(公) 北海道市場① 429万円	使ってつはいで 0000
2	(47.7)48.0 ：：：：：：：： 36.5 ←差	丹内 54 0001	ダノンレジェンド短 牝3鹿毛 **ジュレップスター** タニノジュレップ③ 永見貴昭 コロナドズクエスト短中 岡田ス	清水英美 0.0.0.0 0-0-0-2 連0先0差0追0 0 ・・☆⑫・・・・	1東①1・28 新馬 16ト12 孟ダ1316 西塚51 M38.1-40.0 7 10 11 中 ハッピーロン4.0 422 8ト5	2中山⑥3・12 未勝利 16ト12 三ダ1144 丹内54 H35.7-38.7 11 11 12 内 ニットウバジ2.5 406 6ト10	強調料に材欠 0000
3 2 黒	関西 (49.1)48.3 △：△△：：△ 22.1 ←先	▲佐々木大 51 初騎乗	ベストウォーリア短中 牝3鹿毛 **レットイットゴー** トーホウリリー⓪ 宮田直也 ネオユニヴァース中長 丸村村下	浜田栗 0.0.0.0 0-0-0-3 連0先0差0追0 0 ・・・⑰・・・・	6阪⑤12・17 未勝利 16ト11 夭芝B1360 川端51 M37.2-35.7 13 14 13 内 ハッピーパン1.3 438 13ト16	1阪⑩3・12 未勝利 18ト17 夭芝外A1383 池添54 S36.0-37.9 3 3 3 中 マランジュ3.6 430 12ト17	条件合うかも 0000
4	(——)52.8 ◎◎▲◎△○▲ 3.2 ←先	★小林美 50 初騎乗	シャンハイボビー短中 牝3鹿 **ベリーベリーベリー** ストロベリーパフェ⓪ 藤川靖仁 ブライアンズタイム中長 静内フ	2 鈴[illegible] 0.0.0.0 [illegible]-0 [illegible] 0 [illegible]休養・	4中山⑧10・1 新馬 16ト2 三ダ1129 横山琉52△ H35.1-37.8 2 2 2 内 オメガシンフ1.2 432 14ト3	成長促進・放牧 仕上がりまずまず 初戦②着 推定馬体440 中９週以上００００	成長見込をみ 0000
5 3 赤	関西 (51.1)49.7 △：：：：△： 26.0 ←差	☆角田和 53 初騎乗	⊗シルバーステート中 牝3芦毛 **メイショウリリアム** マイネウェリナ⓪ 松本好雄 キングカメハメハ中 静内白井牧	高橋亮栗 0.0.0.1 0-0-0-3 連0先0差0追0 0 ・２カ月放牧・・	6阪⑤12・17 牝未勝 14ト8 三ダ1154 太宰54 H37.2-38.2 13 12 12 内 ミラクルティ2.5 460 1ト11	2小❶2・11 牝未勝 16ト13 毛ダ1484 今村51△ M37.5-39.7⑥ 5 7 9 大 ワイドカイゼ2.2 454 14ト7	良化が遅く 0000
6	関西 ：：△△▲▲△ 7.9 ←差	☆松本 53 初騎乗	プリサイスエンド短中 中京牝3青鹿 **ユウナイス** ベイリービーズ未 (株)アイテツ ワイルドラッシュ中 西野春樹	1 新[illegible] 0.0.0.0 0-[illegible]-0-0 連0先[illegible]追0 0 ・・・・・・・・	距離・重ダ適性 父 短中距離型 重○ダ◎ 母の父中距離型 重○ダ◎ 3月30日生	姉リアルオーソ(公) 北海道市場① 704万円	稽古良さの光 0000
7 4 青	(53.0)49.5 △△：：：△： 21.9 ←差	◇藤田菜 52 0001	⊗ザサンデーフサイチ中 牝3芦毛 **ネモフィラ** クインポルカ⓪ 田畑利彦 タニノギムレット中長 浦河日成	根本美 0.0.0.0 0-0-0-2 連0先0差0追0 0 ④・・⑮・・・・	1東⑦2・18 新馬 16ト4 孟ダ1283 大野54 M37.1-38.6 2 2 2 内 パイリヴレ1.6 446 10ト13	2中京①3・11 牝未勝 16ト15 孟ダ1292 藤田菜52△ H35.8-40.9 6 7 7 内 ギョウネン3.2 438 3ト8	大敗後で静観 0000
8	：△：：：△： 19.5 ←差	★永島 50 初騎乗	⊗ミッキーアイル短中 牝3鹿毛 **アイアムカチマショ** アイアムカミノマゴ④ 堀紘一 アグネスタキオン中 坂東牧場	奥平雅美 0.0.0.0 0-0-0-0 連0先0差0追0 0 ・・・・・・・・・	距離・重ダ適性 父 短中距離型 重○ダ○ 母の父中距離型 重○ダ○ 3月16日生	兄ダノンフェイス⑥ 姉アイアムピッカピカ 兄アイアムイチリュウ 兄キボウノホシ	初戦は疑問で 0000
9 5 黄	：：：：：：：： 40.4 ←差	丸山 54 初騎乗	⊗レーヴミストラル中長 牝3鹿毛 **ジュゲム** ラファータ⓪ 酒井孝敏 ゴールドアリュール中 藤本直弘	土田美 0.0.0.0 0-0-0-0 連0先0差0追0 0 ・・・・・・・・・	距離・重ダ適性 父 中長距離型 重◎ダ○ 母の父中距離型 重○ダ◎ 4月16日生	兄マッカナタイヨウ(公) 妹ギャルピース	使ってからに 0000
10	関西 (——)45.6 ：：：：：：：： ☆ ←逃	▲川端 51 0001	⊗ゴールドシップ中長 牝3鹿毛 **アラタマシップ** アラタマクリスエス⓪ 荒木謙次 シンボリクリスエス中長 槇本牧	浜田栗 0.0.0.0 0-0-0-1 連0先0差0追0 0 ・３カ月休養・・	1中京⑥1・15 牝新馬 14ト12 夭ダ2043 川端51 M40.0-43.9 8 9 11 11 内 キスオンザチ8.3 446 8ト13	リフレッシュ・放牧 乗り込み入念 初戦⑫着 推定馬体446 中９週以上００００	新馬大戦敗が 0000
11 6 緑	(53.5)53.5 ▲△○▲○△○ 3.8 ←先	原田和 54 初騎乗	ヘニーヒューズ短 牝3芦毛 **レアジーニアス** レアドロップ③ 岡田牧雄 キンシャサノキセキ短中 岡田ス	栗田徹美 0.0.0.0 0-1-1-2 連0先1差0追0 0 ・・☆⑧・・・・	1中山⑤1・14 牝未勝 16ト2 三ダ1128 江田照54△ H34.8-38.0 3 3 3 中 シュヴァルツ0.8 470 16ト5	2中山⑥3・12 未勝利 16ト8 三ダ1136 江田照54△ H34.9-38.7 2 4 6 内 ニットウバジ1.7 470 2ト2	馬具工夫でし 0001
12	(50.7)52.2 ○○◎○○◎◉ 3.3 ←逃	△原 52 0001	ドレフォン短 鶴牝3鹿毛 **ワタシハマジョ** カネショウメロン未 村田哲朗 ディアブロ中 下屋敷牧場	矢野英美 0.0.0.0 0-0-1-7 連0先0差0追0 0 ・・・・・・・③・	1小⑧2・5 未勝利 18ト6 三芝A1096 佐々木大51 H34.0-35.6 6 6 5 外 トーセンエス0.7 458 17ト17	3中山④4・2 未勝利 16ト3 三ダ1121 Mデムー54△ H33.7-38.4 1 1 1 1 逃 マーシヴィガ0.2 464 7ト5	押切濃厚が 0000
13 7 橙	(46.4)47.8 ：▲△：：：△ 26.9 ←先	▲佐藤翔 51 初騎乗	⊗ドゥラメンテ中 牝3鹿毛 **ニシノレールガン** ニシノアカツキ① 西山茂行 オペラハウス長 ガーベラパーク	武藤美 0.0.0.0 0-0-0-2 連0先0差0追0 0 ・⑭・・・・・・・	4東①10・8 牝新馬 18ト15 夭芝A1376 武藤54 S35.7-37.4 1 1 1 1 逃 ビヨンドザヴ3.5 474 17ト8	2中山②2・26 牝未勝 16ト14 三ダ1154 武藤54 H34.4-41.0 2 2 ④ 内 デイズオブド2.8 460 11ト7	先行力はあり 0000
14	：：：：：：：： ☆ ←逃	▲土田 51 初騎乗	⊗トーセンジョーダン中 鶴牝3鹿毛 **チイサナメダル** コンパクトモデル⓪ 薗部博之 カンパニー中 村上欽哉	宗像美 0.0.0.0 0-0-0-0 連0先0差0追0 0 ・・・・・・・・・	距離・重ダ適性 父 中距離型 重○ダ○ 母の父中距離型 重○ダ○ 4月11日生	姉デモネタブンキット⓪	厳しさめず 0000
15 8 桃	(49.9)49.7 △：：：△：： 21.8 ←逃	☆秋山稔 53 初騎乗	⊗ストロングリターン中 牝3鹿毛 **クリノビッグママ** クリノツネチャン⓪ 栗本博晴 マイネルセレクト短中 川島正広	3 石[illegible] 0.0.0.2 [illegible]-6 [illegible]0 0 ⑪[illegible]・・・・	1小❻1・29 未勝利 11ト5 千ダ 595 小林凌大52 M24.0-35.5 ⑨ 9 6 逃 ミヤジトレヴ0.8 422 2ト11	2小❹2・19 未勝利 18ト11 三芝B1115 黛54 H35.4-36.1 ⑱ 18 17 外 カンチェンジ0.9 424 16ト12	追走苦労にし 0000
16	(47.7)46.1 ：：：：：：：： ☆ ←逃	木幡育 54 初騎乗	マインドユアビスケッツ短 牝3鹿毛 **ジョリーパーマー** ジョリーダンス⑦ 小林薫 ダンスインザダーク中長 鈴岡牧	青木美 0.0.0.0 0-0-0-2 連0先0差0追0 0 ・２カ月放牧・・	1中京⑨1・28 新馬 16ト12 孟ダ1306 鮫島良54 H37.7-40.1 10 13 13 中 モズアカボス2.6 472 7ト15	船橋③2・8 ベスト交10ト10 毛ダ外2004 岡村健54 S40.9-46.5 6 7 9 10 外 コスモメイゲ7.2 475 8ト10	気配平凡がで 0000

あまり見ない個人牧場、管理するのは若手の新谷功一調教師。字面だけを見るとあまり走りそうな感じはしないが、ユウナイスは高い急加速力を残していた（P160の表）。

29日の栗東坂路コースでマークした急加速力1・3は、16頭中ナンバーワン。両ボーダーも超えている。ほかの日の追切でも急加速力を示しており、いかにも既走馬相手に通用するというサインを出している。

急加速力次点のレアジーニアスとは僅差なので評価はAランクとしたが、やってくれそうな気配はムンムンだ。

朝一オッズをチェックすると連単複差はプラス2（P162の表）。オッズ断層のサポートもある。逆に、レアジーニアスの連単複差はマイナス2。オッズ分析から判断しても、軸馬として選ぶべきは、初出走でもユウナイスという結論に達する。

ユウナイスは初出走とは思えないような圧勝劇を演じた。スタートではやや出遅れたが、好位をキープすると、直線で先頭に立って後続を突き離し、3馬身差の圧勝。単勝の配当は460円だったが、もしも初出走でなければ、こんな好配当にはならなかったはずだ。

改めて、「高い急加速力＝高い資質」を目の当たりにしたレースである。

未勝利戦における初出走馬の成績が悪いのは、調教でまったく動いていない、箸にも棒にもかからない馬がたくさんいるから。なかにはJRAでは通用しないことをわかっていながら、馬主の意向などで1戦だけ使ってくるような馬も多い。

このレースには全部で5頭の初出走がいたが、ボーダーを突破しつつ高い急加速力を示していたのは、ユウナイスだけだった。

そして、ユウナイス以外の馬は大敗した。坂路でラスト1ハロン15秒2しか出せていなかったチイサナメダルは、ユウナイスから10秒以上も離される大惨敗である。

未出走であっても、高い急加速力を記録している馬は、既走馬相手にも好走してくれる。

馬の能力や調子を測る指標がないのであれば、初出走馬はすべて切りといったデータに従わざるをえないが、我々には【追切インサイダー】という武器がある。本質からズレたデータに惑わされずに、急加速力が高い馬は自信を持って勝負していただきたい。

昇級戦×追切インサイダー＝急加速力馬の1～3着で62万馬券！

すでにそのクラスで戦ってきた馬と、下のクラスから上がってきた昇級馬、どちらが強いかの判断は競馬予想において非常に大切である。

昇級馬の能力を判断する際には、走破タイムをベースにするのが一般的で、走破タイムを加工したスピード指数的なものを目安にするファンも多いだろう。

この考え方は正しいとは思う。しかし昇級直後にすぐに結果を出せる馬は、往々にして昇級前のレースで余力を残して戦っていることが多く、この余力をいかに評価するかが難しかったりする。

また、昇級前のレースがスローペースだと速いタイムは出ない。さすがにこの持ち時計では通用しないだろうと思いきや、大駆けする昇級初戦馬もいたりする。

こんなふうに扱いの難しい昇級馬も、【追切インサイダー】を用いれば買い消しの判断ができるようになる。

例として取り上げるのは、２０２３年1月14日・中山９Ｒ菜の花賞（芝１６００ｍ※馬柱、配当はＰ１６８〜１６９）である。

牝馬限定の３歳1勝クラスのレースで、人気を集めていたのは、GⅢアルテミスＳ３着の実績を持つアリスヴェリテ。それに続くのが前走赤松賞4着のメインクーン。

そして昇級初戦の馬が13頭のなかに5頭もおり、こちらの判断が予想のカギを握っているといってもいいレースだ。

そこで出走馬の急加速力を計算してみる。急加加速力を記録して、両ボーダーをクリアしている馬は6頭。この6頭のうち、急加速力トップの1・6をマークしたのは昇級初戦のトラベログである（上の表）。同馬は前走の新馬戦を1番人気で制していたが、それがローカルの福島芝１２００ｍであったことが嫌われて、6番人気の評価に甘んじていた。

そして1番人気のアリスヴェリテは、両ボーダーこそクリアしているものの急加速力は0・6にとどまっている。

続いて、朝一オッズをチェックすると、連単複差トップは

■2023年１月14日・中山９Ｒ菜の花賞

馬番	馬名	追切日	追切コース	5F(4F)	3F(2F)	1F	5F(4F)ボーダー	1Fボーダー	急加速力
7番	トラベログ	1月11日	美浦坂	53.5	24.9	11.9	○	○	1.6
5番	メインクーン	12月28日	美浦坂	54.4	25.7	12.4	○	○	1.4
3番	キガン	1月9日	美浦坂	54.0	25.8	12.5	○	○	1.3
10番	トラネスハープ	12月31日	美浦W	68.5	39.3	12.1	○	○	0.9
6番	アリスヴェリテ	1月11日	栗東坂	54.0	25.5	12.7	○	○	0.6
8番	コウセイマリア	1月4日	美浦W	65.9	37.9	12.1	○	○	0.2
1番	ステラバルセロナ	1月6日	美浦W	71.8	40.2	11.9	×	○	1.7
13番	ニシノコウフク	1月11日	美浦W	71.2	40.3	12.0	×	○	1.6
2番	ルージュクレセント	1月3日	美浦W	69.5	38.1	11.5	×	○	1.2
12番	エミュー	1月3日	美浦W	69.5	39.2	11.9	×	○	1.2
4番	コスモフーレイ	1月5日	栗東坂	54.4	25.7	12.7	×	○	0.8
9番	カレイジャス	1月12日	美浦坂	55.8	26.3	13.0	×	○	0.8
11番	セイウンスイート	1月11日	美浦W	69.0	38.7	12.7	×	×	0

■2023年1月14日・中山9R菜の花賞　朝一オッズ（太い罫線の部分が断層）

馬連順位	枠番	馬番	馬名	オッズ	単勝	複勝	連単複差
1位	5	6	アリスヴェリテ	ー	2.3(1位)	1.2-1.3(1位)	0
2位	4	5	メインクーン	6.2	4.1(2位)	1.8-2.7(2位)	0
3位	8	12	エミュー	10.7	14.4(5位)	2.0-3.1(3位)	-2
4位	2	2	ルージュクレセント	12.4	8.5(3位)	2.1-3.3(4位)	+1
5位	4	4	コスモフーレイ	13.9	19.9(8位)	2.9-4.5(6位)	-4
6位	3	3	キガン	15.7	14.9(6位)	3.0-4.8(7位)	-1
7位	5	7	トラベログ	17.2	9.2(4位)	2.3-3.6(5位)	+5
8位	1	1	ステラバルセロナ	28.4	17.6(7位)	4.8-7.8(9位)	0
9位	6	8	コウセイマリア	43.7	23.7(9位)	3.8-6.1(8位)	+1
10位	8	13	ニシノコウフク	59.2	34.0(10位)	5.7-9.3(11位)	-1
11位	7	10	トラネスハープ	68.5	55.9(12位)	5.4-8.7(10位)	0
12位	7	11	セイウンスイート	79.1	42.3(11位)	7.8-12.7(12位)	+1
13位	6	9	カレイジャス	182	80.3(13位)	12.6-20.5(13位)	0

■2023年1月14日・中山9Rの急加速力ランク～オッズ断層

馬番	馬名	急加速力ランク	連単複差	オッズ断層	1～3着
1番	ステラバルセロナ	C		○	3着
2番	ルージュクレセント		○		
3番	キガン	B	×		
4番	コスモフーレイ		×		
5番	メインクーン	B		○	
6番	アリスヴェリテ	C			
7番	トラベログ	A	○	○	1着
8番	コウセイマリア	C	○	○	
9番	カレイジャス			○	
10番	トラネスハープ	B			
11番	セイウンスイート		○	○	
12番	エミュー		×	○	
13番	ニシノコウフク	C	×		2着

▼中山9Rの調教欄（左の馬柱とも競馬ブック）

9R調教 ★⑦トラベログ抜群の推進力★

6F 5F 半哩 3F 1F

①ステラバルセロナ〔単走だけに上々〕 ⇥
22.10 南W稍 66.3 51.9 37.9 12.4 ⑥G前仕掛け
佐木■南W稍 67.6 52.3 38.3 12.2 馬なり余力
助手31南W良 55.6 39.5 12.5 ③馬なり余力
助手 6 南W良 71.8 55.7 40.2 11.9 ③馬なり余力
助手11南W良 68.6 53.0 37.9 12.1 ③馬なり余力
気性を考慮して単走でサッと。素軽い脚捌きで好調維持

②ルージュクレセント〔フットワーク軽快〕 ⇥
22.9 南W稍 81.7 65.1 50.4 37.3 12.5 ②馬なり余力
助手■南W稍 82.9 66.0 50.9 36.6 11.7 ⑥強めに追う
助手31南W良 54.8 39.1 12.0 ②馬なり余力
ウィズグレイス(古馬1勝)馬なりの内0.9秒追走同入
シャインジュエリー(三歳)馬なりの内1.5秒追走同入
助手 3 南W良 69.5 53.3 38.1 11.5 ③馬なり余力
クライミングリリー(古馬3勝)馬なりの内0.2秒追走同入
助手 7 南W良 75.2 58.2 42.7 13.9 ③馬なり余力
助手11南W良 67.7 51.8 37.6 12.1 ⑤馬なり余力
エリカソレイユ(新馬)馬なりの内0.3秒追走同入
エリカヴィータ(古オープン)末強めの外0.2秒先行同入
併せの中で闘争心を出して脚取りは軽やか。更に上向く

③キ ガ ン〔若いが動き良く〕 ⇥
22.7 美坂重 1回 54.7 40.0 25.9 12.6 強めに追う
調師■函W不 68.7 53.4 39.8 13.4 ⑦馬なり余力
調師◇南W稍 84.8 68.7 53.8 39.3 12.3 ⑨馬なり余力
調師22美坂重 1回 55.3 41.3 27.8 14.5 馬なり余力
調師25南W良 75.2 59.9 44.4 14.4 ⑨馬なり余力
調師28美坂良 1回 53.3 39.9 26.7 13.5 馬なり余力
調師31南W良 82.8 67.6 53.2 39.4 12.7 ⑨馬なり余力
3美坂1回 51.2 38.5 13.3なり 併せ 追走同時入線
調師 6 南W良 84.6 69.2 54.6 40.2 12.8 ⑦馬なり余力
サヴァリア(新馬)馬なりの内0.1秒先行0.2秒先着
調師 9 美坂良 1回 54.0 39.8 25.8 12.5 馬なり余力
年末年始も熱心に調教を積んでガス抜き。折り合えれば

④コスモフーレイ〔一息入るも仕上る〕 ⇥
22.10 栗坂良 1回 52.1 38.3 25.2 12.5 一杯に追う
助手■札ダ良 70.2 53.7 39.3 12.5 ⑥強めに追う
助手◇栗坂重 1回 55.5 40.3 26.2 12.9 馬なり余力
助手28栗坂良 1回 54.9 39.9 25.9 12.9 馬なり余力
助手 5 栗坂良 1回 54.4 39.4 25.7 12.7 馬なり余力
マイネルフォーコン(三歳)馬なりを0.3秒追走同入
助手11栗坂良 1回 54.9 40.0 26.2 12.9 馬なり余力
成長はひと息だが、モタれる面を見せずスムーズに動く

⑤メインクーン〔動き軽快〕 ⇥
22.11 美坂良 1回 53.9 38.9 25.2 12.3 強めに追う
助手■南W良 69.9 54.2 38.2 12.0 ⑧馬なり余力
助手◇南W稍 69.4 53.0 38.1 11.8 ⑧馬なり余力
助手25美坂良 1回 58.5 42.6 27.3 13.6 馬なり余力
28美坂1回 54.4 39.9 12.4なり 併せ 先行同時入線
助手31美坂良 1回 58.9 43.0 27.7 13.2 馬なり余力
助手 4 南W良 68.2 52.4 37.3 11.7 ⑧馬なり余力
チュウワジョーダン(古馬1勝)強めの内0.9秒追走同入
助手 8 美坂良 1回 58.7 42.0 27.5 13.4 馬なり余力
助手11美坂良 1回 54.4 39.1 25.0 12.1 末強め追う
華奢だが、グリップが利いて、芝で切れるフットワーク

⑥アリスヴェリテ〔高いレベルで安定〕 ⇥
22.9 栗坂良 1回 50.8 37.4 25.1 12.7 一杯に追う
助手■栗坂良 1回 50.8 37.4 25.1 12.7 一杯に追う
助手◇栗坂良 1回 52.2 38.0 25.2 12.9 馬なり余力
24栗坂1回 57.7 41.9 13.7なり 31栗坂1回 53.1 38.7 12.8なり
助手 4 栗坂良 1回 53.6 38.6 25.0 12.5 末強め追う
助手11栗坂良 1回 54.0 39.2 25.5 12.7 馬なり余力
馬体細化や硬さがなく、伸びやかな動き。好調をキープ

⑦ト ラ ベ ロ グ〔推進力ある走り〕 ↗
22.10 美坂稍 1回 52.1 38.2 24.8 12.2 強めに追う
丸山■美坂良 1回 53.9 39.2 25.5 12.9 馬なり余力
美浦プール 12月26日
助手21南W良 71.5 55.3 39.7 12.7 ⑤馬なり余力
エターナルスノー(新馬)馬なりの内0.4秒追走同入
助手25南W良 84.8 69.2 54.9 39.7 12.1 ③馬なり余力
パーティーキング(二歳)強めの内1.3秒追走同入
助手28南W良 86.8 70.3 54.3 39.0 11.7 ③G前仕掛け
パーティーキング(三歳)強めの内0.8秒追走0.3秒先着
31美坂1回 53.7 39.6 12.4なり 併せ 追走同時入線
丸山 4 南W良 83.3 67.2 52.4 37.6 11.6 ⑤馬なり余力
クリノゴッホ(三歳1勝)馬なりの内0.5秒追走同入
北宏11美坂良 1回 53.5 39.1 24.9 11.9 馬なり余力
パルフュメ(三歳)強めを0.5秒追走0.1秒遅れ
リュウノステルス(三歳)一杯を0.9秒追走0.1秒先着
ラスト11秒9でも、引っ張り切りの手応え。凄い突進力

⑧コウセイマリア〔動きスムーズ〕 ⇥
22.9 南W重 69.4 54.1 38.8 11.9 ⑤直強め追う
助手■南W重 69.4 54.1 38.8 11.9 ⑤直強め追う
佐木◇南W良 70.4 54.4 38.9 12.0 ⑥馬なり余力
助手25美坂良 1回 57.6 41.5 26.5 12.9 馬なり余力
助手28南W良 68.6 53.1 39.2 12.9 ⑦馬なり余力
レアリーズレーヴ(三歳)強めの内0.4秒追走0.2秒先着
佐木 4 南W良 65.9 51.6 37.9 12.1 ④直強め追う
アルセリア(三歳)馬なりの外0.4秒追走同入
柴大11南W良 86.6 69.7 54.4 39.5 12.3 ⑥馬なり余力
抽選除外でスライドも、馬体を維持して動きはスムーズ

⑨カレイジャス〔動き軽快〕 ⇥
22.3 美坂稍 1回 54.8 40.3 27.0 13.7 馬なり余力
美浦プール 12月15日 16日2周 28日2周
助手14南W稍 55.9 39.7 12.4 馬なり余力
フクノデイジー(新馬)馬なりの外0.7秒先行同入
*助手31南W良 70.8 54.9 39.7 12.5 ⑥馬なり余力
助手 3 南W良 68.8 53.3 39.2 12.6 ⑥一杯に追う
クオンタム(古馬1勝)末強めの外0.6秒先行0.6秒遅れ
ゼッタイ(新馬)一杯の内1.2秒追走0.4秒先着
助手 8 南W良 67.3 52.2 38.4 12.6 ⑦G前仕掛け
イノ(三歳)一杯の内1.7秒追走0.1秒先着
杉原12美坂良 1回 55.8 40.4 26.3 13.0 馬なり余力
少し頭は高いが、リズミカルに登坂。調教の動きは通用

⑩トラネスハープ〔小柄で仕上がり早〕 ⇥
22.9 南W稍 66.2 51.5 37.6 12.0 ⑥馬なり余力
助手■南W重 66.8 51.4 37.6 12.6 ⑤馬なり余力
助手31南W良 84.8 68.5 54.0 39.3 12.1 ⑤馬なり余力
イスラブリーサ(新馬)直強めの内0.6秒追走0.6秒先着
助手 3 南W良 82.5 68.0 53.2 38.5 12.7 ⑥一杯に追う
ビジュープリランテ(古馬1勝)馬なりの内2.9秒追走0.6秒遅れ
イスラブリーサ(新馬)末強めの内1.1秒追走0.5秒遅れ
助手 6 美坂良 1回 53.9 39.8 26.2 13.1 強めに追う
助手 9 南W良 68.3 52.3 38.2 12.8 ⑥馬なり余力
イスラブリーサ(新馬)強めの外0.3秒先行0.3秒先着
月曜が最終追い。小柄で仕上がり早く、小気味いい動き

⑪セイウンスイート〔道中掛かり気味〕 ⇥
22.8 南W良 66.5 51.5 37.5 12.0 ⑧強めに追う
助手■南W良 66.5 51.5 37.5 12.0 ⑧強めに追う
助手◇南P良 54.5 40.4 12.5 ⑦馬なり余力
22美坂1回 57.7 42.0 12.6強め 28美坂1回 55.0 40.3 13.1なり
助手 4 南W良 68.0 53.4 39.1 12.4 ⑤馬なり余力
助手 8 美坂良 1回 57.0 42.4 28.6 14.1 馬なり余力
助手11南W良 86.0 69.0 53.7 38.7 12.7 ⑧馬なり余力
ルージュセイレーン(新馬)直強めの内1.3秒追走同入
掛かり気味で走りにメリハリがない。気性の成長欲しい

⑫エ ミ ュ ー〔月曜追いで仕上る〕 ⇥
22.10 南W良 82.8 67.9 54.4 40.0 12.7 ⑥馬なり余力
助手■南P良 71.3 54.6 40.2 11.5 ⑧直強め追う
助手31南P良 58.6 43.5 13.6 ⑧馬なり余力
助手 3 南W良 69.5 54.2 39.2 11.9 ⑨馬なり余力
助手 6 南W良 60.2 43.8 13.7 ⑧馬なり余力
助手 9 南W良 69.5 53.8 39.1 11.9 ⑥G前仕掛け
馬体維持に努め月曜が最終追い。捌きは軽く、体調OK

⑬ニシノコウフク〔時計平凡も動き良〕 ⇥
22.10 南W稍 67.9 52.0 37.3 11.8 ⑤G前仕掛け
助手■南芝良 67.6 50.2 35.4 11.2 ②馬なり余力
助手◇南W稍 69.8 53.4 38.7 12.4 ⑤馬なり余力
助手25南W良 60.2 44.1 14.5 ④馬なり余力
助手28南W良 71.1 54.7 39.9 12.6 ③馬なり余力
31美坂1回 57.0 42.4 14.1なり 3美坂1回 56.5 42.5 13.8なり
助手 5 南W良 82.6 67.1 52.5 39.2 11.9 ④G前仕掛け
助手 9 美坂良 1回 57.8 43.0 28.7 14.1 馬なり余力
助手11南W良 88.1 71.2 55.5 40.3 12.0 ⑤馬なり余力
手先のスナップを利かせて弾むような脚捌き。デキ良好

調教欄中の「■印」の時計は連対時の攻め時計です。「◇印」前回時計と重複している場合は「■印」で表示してあります。

1着⑦トラベログ （6番人気）

2着⑬ニシノコウフク （10番人気）

3着①ステラバルセロナ （7番人気）

単⑦ 1360円 複⑦ 400円 ⑬ 1030円 ① 540円

馬連⑦ー⑬ 22510円 馬単⑦→⑬ 33610円

ワイド⑦ー⑬ 5910円 ①ー⑦ 3250円 ①ー⑬ 7050円

3連複①⑦⑬ 111360円 3連単⑦→⑬→① 624080円

●2023年1月14日・中山9R菜の花賞
（3歳牝馬1勝クラス、芝1600m稍重）

馬番・枠番	予想（吉田・吉田・田村・松智・安中・林茂・本紙）	騎手	中山 9 菜の花賞 Nanohana Sho 1600メートル（芝C・外右）(特指)牝馬 3歳 1勝クラス 馬齢	推定タイム クラス 1600m芝 良 1.34.5 重不 1.36.9	前々走	前走	クラス成績	惑星注意
1 1 白	(48.8) 53.2 ：：△：：：△ 20.3 ←圏	54 木幡巧 1000	ハービンジャー(長) 牝3鹿毛 **ステラバルセロナ** ステラスターライト① 吉田千津 ディープインパクト(中長) 社台F	菊…0.0.0.0 1-…-1 …0 400 …①… 3	4東⑥10・22 新馬 11ト 8 芝2015 A 田辺54 M36.7-35.8 ②2 2② 内 シリアルノヴ0.6 424 10ﾄ 4人	5中山⑥12・18 未勝利 16ト 1 芝外A1360 木幡巧54△ H36.2-36.2 1 1 1 ⑧ 中 ｱﾏﾆｼﾉﾄﾚﾝ 418 6ﾄ 6人	0000	ﾙｲ 変でして一
2 2 黒	(52.9) 54.6 △：△▲△△△ 12.8 ←道	54 石川裕 1000	(父)ドゥラメンテ(中) 牝3鹿毛 **ルージュクレセント** プレザントケイプ(英) (株)東京HR Cape Cross(中) 友田牧場	国枝(美)0.0.0.1 1-0-1-1 逃0先0差0追1 400 ・・・①・・・・	4中山⑤9・19 未勝利 14ト 5 芝内B1500 菅原明54▲ S37.6-35.6 ①1 8 10 中 スーパーマン0.9 450 10ﾄ 5人	5中山⑥12・18 牝未勝 16ト 1 芝内A1506 石川裕54 S38.9-34.7 ⑬13 14 1 内 ﾍｯｵｰｳﾞｧﾙﾌﾞ 446 2ﾄ 3人	0000	発馬五分躍進
3 3 赤	(53.6) 55.7 △◎△：：△△ 7.1 ←圏	54 田辺 0010	(父)ダイワメジャー(中) 中京牝3鹿毛 **キガン** プリンセスオブザスタ(愛) 鈴木康 Sea the Stars(中長) タイヘイ牧	小島茂(美)0.0.0.0 1-0-2-1 逃0先0差1追0 400 ・・③・・・・・	4東⑦10・23 1勝ｸﾗｽ 7ト 5 芝A1236 小林凌大52▲ S37.4-34.2 ⑥2 奔 メイクアスナ0.8 470 1ﾄ 5人	5中山③12・10 黒松1勝 11ト 3 芝外A1086 田辺54△ H34.9-33.7 ①1 1 中 ブーケファロ0.4 468 6ﾄ 6人	0011	折合もカ鍵有
4 4 青	関西(54.9) 55.9 △△△△○：△ 9.2 ←先	54 横山武 初騎乗	(父)サトノクラウン(中長) 牝3黒鹿 **コスモフーレイ** ファインセイコー⓪ ビッグレッ サンデーサイレンス(中) 市川牧場	五十嵐(栗)0.0.0.0 1-0-1-3 逃0先0差1追0 400 ④・・・・・・・	5阪①11・5 ファS GIII 12ト 8 芝内A1222 和田竜54 M35.4-35.1 ⑩9⑧ 内 リバーラ0.9 422 7ﾄ 12人	5阪⑧11・27 白菊牝1勝 11ト 4 芝外B1346 和田竜54 S37.3-34.0 ⑨9 8 内 ムーンプロー0.4 416 10ﾄ 9人	0011	前走内容好で
5	(55.6) 55.1 ○▲▲○△◎▲ 4.5 ←圏	54 Mデムーロ 1001	(父)ハーツクライ(中長) 牝3鹿毛 **メインクーン** イマーキュレイトキャ(米) (株)G1 Storm Cat(短中) 社台ファーム	林(美)0.0.0.0 1-0-0-1 逃0先0差1追0 400 ・・・・・・・・	4中山④9・18 牝新馬 16ト 1 芝外B1386 Mデムー540 S39.1-34.5 ⑬14 12 9 奔 0.2スノーファン 430 14ﾄ 2人	5東⑥11・20 赤松牝1勝 6ト 4 芝C1371 Mデムー54△ S38.4-33.3 ⑥5 5 内 ミスヨコハマ0.3 428 6ﾄ 3人	0001	瞬発力最上位
6 5 黄	関西(57.6) 57.9 ◎○◎○◎○◉ 3.0 ←先	54 石橋脩 初騎乗	(父)キズナ(中長) 牝3鹿毛 **アリスヴェリテ** ルミエールヴェリテ⓪ 加藤誠 Cozzene(中) ノースヒルズ	中竹(栗)0.0.0.0 1-1-1-1 逃1先0差1追0 400 ・・④・・・・☆	4東⑧10・29 アルS GIII 10ト 3 芝B1339 田辺54▲ S35.8-33.9 1 1 1 粥 ラヴェル0.1 454 6ﾄ 6人	6中京③12・10 つわ牝1勝 13ト 4 芝A1209 Dイーガ54▲ S35.5-33.9 5 6 6 外 ルミノメテオ0.1 452 6ﾄ 1人	0001	天で本領発揮
7	(──) 55.8 △：：：：△： 12.7 ←先	54 北村宏 初騎乗	(父)グレーターロンドン(中) 牝3鹿毛 **トラベログ** フィリス⓪ (有)下河辺牧場 アフリート(中) 下河辺牧場	岩戸(美)0.0.0.0 1-…0-0 逃0先1…追0 400 ・・・…・・・☆ 1	二の脚が速い。4角はフラつくも直線でグイッと伸びる。粗削りも能力高い。	2カ月半休養 推定馬体470 馬体調整・放牧 仕上がり良好 9上0000 初戦①	0000	ﾙｲ 怖でくもて
8 6 緑	(55.5) 54.0 ：：：△：：： 26.0 ←道	54 柴田大 初騎乗	(父)リアルスティール(中) 牝3鹿毛 **コウセイマリア** アズマガール⓪ 杉安浩一郎 キングカメハメハ(中) 増尾牧場	和田雄(美)1.0.0.0 1-0-0-1 逃0先0差1追0 400 ・・・・・・・・☆	4東⑧10・29 アルS GIII 10ト 8 芝B1348 佐々木54 S36.9-33.9 ⑩10 9 内 ラヴェル1.0 404 2ﾄ 10人	2カ月半休養 推定馬体408 リフレッシュ・放牧 仕上がりまずまず 9上0000 初戦①	0000	中山替わり注
9	(──) 47.0 ：：：：：：： 40.4 ←道	54 杉原 初騎乗	(父)ジャスタウェイ(中) 牝3鹿毛 (地)**カレイジャス** カトマンブルー(米) ケンレーシン Bluegrass Cat(中) 社台ファーム	村田(美)0.0.0.0 0-0-0-1 逃0先0差0追0 110 ・3カ月休養・・	4月16日生 地方成績5戦2勝 2着1回3着0回	中央再入厩・放牧 仕上がりまずまず 初戦⑩着 推定馬体430 中9週以上0000	0000	厳しめ否さず
10 7 橙	(53.6) 53.8 ：：：：：：： 21.7 ←逃	54 永野 初騎乗	キンシャサノキセキ(短中) 牝3黒鹿 **トラネスハープ** ポシンシェ(米) 谷川昭雄 Kingmambo(中) ノーザンF	武井(美)0.0.0.0 1-1-3-0 逃1先1差0追0 400 ・3カ月休養・・	4新①10・15 未勝利 15ト 1 ダ1142 今村50C◎ H35.2-39.0 1 1 1 粥 0.1アスターチェ 420 5ﾄ 1人	リフレッシュ・放牧 仕上がりまずまず 初戦③着 推定馬体430 中9週以上0010	0000	ここも積極策
11	(54.3) 54.4 ：：：：：：： 29.6 ←圏	54 三浦 初騎乗	(父)サトノクラウン(中長) 牝3鹿毛 **セイウンスイート** フィールドメジャー② 西山茂行 ダイワメジャー(中) 中田英樹	栗田徹(美)0.0.0.0 1-0-0-4 逃1先0差0追0 400 ・・⑥・・・・・	3福④11・13 福2S 16ト 6 芝A1110 大野54 M36.0-35.0 13 13 13 粥 ビッグシーザ1.0 434 7ﾄ 15人	5中山③12・10 黒松1勝 11ト 6 芝外A1089 大野54 H34.3-34.6 7 7 7 中 ブーケファロ0.7 434 10ﾄ 10人	0001	ﾙｲ 課題対応に
12 8 桃	(53.8) 55.1 ▲△○△▲▲○ 5.3 ←圏	54 菅原明 1002	ハービンジャー(長) 牝3鹿毛 **エミュー** スーリール① (株)ノースヒルズ スペシャルウィーク(中長) ノース	和田郎(美)0.0.0.0 1-0-0-2 逃0先0差1追0 400 ・①・・・・・・	5東②11・6 牝未勝 15ト 5 芝B1350 菅原明54△ M36.8-34.5 ⑫12 11 奔 エバーハピネ0.5 418 15ﾄ 9人	5中山①12・3 未勝利 15ト 1 芝外A1346 菅原明54 M35.9-34.8 7 7 7 6 外 0.1レッドバレン 412 14ﾄ 7人	0000	侮れず完勝
13	(53.3) 53.0 ：△：：：△： 20.8 ←先	54 大野 初騎乗	(父)サトノクラウン(中長) 牝3黒鹿 **ニシノコウフク** ニシノマメフク⓪ 西山茂行 スペシャルウィーク(中長) 中山高	伊藤大…0.0.0.0 …-2 …0 400 ・・☆ 2	4東⑧10・29 アルS GIII 10ト 10 芝B1348 三浦54 S36.4-34.3 5 6 6 粥 ラヴェル1.0 472 1ﾄ 8人	5東⑥11・20 赤松牝1勝 6ト 5 芝C1373 田辺54 S37.7-33.8 3 3 3 内 ミスヨコハマ0.5 466 1ﾄ 6人	0001	粘り込み注意

プラス5のトラベログ。オッズ断層のサポートもあるので、朝一オッズの面からも勝負可能と判断できる（P167の表）。

菜の花賞の状況をまとめると、軸馬に指名すべきは昇級初戦のトラベログ。人気はないが、調教内容やオッズからは、いきなり通用しそうな雰囲気が漂っている。

レースはトラベログがハナを切る展開で始まった。いったん先頭に立つと、うまくペースを落として、直線に入っても先頭。そのまま後続に並ばせることなく、1馬身4分の1差で、まんまと逃げ切ってみせた。新馬戦の相手関係、1600mへの距離延長が嫌われていたが、1勝クラスを勝ち切る力は持っていたのである。

2着は10番人気の低評価だったニシノコウフクが2番手追走から流れ込んだ。急加速力1・5はダテではなかった。

そして3着は、昇級初戦のステラバルセロナ。こちらも前走未勝利勝ちということで人気はなかったが、急加速力は1・7をマークしていた。

急加速力上位の3頭が1〜3着を独占して、3連単は62万4080円。昇級初戦のトラベログが能力的に通用することを見抜き、軸にすることができれば、簡単に獲れる62万馬券であった。

調教はあくまでも練習。実際のレースで走らせてみないと、本当の能力はわからないといわれることが多い。

しかし、レースにはさまざまなアヤがある。不利、展開の不向き、騎手の下手乗りなどなど、レースで全能力を発揮できる馬は意外に少ない。

一方の追切は、そういった有利・不利が皆無に近いため、フラットな状態で能力比較がしやすいというメリットがある。そのため、昇級初戦馬の判断にも役立つのだ。

もちろん、追切とて百発百中ではないが、菜の花賞のようにキャリアの浅い馬が多く、現級馬と昇級馬が入り混じっているような、ブラックボックスの部分の多いレースでは、急加速力が真価を発揮しやすい。

走破タイムだけでは判断がしづらいときこそ、急加速力がその圧倒的なポテンシャルを見せつけてくれる。走破タイムでの予想が主流だからこそ、急加速力を使いこなすことは大きなアドバンテージになるのだ。

なお、ボーダーラインを突破している馬のなかで急加速力2位だったメインクーンは、本レースでは5着に敗れたが、その後に中距離路線へと転向し、古馬2勝クラスを突破した。再三述べている通り、高い急加速力を記録している馬は、仮に購入したレースで結果が出なくても、条件を変えることで出世するケースが多いのである。

追切インサイダーの時短テクニック

第2章から第5章のすべての内容をこなすためには時間がかかる。私はプロなので時間はいとわないし、時間をかけるだけの大きな見返りがあることも断言できる。

しかし、競馬予想に費やせる時間が限られているという読者も多いと思う。そんなあなたのために、最後に【追切インサイダー】の時短テクニックを伝えておきたい。

代表的なもののひとつが、「先に朝一オッズを確認する」だ。

手順はこのようになる。

《追切インサイダー時短テク1》

①　朝一オッズで連単複差が基準値以上に上昇している馬を探す

②　①で探した馬の急加速力を計算し急加速力基準値以上の馬を買う

③　余裕があれば他馬の急加速力を計算（時間がなければ②の抽出馬を単複で購入）

まずはレース当時の午前中に朝一オッズを確認して、連単複差が基準値以上の馬をピックアップする。基準値は、重賞レースの場合はプラス４以上、重賞レース以外だとプラス６以上となる（下の表）。

一般レースと重賞で差を設けているのは、重賞は売上が大きいぶんだけ、上昇度が低くなるためである。

ここまで大きく連単複差が出る馬はそうそういないので、ここで大幅に予想すべきレースが限定される。

なお、この基準値は絶対ではない。もっと時間を取れるなら

重賞・非重賞別の連単複差基準値

重賞レース	連単複差＋４以上
重賞レース以外	連単複差＋６以上

急加速力のクラス別基準値

馬齢	クラス	基準値
2～3歳	新馬・未勝利	1.0
2～3歳	1勝クラス	1.1
2～3歳	オープン	1.2
古馬	1勝クラス	1.0
古馬	2勝クラス	1.1
古馬	3勝クラス	1.2
古馬	オープン	1.3

基準値を下げてもいいし、さらにレースを絞りたいのなら基準値を上げてもいい。

続いて、①で探し出した馬の急加速力を計算する。それが急加速力基準値以上ならば軸候補となる。

2~3歳戦の場合は、新馬・未勝利が1・0、1勝クラスが1・1、オープンクラスが1・2。古馬戦の場合は、1勝クラスが1・0、2勝クラスが1・1、3勝クラスが1・2、オープンクラスが1・3、となる(右ページ下の表)。

この基準値は、おおむねこれくらいの急加速力があれば、そのクラスで通用する可能性があるという目安を示している。

余裕があれば、他馬の急加速力も計算して馬券を構築していただきたい。3連単を購入する際は③の手順まで行なうことを推奨する。

ただし、【追切インサイダー】のキモは軸馬の精度にあり、高い急加速力を示し、異常オッズを示している馬はかなり高い確率で馬券になってくれるので、単複を購入するという方法でもまったく問題はない。

この時短テクは、最初に異常オッズ(高い連単複差)のふるいにかけることで、予想すべきレースを減らしているのがポイントである。

そして、この手法には弱点がひとつある。それは、連単複差が大きい馬に絞っているため、基本的には穴馬ばかりが挙がってくるという点だ。当たったときは大ホームラン確実だが、コンスタントな的中を求める方には向かない。

そこで最後に、別角度の時短テクも伝授しておこう。【追切インサイダー】がハマりやすいレースだけを買うのである。

具体的には、次の3つのレースに絞って予想をするのだ。

《追切インサイダー時短テク2》

① 休養明けの馬が出走馬の大半を占めるレース
② GⅠのトライアルレース
③ 新馬戦、2歳戦などキャリアの浅い馬が多いレース

休養明けの取捨は【追切インサイダー】が本領を発揮する部分。馬の調子がレース結果を左右するので、馬券を当てやすい。

トライアルレースは、GⅠで戦ってきた馬と昇級馬との争いになる。能力比較の難しいレースは【追切インサイダー】が得意とするところだ。

新馬戦やキャリアの浅い馬が多いレースで威力を発揮するのも、ここまでに説明した通り。未知な部分が多いレースで【追切インサイダー】は光り輝くのだ。

【革命競馬】シリーズ好評既刊

コーナーロス激走！馬券術

著　**川田信一**

秀和システム刊　A5版　定価1980円（本体1800円＋税10%）

ＪＲＡ発表【通過順位】の（カッコ）で儲ける秘策！大外回ったロス馬が次走で穴馬化、それをズバリ狙い撃つ！●コーナーロスの基礎知識●コーナーロスで儲ける方法●コーナーロス馬の精度を高める方法●コーナーロス×美味しいファクター●爆裂！コーナーロス馬券ヒットギャラリー●解剖！厳選36コースの核心コーナー他

●著者紹介

蘆口真史（あしぐち　まさし）

2005年に『朝一オッズだけで万馬券が当たる本』（東邦出版）でメディアデビュー。「朝一オッズ」という言葉を競馬予想界に広め、今では「オッズ分析といえば蘆口真史」とまで言われるようになる。出版社から書籍の監修を依頼されるなど、名実ともにオッズ予想界の第一人者である。

●追切インサイダーの無料予想を蘆口真史のX（Twitter）で公開中！（左下のＱＲコード）
https://twitter.com/ashiguchi_odds

●朝一オッズはこちらのサイトで閲覧可能！（右下のＱＲコード）
https://monster-ai.com/odds/

一撃《いちげき》2652万円《まんえん》！追切《おいきり》インサイダー

発行日　2023年12月7日　　第1版第1刷

著　者　蘆口《あしぐち》　真史《まさし》

発行者　斉藤　和邦
発行所　株式会社　秀和システム
〒135－0016
東京都江東区東陽2-4-2　新宮ビル2Ｆ
Tel 03-6264-3105（販売）　Fax 03-6264-3094

印刷所　三松堂印刷株式会社　Printed in Japan

ISBN978-4-7980-7139-8 C0075

定価はカバーに表示してあります。

乱丁本・落丁本はお取りかえいたします。

本書に関するご質問については、ご質問の内容と住所、氏名、電話番号を明記のうえ、当社編集部宛ＦＡＸまたは書面にてお送りください。お電話による質問は受け付けておりませんのであらかじめご了承ください。